**Daoismo
Confucionismo
Xintoísmo**

Coleção Religiões Mundiais
Coordenador: Frank Usarski

Dados Internacionais de Catalogação na Publicação (CIP)
(Câmara Brasileira do Livro, SP, Brasil)

Bueno, André
  Daoismo : confucionismo : xintoísmo / André Bueno, Rafael Shoji. – Petrópolis, RJ : Vozes, 2023. – (Coleção Religiões Mundiais)

Bibliografia.
ISBN 978-65-5713-939-4

1. Daoismo 2. Confucionismo 3. Xintoísmo I. Shoji, Rafael. II. Título. III. Série.

23-157178   CDD-299.51

Índices para catálogo sistemático:
1. Religiões de origem chinesa 299.51

Aline Graziele Benitez – Bibliotecária – CRB-1/3129

ANDRÉ BUENO
RAFAEL SHOJI

Daoismo Confucionismo Xintoísmo

Petrópolis

© 2023, Editora Vozes Ltda.
Rua Frei Luís, 100
25689-900 Petrópolis, RJ
www.vozes.com.br
Brasil

Todos os direitos reservados. Nenhuma parte desta obra poderá ser reproduzida ou transmitida por qualquer forma e/ou quaisquer meios (eletrônico ou mecânico, incluindo fotocópia e gravação) ou arquivada em qualquer sistema ou banco de dados sem permissão escrita da editora.

CONSELHO EDITORIAL

Diretor
Volney J. Berkenbrock

Editores
Aline dos Santos Carneiro
Edrian Josué Pasini
Marilac Loraine Oleniki
Welder Lancieri Marchini

Conselheiros
Elói Dionísio Piva
Francisco Morás
Gilberto Gonçalves Garcia
Ludovico Garmus
Teobaldo Heidemann

Secretário executivo
Leonardo A.R.T. dos Santos

Editoração: Maria da Conceição B. de Sousa
Diagramação: Raquel Nascimento
Revisão gráfica: Lorena Delduca Herédias
Capa: Érico Lebedenco

ISBN 978-65-5713-939-4

Este livro foi composto e impresso pela Editora Vozes Ltda.

Sumário

Prefácio, 9
   Referências, 13
Daoismo, 17
   Origem e expansão, 17
   No tempo dos xamãs, 18
   O desenvolvimento religioso na fase de urbanização, 21
   O surgimento do daoismo filosófico, 24
   Novas dimensões do daoismo, 32
   Doutrinas e práticas fundantes, 34
   Crenças na vida após a morte e contato com o mundo espiritual, 40
   Cerimônias, ritos e magia, 42
   Cuidar do corpo: alquimia e artes, 45
   Prever o futuro, 49
   Manifestações institucionais, 51
   Doutrina Huang Lao, 55
   O nascimento das organizações religiosas daoistas, 56
   O período das três dinastias e dos dezesseis reinos (220-589), 61
   Baopuzi de Ge Hong, 64
   O nascimento da Ordem Shangqing (Suprema Claridade), 66
   A Linhagem Quanzhen, 71
   Desdobramentos históricos, 74

Ramificações, 79
  A Ordem Lingbao, 80
  Longmen Pai, o Portal do Dragão, 84
  Wudang shan, 86
  Lushan, 87
O Monastério Hanging, 87
Pequenas associações, 88
Situação atual e perspectivas para o futuro, 89
O daoismo na Europa e nas américas, 95
Esoterismo e religiosidade, 96
O daoismo nas universidades, 99
Referências, 102

Confucionismo, 107
Origem e expansão, 107
Educar para existir, 109
A redenção pela história, 110
Política e sociedade, 114
Confúcio e os deuses, 116
Uma vida em ação, 117
Doutrinas e práticas fundantes, 118
  Rujia, a "Escola dos acadêmicos", 118
  Os grandes livros e a epistemologia confucionista, 119
  A prática das artes, 122
Dimensões religiosas, 124
O humanismo confucionista, 126
Dimensão cósmica dos seres, 127
Ancestralidade, 128
Manifestações institucionais, 133
Sistema educacional chinês, 136

Keju, o sistema de exames, 138

Templos, 140

Ramificações, 142

Mêncio, 142

Xunzi, 144

Perseguições no Período Qin (221-206 AEC), 145

A redenção dos acadêmicos na Dinastia Han, 146

A era dos historiadores, 148

Ceticismo acadêmico, 150

Tempos de crise, 152

O Período Tang e os novos desafios para os acadêmicos, 153

A crise de 842-845, 157

O "neoconfucionismo" em Song, 158

A escola do princípio e da razão (Li), 158

A reinvenção do confucionismo com Zhu Xi, 160

Nos tempos de Gengis Khan, 162

Novas visões de mundo, 163

A Escola da mente, 166

O confucionismo arcaizante de Qing, 170

Situação atual e perspectivas para o futuro, 176

Pensar o confucionismo, 178

O que o tornaria uma religião?, 179

Em busca da religiosidade confucionista, 183

Um novo confucionismo (Xin Rujia), 184

Reinterpretação moderna, 189

Referências, 193

Xintoísmo, 199

Origem e expansão, 201

Doutrinas e práticas fundantes, 205
   Mitologia da Criação do Cosmos e do Japão, 205
   Kami, 209
   Festivais comunitários e cerimônias imperiais, 215
Manifestações institucionais, 224
   Xintoísmo e o Estado japonês, 224
   Tipos institucionais de xintoísmo, 228
   Sacralização regional no xintoísmo de santuários, 230
Ramificações, 236
   Xintoísmo sectário, 236
   Novas religiões de influência xintoísta, 237
   Combinações do xintoísmo com outras religiões, 241
Xintoísmo no Brasil, 245
   Imigrantes e xintoísmo de Estado no Brasil, 246
   Santuários xintoístas no Brasil, 256
Situação atual e perspectivas para o futuro, 265
   Reorientação ecológica do xintoísmo, 265
   O dilema entre etnicidade e internacionalização, 266
   Anime e robôs, 271
Referências, 272

Prefácio

Frank Usarski

O presente livro deve ser entendido como uma compensação das unilateralidades de dois contextos. Do ponto de vista do discurso sobre supostas sabedorias universais e atemporais oriundas do Extremo Oriente, a publicação é uma oportunidade para reconsiderar a admiração "ingênua" das respectivas tradições de acordo com a abordagem de dois especialistas comprometidos com o etos histórico-empírico do estudo das religiões. Ao mesmo tempo, os três capítulos apresentados mais adiante contribuem para o preenchimento de lacunas na pesquisa acadêmica e na formação universitária no Brasil, em uma área cuja gênese e percurso internacional têm sido impulsionada pela curiosidade a respeito de culturas e religiões além da tradição judaico-cristã.

Quanto ao primeiro contexto parte-se da observação de que no mundo culturalmente interconectado e de fácil acesso a dados e notícias oriundos de qualquer canto da terra, pode se esperar que uma boa parte dos leitores brasileiros esteja consciente da diversidade do campo religioso em nível global. Porém, não se pode esperar uma divulgação homogênea de informações mais específicas sobre as diferentes tradições espirituais. O daoismo, o confucionismo e o xintoísmo, abordados por dois especialistas brasileiros neste livro, são exemplos óbvios de religiões cuja existência é tomada como garantida, sem que este consenso seja necessariamente suportado por um saber detalhado sobre o percurso cronológico e a riqueza fenomenológica destes sistemas em questão. Isso não significa que algumas facetas do espectro temático em questão não tivessem chamado atenção de um público maior. Isso vale, em primeiro lugar, para o clássico chinês *Daodejing* [*pinyin*] ou *Tao Te Ching* [*wade*], cujo reconhecimento desproporcional se dá por pelo menos quinze edições em português sucessivamente lançadas por diferentes editoras a partir de 1983 (*Dao De Jing*, 2015; FIENGO, 2018; LAO TSE, 1994; 2011; LAO-TSÉ, 1983; 2003; LAO TZE, 2013; LAO-TZU, 2002; 2004; 2013; 2021; LAO ZI, 2012; LAOZI, 2017; OOI, 2021; *Tao Te Ching*, 2019). Paralelamente à cronologia das publicações das versões de *Dao De Jing*, foi lançada uma série de traduções portuguesas ou adaptações dos *Analectos* de Confúcio, outro famoso clássico chinês de autoria de Confúcio (CONFÚCIO, 1983; 1991; 2003; 2005; 2006; 2009; 2012; 2013; 2015; FERMINE, 2019).

Há indicações de que a densa presença destes livros no mercado bibliográfico é reflexo de uma busca geral para manifestações de uma suposta sabedoria atemporal capaz de estimular ou nortear a busca para a autorrealização espiritual (BUENO, 2020, p. 26-27). Neste sentido, a Editora Madras recomenda no seu website que a versão do *Dao De Jing* (FIENGO, 2013), lançada por ela, deve ser "lida e relida várias vezes para que seu significado oculto possa se assentar em nossa consciência e trazer a verdadeira compreensão de seu significado profundo à nossa mente objetiva"[1]. Algo semelhante vale para a afirmação de que "ao estudar os ensinamentos e executar as práticas que Lao-Tzu nos oferece, somos capazes de criar a própria trilha, o próprio caminho, a própria jornada interior". Por isso, o livro "destina-se ao estudante do autoaperfeiçoamento que deseja usar os antigos e venerados ensinamentos de Lao-Tzu como um guia para a unidade com o Tao (NI, p. 13-14)". O interesse prático mais específico na obra é dado quando os ensinamentos do daoismo passam por uma interpretação médica com o intuito de uma

---

1. Cf. https://madras.com.br/tao-te-ching-o-retorno-do-mestre-lao-tse

aplicação dos princípios chineses ao setor da saúde (SOARES, 2018; OOI, 2021). Algo semelhante vale para os ensinamentos de Confúcio, cuja sabedoria milenar os qualificam para uma aplicação no mundo atual (YUTANG, 1958; DAN, 2010; FERMINE, 2019); por exemplo, no ambiente empresarial (BENITO, 2007).

Sem questionar a opção legítima do público de se aproximar das religiões do Extremo Oriente em um espírito contemplativo e com uma atitude pragmática, o presente livro aborda as religiões autóctones da China e do Japão do ponto de vista histórico-sistemático. Comprometidos com o etos acadêmico e fiel à programação estrutural da Coleção Religiões Mundiais, da qual a publicação faz parte, os capítulos sobre o daoismo, o confucionismo e o xintoísmo oferecem *insights* na origem e expansão, doutrinas e práticas fundantes, manifestações institucionais, ramificação, bem como a situação atual e perspectivas para o futuro destas religiões. Este empreendimento intelectual se encaixa nos esforços de alguns acadêmicos brasileiros mais recentes para preencher as respectivas lacunas no campo da Ciência da Religião e suas disciplinas auxiliares; defeitos responsáveis pelo atraso geral da disciplina e seus principais focos de pesquisa em detrimento da pesquisa de religiões orientais.

Vale lembrar que o processo de fundação das primeiras cátedras da Ciência da Religião começou nos anos de 1870 em países europeus (USARSKI, 2006, p. 15ss.). Apesar de um interesse geral no mundo religioso em termos histórico e sistemático, a então nova disciplina demonstrou sobretudo uma curiosidade em religiões além da tradição judaico-cristã (p. ex., TIELE, 1877, p. 25-38; MENZIE, 1895, p. 106-125). Assim determinada, recebeu importantes estímulos de áreas "precedentes" como a Indologia, Sinologia e a Japanologia, cujo patrimônio intelectual as qualificou como "disciplinas auxiliares" por excelência do ponto de vista da Ciência da Religião. Neste sentido, o conhecimento gerado por uma série de especialistas nas culturas asiáticas familiarizadas com as respectivas línguas desempenhou um papel fundamental para os estudos emergentes não teológicos da religião. Por exemplo, em 1877 – ou seja, no ano em que a Holanda recebeu suas primeiras quatro cátedras de Ciência da Religião nas cidades de Utrecht, Groningen, Leyden e Amsterdã – a Sinologia e a Japonologia já eram campos de pesquisa reconhecidos, graças aos esforços de eruditos como Pieter Johannes Veth (1814-1895), Philipp Franz von Siebold (1796-1866), Johan Joseph Hoffmann (1805-1878) (KUIPER, 2017; VIALLE, 2013). Algo semelhante vale para a França, onde os primeiros programas de Ciência da Religião surgiram entre 1879 e 1886; ou seja, em uma fase em que pioneiros da Sinologia como Jean-Pierre Abel Rémusat (1788-1832) ou Stanislas Julien (1799-1873) e da Japonologia como Léon de Rosny (1837-1866) ou Ernest Clerc de Landresse (1800-1862) já haviam deixado suas marcas na história intelectual do país (WALLE, 2021).

Com atraso de um século em relação à fundação da primeira cátedra em Genebra, Suíça (1873), a Ciência da Religião surgiu no Brasil sob circunstâncias sócio-históricas específicas, e em grande parte sem conexões teóricas e substanciais com o então *status quo* da disciplina no exterior. Um fator decisivo para a desconexão da área das conquistas em outros países era a falta de um ambiente acadêmico propício em termos de campos auxiliares com as quais a Ciência da Religião tem tradicionalmente dialogado em prol de um intercâmbio e uma mútua inspiração. Na época da institucionalização dos primeiros programas de Ciência da Religião, filologias extraeuropeias – raras exceções como o Curso de Língua e Literatura Japonesa da USP, criado em 1963 à parte (USP, 2019, p. 2) – eram ausentes nas universidades brasileiras, para não mencionar a negligência do amplo conhecimento sobre o Extremo Oriente acumulado pelos portugueses há séculos e a falta da apropriação sistemática deste legado intelectual em forma de disciplinas como a Sinologia ou a Japanologia no Brasil (FERNANDES, 2017; GONÇALVES, 2017, BUENO, 2020). Em vez disso, a atenção dos acadêmicos nacionais engajados nos estudos da religião foi quase por completo absorvido pela riqueza do campo religioso brasileiro. Abstraindo de poucos projetos de pesquisas individuais e disciplinas pontuais afins[2], este desequilíbrio entre o foco em temas direta ou indiretamente relacionados ao contexto religioso nacional, por um lado, e a ocupação com religiões do Extremo Oriente, repercute até hoje na pesquisa, nos currículos e nas publicações de programas de Ciência da Religião no Brasil.

A especialização em temas afins e o compromisso com os princípios acadêmicos dos dois autores responsáveis pelos capítulos a seguir fazem com que a presente publicação sirva como referência em dois sentidos. Primeiro, fornecem dados concretos para que a busca de leitores interessados na sabedoria oriental avance em uma direção mais realista. Segundo, oferecem informações sólidas para estudantes e pesquisadores de Ciência da Religião em prol de conhecimento sobre tradições milenares que desde a fundação da disciplina faz parte do repertório disciplinar.

Referências

BENITO, E. *Lições de Confúcio para a carreira e os negócios*. São Paulo: Gente 2007.

BUENO, A. Confúcio no Brasil: um problema literário e epistemológico. In: BUENO, A.; MOREIRA, C.; SKREPETZ, I.; ESTACHESKI, D.T. *Imagens da América Latina*. União da Vitória: O Guari, 2014, p. 112-128.

BUENO, A. Sinologia e chinesidade no Brasil. In: BUENO, A. (org.). *Estudos em história asiática e orientalismo no Brasil*. Rio de Janeiro: Sobre Ontens/Uerj, 2020, p. 25-33.

BUENO, A. Sinologia e orientalismo no Brasil. In: BUENO, A. (org.). *Sinologia hoje*. Rio de Janeiro: Projeto Orientalismo/Uerj, 2020, p. 151-159.

CONFÚCIO. *Diálogos de Confúcio*. São Paulo: Ibrasa, 1983.

---

2. A disciplina Religiões da China e do Japão aparece na lista das ofertas letivas do Departamento de Ciência da Religião da Universidade Federal de Juiz de Fora. Cf. https://www.ufjf.br/decre/disciplinasdep/plano-de-ensino/?CodDisciplina=CRE072

CONFÚCIO. *Conversações de Confúcio*. Lisboa: Estampa, 1991.

CONFÚCIO. *Aforismos de Confúcio*. São Paulo: Madras, 2003.

CONFÚCIO. *Os analectos*. São Paulo: Martins Fontes 2005 [Porto Alegre: L&PM, 2006. • São Paulo: Pensamento 2009. • São Paulo: Unesp 2012. • São Paulo: Folha de S. Paulo, 2015].

CONFÚCIO. *As lições do mestre*. São Paulo: Jardim dos Livros, 2013.

DAN, Y. *Confúcio, com amor: sabedoria milenar para o mundo atual*. Rio de Janeiro: BestSeller, 2010.

Dao De Jing – Escritura do Caminho e Escritura da Virtude, com os comentários do Senhor às margens do rio. São Paulo: Unesp, 2015.

FERMINE, M. *A sabedoria de Confúcio, o rei sem reino*. São Paulo: Scipione, 2019.

FERNANDES, F.R. Do Extremo Oriente ao Novo Mundo: caminhos da interculturalidade na missionação jesuíta portuguesa (séculos XVI e XVII). In: BUENO, A.; ESTACHESKI, D.; CREMA, E.; NETO, J.M. (orgs.). *Vários orientes*. Rio de Janeiro/União da Vitória: Sobre Ontens/Laphis, 2017, p. 153-161.

FIENGO, W. *Tao Te Ching: o retorno do mestre Lao-Tsé*. São Paulo: Madras, 2018.

GONÇALVES, E.G. O nascimento da japonologia. In: BUENO, A.; ESTACHESKI, D.; CREMA, E.; NETO, J.M. (orgs.). *Vários orientes*. Rio de Janeiro/União da Vitória: Sobre Ontens/Laphis, 2017, p. 115-123.

KUIPER, K. *The early Dutch sinologists (1854-1900): training in Holland and China, functions in the Netherlands Indies*. Boston/Leiden: Brill 2017.

LAO TSE. *O livro do Caminho Perfeito*: Tao Te Ching. São Paulo: Pensamento, 1994.

LAO TSE. *Tao Te Ching: o livro do Caminho e da Virtude*. Rio de Janeiro: Mauad X, 2011 [Rio de Janeiro: Bibliomundi, 2013].

LAO TSÉ. *Tao Te King: o livro do Sentido e da Vida*. São Paulo: Hemus, 1983.

LAO-TSÉ. *Tao Te Ching: o livro que revela Deus*. São Paulo: Martin Claret, 2003.

LAO-TZU. *Tao Te Ching*. São Paulo: Martins Fontes, 2002.

LAO TZU. *Tao Te King*. São Paulo: Pensamento, 2013.

LAO TZU. *Tao Te Ching: o livro do Caminho e da Virtude*. Cotia: Pé da Letra; 2021.

LAO ZI. *Dao de Jing*. São Paulo: Hedra 2012.

LAOZI. *Dao De Jing – O livro do Tao*. São Paulo: Mantra, 2017.

MENZIE, A. *History of Religion*. Londres: John Murray, 1895.

NI, H.-C. Introdução. In: TOWLER, S. *Tao-Te King – Uma jornada para o Caminho Perfeito*. São Paulo: Cultrix, 2019, p. 13-19.

OOI, K.H. *Dao De Jing: a ciência, teoria & prática*. Lisboa: Iril, 2021.

Projetos acadêmicos dos departamentos da FFLCH. São Paulo: USP 2019. Disponível em https://letrasorientais.fflch.usp.br/sites/letrasorientais.fflch.usp.br/files/inline-files/PA%20DLO%20-%202019_02_25%20-%20Aprovado%20pela%20Congregacao.pdf – Acesso 12/08/2022.

SOARES, C.A. *O Tao Te Ching aplicado à medicina – Uma interpretação médica dos ensinamentos de LaoTse sobre o Caminho e a Virtude*. Brasília: UniCEUB, 2018.

Tao Te Ching. Curitiba: Appris, 2019.

TIELE, C.P. *Outlines of the History of Religion to the spread of the universal religions*. Londres: Tübner & Co., 1877.

USARSKI, F. *Constituintes da Ciência da Religião – Cinco ensaios em prol de uma disciplina autônoma*. São Paulo: Paulinas, 2006.

VIALLE, C. Japanese Studies in the Netherlands. *Japanese Studies Around the World*, n. 17, p. 117-126, 2013.

WALLE, W.F.V. Between Sinology and Japanology: Léon de Rosny and Oriental Studies in France. *Journal of Cultural Interaction in East Asia*, 12 (1), p. 29-62, 2021.

YUTANG, L. *A sabedoria de Confúcio*. Rio de Janeiro: José Olympio, 1958.

Daoismo

André Bueno

Origem e expansão

Na segunda metade do século XIX, os sinólogos da Europa e da América ainda titubeavam diante das manifestações religiosas chinesas. Acostumados em classificar outras formas de pensamento segundo suas ideias e conceitos, esses especialistas já haviam percebido que na China isso não seria tão fácil. Havia a barreira da linguagem, é claro; contudo, era a variedade de sistemas e escolas que desconcertava. Isso ficava ainda mais evidente quando se investigava o daoismo, religiosidade nativa do mundo chinês, que abrangia uma ampla e livre rede de templos, centros, associações e terreiros. Mergulhar nesse mundo era tentar acessar uma história milenar, com uma biblioteca de milhares de volumes, práticas e rituais complexos e uma grande variedade de personagens. Obviamente, os desacertos se fizeram presentes. Guillaume Pauthier (1831), por exemplo, acreditava que o daoismo era a doutrina do "racionalismo chinês", por entender que *Dao* (via, método), *Brahma* (indiano) e *Logos* (grego) eram um só, e formavam uma unidade primeva das religiões, que estava sendo redescoberta (BUENO; CZEPULA, 2020); já Salvador de Mendonça (1879) acreditava que Laozi, "fundador" do daoismo, teria estudado com os essênios da Judeia e zoroastristas, por supor uma similaridade em seus ensinamentos (1879, p. 68). Quando lemos isso hoje, ficamos surpresos com tanta criatividade e desconhecimento; no entanto, ainda temos muitos problemas para compreender melhor o que pode ser o daoismo. Afinal, a maior parte dos estudantes ocidentais que se interessa pelas ideias daoistas começa lendo os textos de seus "filósofos mais famosos", como Laozi, Liezi e Zhuangzi, mas quando procura um templo, fica surpreso em encontrar um ambiente completamente diferente daquele que idealizava: cerimônias, rituais, preces, invocações, práticas mágicas; nada disso se parece com os ideais de simplicidade e desprendimento da literatura antiga. Por outro lado, para a maioria dos chineses familiarizados com o daoismo, ele é, antes de tudo, essa religiosidade viva, múltipla, diversa, que faz parte de sua existência nos mais diversos aspectos. A perspectiva erudita e distante dos filósofos herméticos, idealizada por pesquisadores ocidentais, é com certeza tema de debates acadêmicos, mas nem de longe representa a religiosidade daoista. Foram autores como Henri Maspero (1971), Jan de Groot (1892-1910) e Marcel Granet (1922) que começaram a revelar para o público europeu e americano o que os chineses realmente entendiam sobre daoismo. Essas inconsistências revelam nosso amplo desconhecimento sobre as tradições religiosas chinesas, nas quais precisamos nos aprofundar, se quisermos conhecer melhor, e de fato, o que pode ser o daoismo em suas múltiplas expressões. Essa é uma viagem longa que nos conecta com as origens da civilização chinesa e que exige retornar ao seu passado e à gênese de suas crenças religiosas.

No tempo dos xamãs

É fundamental conhecermos alguns dos elementos que fundam o imaginário chinês a respeito de suas crenças. Como muitas outras civilizações que se desenvolveram diretamente a partir do neolítico, os sítios arqueológicos chineses, como Yangshao, Longshan, Banpo ou Erlitou, revelam a presença dos xamãs, os primeiros especialistas em artes mágicas da Antiguidade. Eles eram chamados de *Wu*, palavra representada por um ideograma que ainda é objeto de debate por etimologistas. Sua primeira representação gráfica era uma espécie de cruz ou encruzilhada; depois, ela se desenvolveu para algo que alguns autores entendem ser uma dança, enquanto outros enxergam a imagem como mãos fazendo uma oferenda. Seja como for, essas intepretações comportam a diversidade de sentidos que explicam o papel do xamã nas sociedade antigas, como foi muito bem estudado por Mircea Eliade em seu clássico livro sobre o tema (ELIADE, 1998). Os xamãs eram os especialistas em entrar em contato com as forças da natureza e com o mundo espiritual, ajudando a administrar a relação da comunidade física com o além. Embora seja difícil reconstituir essas tradições em suas origens, os xamãs tornaram-se figuras importantes dentro da sociedade chinesa, e ainda podemos encontrar alguns deles em comunidades rurais na China moderna. Apesar da perda de espaço e as transformações em seus saberes, a existência dos xamãs foi bem-documentada pela historiografia chinesa, e sua participação na cultura se fez presente ao longo dos milênios. Muitas vezes foram convocados pelos imperadores para auxiliar em questões políticas e mágicas, e desfrutaram de prestígio em quase toda a antiguidade. Eva Wong (2011, p. 11-20) resumiu a tradição xamânica em alguns elementos fundamentais que constituíam sua caracterização e papel dentro da sociedade: em primeiro lugar, eles entravam em contato com os espíritos, fossem divindades ou de falecidos, para fazer pedidos, receber orientações ou realizar alguma operação mágica. Eles podiam fazer isso por meio do transe induzido, espontâneo ou pelo sonho, outra atividade importante que cabia ao xamã. Por meio do sonho, eles podiam falar com os espíritos; podiam, também, interpretar os sonhos de membros da comunidade, traduzindo-os como avisos ou recomendações. Ler os sonhos, assim como sinais da natureza, era mais uma de suas atividades. O xamã deveria ser capaz de observar fenômenos e imagens naturais, o movimento do vento, das nuvens, das estrelas, dos animais e das plantas para inferir presságios, individuais ou comunitários. Essas predições eram espontâneas, mas o xamã também podia responder a perguntas específicas por meio de oráculos. Um jogo de contas de ossos ou de conchas era um método muito comum para esse tipo de augúrio específico, e somente em questões graves o xamã recorreria ao transe para consultas oraculares. Isso podia ocorrer, por exemplo, quando alguém ficava doente, e na lista de funções dos xamãs estava, também, a de curador. Algumas afecções e doenças podiam ser tratadas com fórmulas feitas a partir de substâncias retiradas da natureza (vegetais, animais ou minerais), e amuletos mágicos eram confeccionados para proteger a pessoa de certos males; quando o problema parecia mais grave, o xamã buscava o transe para obter uma resposta dos espíritos. Uma doença famosa e comum era a "fuga da alma", em que a pessoa parecia estar em depressão profunda, com sintomas de alienação ou mesmo desacordada por um tempo fora do normal. O xamã saía do seu corpo e ia em busca da alma da pessoa, que podia apenas ter fugido na hora do sono, ter se perdido e não sabia voltar ao corpo, ou, ainda, ter sido sequestrada por outros espíritos da natureza. Esse tratamento era o mais complexo, envolvendo negociar ou lutar com esses mesmos espíritos, e o xamã podia invocar outras entidades ou almas de ancestrais da família para ajudar no resgate. Por fim – e não menos importante para comunidades agrícolas e pastoris – o xamã precisava saber invocar as chuvas. Quando os rios começavam a secar, ou o céu permanecia sem nuvens apontando para a estiagem, o xamã era convocado para realizar as danças de chuva. Essa atividade era tão crucial, que uma das primeiras palavras a representar "mundo espiritual" ou "espírito" (*Ling*) é composta por xamãs invocando a chuva; ou seja, eram as forças espirituais da natureza que podiam resolver o problema, e só o xamã sabia falar com elas. Cumpre salientar que o cargo de xamã era ocupado e exercido por ambos os sexos, e não há qualquer indicação no passado de se tratar de uma função essencialmente masculina ou feminina. Pensamos que sumarizar esses elementos das tradições xamânicas é crucial para compreendermos o desenvolvimento da religiosidade chinesa antiga e, por sequência, do daoismo. Veremos que muitas dessas questões permaneceram vivas dentro das crenças chinesas, às quais os especialistas no sagrado precisavam dar respostas.

O desenvolvimento religioso na fase de urbanização

Em torno dos séculos XXV-XXII AEC, algumas dessas antigas comunidades haviam crescido bastante, formando os primeiros núcleos urbanos da China. O que a historiografia chinesa convencionou chamar de primeiras dinastias chinesas foram efetivamente federações de cidades unidas por caracteres identitários comuns, com interesses numa rede de comércio e necessidade de defesa contra outros povos. As dinastias Xia (2070?-1600? AEC) e Shang (1600-1046 AEC) ainda estão sendo desencavadas, mas o que já foi descoberto mostra algumas diferenças notáveis em relação à fase neolítica, tanto na cultura material quanto nas crenças. O primeiro aspecto notável é a transformação das edificações, com o surgimento de espaços especialmente voltados para administração (palácios) e ofícios religiosos (templos e santuários). Em Banpo – uma das antigas vilas neolíticas chinesas – uma grande edificação ficava no centro do perímetro, e sua função era provavelmente a de oficiar encontros entre os membros da comunidade. Nessas ocasiões, questões políticas e religiosas eram debatidas, e as decisões eram tomadas em grupo, apesar da grande influência de anciãos e xamãs. Milênios depois, esse tipo de vila continuaria a existir no campo chinês, mas os perímetros urbanos modificaram sensivelmente essa estrutura. Em Anyang, uma das capitais da Dinastia Shang, uma construção de grande porte continuava a ocupar o espaço central da cidade, mas ela ficava separada do restante da cidade por muros internos. É possível que esse prédio ainda tivesse funções duplas, mas era reservado à classe alta da sociedade; também encontramos uma pequena edificação, feita de terra-batida, com alguns poucos degraus, semelhante a um zigurate reduzido, possivelmente um altar para oferendas rituais. Como podemos notar, a urbanização buscava criar espaços definidos para a prática de ofícios religiosos, e começava a determinar as características funcionais desses ambientes. Isso significa que essa sociedade urbanizada praticava outras formas religiosas novas, diferentes daquelas do xamanismo. O culto as forças e espíritos da natureza havia se desenvolvido em direção a um panteão relativamente organizado, no qual essas formas naturais foram se transformando em divindades personalizadas e gradualmente antropomórficas. O culto aos ancestrais também ganhou mais força, e com isso um espaço reservado em todas as casas. Os xamãs continuavam a ser requisitados quando necessário (fazer chover ainda era uma de suas especialidades), mas seu papel como especialistas religiosos, assim como suas atribuições e poderes, foram diminuídos.

Uma das razões para isso foi o surgimento de uma nova forma de oráculo, a consulta em carapaças de tartaruga ou escápulas bovinas (*Jiagu*). Essa forma de predição só pôde ocorrer graças ao surgimento da escrita, que se desenvolveu em largos passos no Período Shang. Um dos aspectos especiais da língua escrita, para os antigos chineses, era o poder de evocar imagens. Quando uma palavra era escrita ou entalhada, ela suscitava uma ideia, atraía uma força ou espírito. Tal consideração fica bem clara quando constatamos que os primeiros materiais escritos de que dispomos são esses oráculos, zelosamente arquivados em tumbas e ruínas de prédios Shang. O oráculo era feito da seguinte maneira: escrevia-se no osso uma pergunta e duas respostas, uma positiva e uma negativa. Um bastão quente era aplicado na base do mesmo, e a rachadura indicava a informação que o espírito queria enviar. Assim, se os mortos podiam se comunicar conosco, a presença de um xamã só se fazia necessária se os resultados ficassem confusos ou imprecisos. Note-se que, até onde sabemos, esse tipo de oráculo era reservado à nobreza e esperava-se que os ancestrais das famílias poderosas continuassem a garantir o poder de seus descendentes dentro da comunidade. Outro aspecto importante no surgimento das cidades foi a formalização de cerimônias e práticas rituais, que paulatinamente foram construindo um calendário de atividades litúrgicas. Essas ações foram sendo catalogadas e organizadas, constituindo o corpo de ritos (*Li*), dos quais falaremos melhor em nosso próximo capítulo: confucionismo. Importa dizer, por agora, que elas serviram como um importante elemento cultural, agregando os indivíduos em torno desses costumes e crenças, e contribuindo para identificar e formalizar diferenças sociais e econômicas. As diferentes classes sociais de Shang se expressam por suas tumbas – das quais só conhecemos, até agora, as de membros da elite. Ao popular, sobrava um enterramento simples, ou mesmo o abandono ao ar-livre. Os mais abastados, contudo, se faziam enterrar com seus pertences e sacrificavam seus parentes e animais preferidos, para acompanhá-los. Não raro, servos também eram mortos para continuarem em seus postos de serviço no mundo espiritual. Essas tumbas nos ajudam muito a reconstituir a vida dos Shang e observar o que permaneceu e o que mudou em relação ao xamanismo original. Outro conceito importante parece estar bem-delineado no imaginário chinês: a ideia de *hun* (alma, espírito) e *po* (alma física ou perispírito). Após seu falecimento, o *hun* (que continha sua individualidade) ia para o mundo espiritual, chamado de terras amarelas, e o *po* desintegrava-se na terra, caso os rituais fossem executados adequadamente. Se isso não acontecesse, *hun* podia se perder e vaguear, e *po* poderia permanecer como uma imagem do defunto (um *gui*, fantasma) a assombrar os vivos. Quando ocorria um caso desses, era a ocasião de chamar o xamã, que ainda sabia como resolver esse tipo de problema. Na dinastia seguinte, os Zhou (1046-221 AEC), os sacrifícios humanos iriam desaparecer gradualmente, mas os ancestrais e as divindades continuaram a exercer seu poder sobre os vivos. Era preciso dedicar-lhes oferendas e cerimônias constantes, de modo que eles fossem propiciatórios para com a sociedade, e os templos (*miao* ou *dian*) tornaram-se estruturas próprias na paisagem arquitetônica. Os Li adquiriram uma grande dimensão social, tornando-se um pilar da organização política. Ao mesmo tempo, um sistema de compreensão da natureza começou a delinear-se no chamado *Livro das mutações* (*Yijing*), pretendendo retratar o ciclo cósmico e os movimentos naturais em um sistema de imagens codificadas; e nesse sentido, elementos como o céu (*Tian*) e a terra (*Di*) ganharam cada vez mais destaque como potências divinais, sendo cada vez mais presentes nas invocações e textos rituais. Foi esse panorama religioso que autores como J. Groot classificaram como *Shenjiao*, "Ensinamentos dos espíritos", ou ainda, "Religião popular chinesa". Esse conjunto de tradições formou a estrutura fundamental do sistema de crenças chinesas e foi sobre ele que as discussões filosóficas chinesas surgiram. Contudo, os pensadores chineses não pretendiam ou achavam necessário romper com elas para imaginar algo novo. O que parecia ser necessário era dar novos sentidos à civilização, que passaria por uma crise de valores depois do século VI AEC. Um contexto de calamidade havia tomado a vida pública e política, e uma iminente crise de larga escala parecia anunciar-se. O império estava dividido entre estados que combatiam entre si e que deixavam cada vez mais evidente seu interesse em derrubar a dinastia reinante (os Zhou), assumindo o poder total (LEVI, 1989). Era uma época de intrigas, estratégias e artimanhas, em que a diplomacia, a guerra e a traição andavam juntas – não por acaso é o tempo em que livros de estratégia, como a *Lei da guerra*, de Sunzi, tornaram-se famosos (BUENO, 2019, p. 31-45). Uma ameaça de guerra civil, a decadência dos costumes e uma classe política cada vez mais grosseira e corrupta apontavam para um futuro sinistro de destruição do mundo chinês.

O surgimento do daoismo filosófico

Foi nesse contexto que alguns pensadores passaram a discutir como a civilização chinesa deveria ser repensada, e por quais meios isso poderia se concretizar. A palavra *Dao* começou a ganhar caráter cada vez mais relevante como conceito que representava um caminho ou método para a solução de problemas, e muitos autores apresentariam suas ideias para os governantes. Começava um período chamado de Cem escolas de pensamento (*Baijia*), marcado pelo grande número de intelectuais a disputarem espaço nas cortes com ideias – algumas factíveis, outras mirabolantes – sobre como resolver as questões da época. Enquanto as discussões principiavam, um sábio chamado Laozi (o velho mestre) despontava no cenário intelectual com um discurso atraente e certamente revolucionário. Laozi é um personagem de biografia pouco conhecida, apenas registrado oficialmente quase três séculos depois no livro *Shiji*, de Sima Qian (cap. 63). Isso é, claro, contribuiria bastante para o clima de mistério e imaginação que circundariam sua figura ao longo da história. De qualquer forma, é atribuída a ele a criação de uma vertente filosófica, a Escola Daoista (*Daojia*), o que seria objeto de debate entre muitos estudiosos. Essa tentativa de identificar uma fundação do daoismo é complicada e representou o desejo de muitos sinólogos ocidentais de afastar Laozi das tradições religiosas de sua sociedade. Tal iniciativa acabou resultando na separação artificial de Laozi (e sua *Daojia*) do que seria uma religião daoista posterior, os ensinamentos do Dao (*Daojiao*), e o consequente modelo que ainda causa espanto aos que começam a estudar o daoismo. Devemos ter em mente que Laozi estava imerso no caldeirão cultural da China Zhou, e mesmo toda sua criatividade se conectava com essas tradições. Se Confúcio muitas vezes foi acusado de ser conservador, por defender a manutenção dos ritos, Laozi ia além, propondo um retorno aos primórdios da civilização chinesa – e nem por isso ele foi tachado de reacionário ou selvagem. De fato, a simpatia atual que temos como um modo de vida mais simples e ecologicamente correto torna o daoismo de Laozi muito atraente para nós, mas essa também é outra fantasia criada sobre ele. Devemos examinar Laozi como um autor autêntico, cujas ideias, de fato, iriam contribuir significativamente para transformar o panorama das religiosidades chinesas – mas lembrando sempre, também, de sua íntima conexão com os ensinamentos espirituais que já existiam. A principal fonte para conhecermos as ideias de Laozi no século VI AEC seria o seu livro *Daodejing*, ou O Livro da Virtude e do Caminho. Muitos outros livros foram atribuídos a Laozi, mas a análise textual já comprovou claramente que foram feitos em períodos posteriores, e por isso não entrarão em nossa análise agora. O *Daodejing* é um sucinto livro de 81 poemas, nos quais Laozi discorre sobre o sentido de viver em um mundo conturbado e conflituoso. O centro de seu discurso é que a sociedade havia se desconectado de suas raízes naturais por causa de uma cultura sofisticada, que provocava disputas infindáveis por riqueza, bens, prestígio e prazer. A urbanização e a complexificação dos costumes, das leis e da política criaram divisões sociais e desigualdades que prejudicavam o fluir de uma vida mais autêntica. Laozi estava pregando, portanto, um retorno aos tempos da vida xamânica, quando as pessoas teriam uma relação mais direta com a natureza e com o mundo espiritual. Essa era uma idealização sobre o passado – como muitos outros autores hodiernos fariam –, mas que colocava em questão as dimensões da cultura estabelecida e o sistema de poder vigente. Ao invés de tentar recuperar um mundo que já estava perdido, o certo seria abandoná-lo e retornar às mais antigas raízes, ao verdadeiro sentido da natureza humana. Esse projeto se consubstanciava no termo *ziran*, algo próximo a "si mesmo", "natureza original" ou, ainda, "autenticidade". Ele explicitava o desejo de reencontro com o sentido primeiro do que seria ser humano; ou seja, de como seríamos nos tempos primitivos, quando nossas necessidades eram mínimas e estávamos completamente envolvidos no ritmo da natureza. Esse momento histórico poderia não ser o mais pacífico ou violento, mas era simplesmente o mais próximo de um existir natural, independente das lutas e superficialidades de uma cultura artificial. Esse anseio, que projetava sobre o passado uma época melhor, fica evidente no verso 17:

> Na mais alta Antiguidade, o povo não sabia que havia governantes. Na era seguinte, ele os amarou e louvou. Na seguinte, ele os temia; e depois, ele os desprezava. Assim foi que, quando a crença no Dao se tornou falha entre os governantes, a falta de fé surgiu no povo. Quanto mais simples os primeiros governantes se revelavam, mais zelavam pelas suas palavras! Seu trabalho foi feito e seus empreendimentos eram bem-sucedidos, enquanto todas as pessoas diziam: "Somos como somos, nós mesmos!" (*Daodejing*, 17).

A última frase, *wo ziran* significa justamente: "somos nós mesmos", ou "somos autênticos". Ela remete à concepção de que no passado, quando o governo parecia ausente, todos seguiam felizes, sendo como eram em sua espontaneidade original. Isso teria se perdido com os soberanos seguintes, que, quanto mais poderosos, mais perdiam o sentido de governar pelo povo. Devemos notar também o uso da palavra *Dao* como um "caminho de existir", algo fundamental no pensamento de Laozi. Para ele, *Dao* não era apenas um método, mas o *único* meio possível e adequado para o reestabelecimento do humano; *Dao* seria a própria natureza criadora. Perdê-lo, por conseguinte, era se desligar da criação e violar a natureza. Se no verso 1 Laozi afirmava que não podia definir *Dao* em palavras, nos outros versos ele tentava uma aproximação com seu sentido:

> O natural é falar pouco. E por isso o vendaval não dura uma manhã nem o temporal um dia. Quem os cria? É o céu e a terra; se o céu e a terra não os fazem durar muito, o que o ser humano pode fazer então? Por essa razão é que quem segue o *Dao* adere a ele, quem segue sua virtude adere a ele, quem se perde nele adere a ele. Quem adere ao *Dao* alcança a felicidade, quem adere à virtude alcança a felicidade, quem se perde no *Dao* alcança a felicidade. Quem não tem fé sincera, nada tem de fé (*Daodejing*, 23).

O caminho (*Dao*) é uma via intuitiva cujas virtudes (*De*) se manifestam pela ação individual. E que virtudes são essas? O desprendimento, a humildade, a vontade de abrir mão de qualquer tipo de projeção ou relevo sobre os outros. É um agir desmotivado de propósitos artificiais ou inautênticos, representado por outro conceito basilar em Laozi, *Wuwei*. De forma genérica, *Wuwei* tem sido interpretado como uma ideia de escapismo, uma atuação passiva diante do mundo, mas isso não é exatamente correto. Laozi propunha que uma ação *wuwei* evitava ao máximo a artificialidade humana, cumprindo o ritmo da vida de acordo com a natureza; algo como "durma quando tem sono, alimente-se quando tem fome".

Em termos de governo, isso significava que os soberanos deviam intervir o mínimo possível na vida das pessoas, de tal maneira que parecesse que eles nem existiam; e quando o fizessem, que fosse de modo a compensar a desarmonia com a natureza, mas nunca enfrentá-la. Como se pode notar, o *Daodejing* trazia uma proposta aparentemente libertária, mas nem por isso desligada das antigas tradições chinesas. Laozi queria estar mais próximo de um ideal de vida simples, como podia se encontrar nos vilarejos do campo onde os xamãs ainda cuidavam da vida da comunidade. Sem grandes líderes nem pesadas preocupações, as pessoas verdadeiramente prosperariam – o que significaria uma existência livre de aflições, e acostumada ao ciclo natural de vida e morte. Essa concepção se consubstancia na formulação de três preceitos que norteariam o agir ético entre os daoistas, os chamados *sanbao* (três tesouros). No capítulo 67 do *Daodejing*, Laozi teria dito que:

> Eu tenho três joias que prezo e guardo com firmeza. A primeira é a compaixão (*Ci*); a segunda é a frugalidade (*Jian*); e a terceira é que recuso qualquer primazia sobre os outros (alguns autores usam a palavra *Qian*, humildade, modéstia para designar o sentido da frase).

Conduzir-se bem na vida significaria, portanto, alcançar o caminho verdadeiro (o *Dao*) pela prática das virtudes (*De*), que seriam basicamente os três tesouros (*sanbao*) guiados por um agir consciente e natural (*wuwei*), o que nos permitiria finalmente sermos nós mesmos, em nossa essência primeva (*ziran*). Como depreendemos, Laozi descreve um objetivo simples, mas com contornos complexos de serem apreendidos. Levar uma vida mais humilde, afastada das grandes preocupações políticas e sociais parecia uma tarefa relativamente difícil, mas não inviável, e por isso era preciso atrair as pessoas para esse projeto de retorno à natureza.

Foi o que os autores subsequentes, Liezi (séc. V AEC) e Zhuangzi (369-286 AEC), levaram ao extremo em seus trabalhos. Liezi teria sido o mestre de Zhuangzi, e seu texto narrava diversos episódios em que as ideias daoistas eram aplicadas aos mais diferentes aspectos da vida. Ao contrário da escrita poética delicada e profunda do *Daodejing*, Liezi trazia um texto direto, feito de histórias, recheado de passagens cômicas (mas não menos profundas), com exemplos de uma autêntica conduta daoista. No terceiro capítulo de seu livro, ele conta a paradigmática história do "homem que esqueceu":

> Havia em Song um homem chamado Huazi, que contraiu ao chegar à meia idade a singular doença de esquecer tudo. Tomava uma coisa de manhã e esquecia-se dela à noite, e recebia uma coisa de noite e já não se lembrava pela manhã. Quando estava na rua, esquecia-se de andar, e estando em casa esquecia-se de sentar-se. Não podia recordar-se do passado no presente nem do presente no futuro. E toda a família estava muito aflita com isso. Os parentes consultaram o adivinho e não puderam decifrar o caso, consultaram a feiticeira e as rezas não puderam curá-lo, consultaram o médico e este não deu remédio. Havia, porém, um letrado, confuciano na terra de Lu, que disse poder curar o homem. Assim, a família de Huazi ofereceu-lhe metade dos seus bens se ele o livrasse dessa estranha doença. E disse o letrado confuciano: A sua doença não é coisa que se possa tratar com predições, com rezas ou com remédios. Vou tentar curar o seu espírito e mudar os objetos do seu pensamento, e talvez ele se restabeleça. Assim, ele expôs Huazi ao frio e Huazi pediu roupa, deixou-o ter fome e ele pediu comida, fechou-o num quarto escuro e ele pediu luz. Conservou-o numa sala sozinho durante sete dias, sem se importar com o que ele fazia todo esse tempo. E a doença de anos foi curada num dia. Quando Huazi ficou restabelecido e soube do caso, enfureceu-se. Brigou com a mulher, castigou os filhos e expulsou de casa com uma lança o letrado confuciano. As pessoas do lugar perguntou a Huazi por que fez isso, e ele respondeu: Quando eu estava mergulhado no mar do esquecimento, não sabia se o céu e a terra existiam ou não. Agora eles me despertaram, e todos os triunfos e reveses, as alegrias e as tristezas, os amores e os ódios

dos decênios passados voltaram a perturbar o meu peito. Receio que no futuro os triunfos e os reveses, as alegrias e as tristezas, os amores e os ódios continuem a oprimir o meu espírito como me oprimem agora. Posso eu recuperar algum dia sequer um instante de esquecimento? (*Liezi*, cap. 3).

A história de Liezi reflete o desejo final de apagar o que é "humano" enquanto cultura para que se pudesse encontrar o "humano essencial", em um retorno ao estado primitivo de desconhecimento da própria individualidade. Como era o ser humano antes de ele supostamente achar que sabe que o é – ou, "ser a si mesmo" (*ziran*)? Essa era a dúvida crucial de Liezi, clamando por um distanciamento total das convenções culturais – representadas pelo letrado confucionista, que o traz novamente para a "civilização". No mesmo capítulo, também encontraremos as viagens do Rei Mu, personagem mítico do passado que se envolve em uma viagem espiritual, revelando os mesmos interesses daoistas pelos sonhos e pelas práticas xamânicas. Liezi ainda nos conta que Laozi teria tido outro discípulo, chamado Yangzhu, que fora criador de uma espécie de egoísmo autopreservativo, chamado de *wowei* (ou, "eu sem ação"). Embora receba pouca atenção nos dias de hoje, pela ausência de mais fontes ou referências, Yangzhu parece ter sido alvo de amplos debates ao longo do século IV AEC, sendo citado esporadicamente em autores de outras escolas. Restam-nos dúvidas sobre a vida de Liezi, muito malconhecida historicamente; já Zhuangzi alcançou um grande destaque em sua época por abordar o pensamento de Laozi usando parábolas profundas e elucidativas. Zhuang teria seguido o caminho de muitos intelectuais da época; serviu nas cortes, estudou os clássicos, mas cansou-se de tudo e achou no *Dao* de Laozi um caminho adequado de reencontro com a natureza e com a paz interior. Em seu livro, Zhuangzi elenca várias passagens com Laozi e Liezi, mas também cita Confúcio – a quem costumava criticar. Zhuangzi aprofundou-se no estudo da linguagem, acreditando que ela nos desviava de nossa essência humana; ressaltando o papel da intuição e do desprendimento, devíamos buscar meios de nos conectarmos com nossa natureza original, fosse pela recusa sistemática e crítica da cultura, fosse mesmo praticando o ato de "sentar e esquecer" (*zuowang*), uma das primeiras formas de meditação conhecidas entre os chineses. O objetivo central era nos reconhecermos como um espírito provido de individualidade, sujeito aos movimentos da natureza, como evidenciado pelo *sonho da borboleta* – uma das passagens mais famosas da literatura mundial:

> Certa vez eu, Zhuangzi Zhou (nome original de Zhuangzi), sonhei que era uma borboleta, voando aqui e acolá, tal como sentiria uma borboleta. Só tinha consciência de minha felicidade como borboleta, sem saber que eu era Zhou. Então acordei rapidamente e estava ali, eu mesmo. Agora não sei se era eu sonhando em ser borboleta ou se eu sou uma borboleta sonhando ser Zhou. Entre Zhou e uma borboleta há, naturalmente, uma distinção. A transição é chamada transformação das coisas (*Zhuangzi*, cap. 2).

Zhuangzi abre uma miríade de possibilidades interpretativas: Poderíamos ter múltiplas existências concomitantes? Poderíamos ser capazes de compreender outras criaturas da natureza, falar com elas ou sentirmos como elas? E nisso tudo só haveria um Eu – uma única individualidade, expressa em várias formas, mas autoconsciente. Sem fechar a questão, Zhuangzi deixava ao leitor o problema de buscar compreender a si mesmo frente à natureza. Lembremos, porém, que o sonho e as viagens espirituais eram mecanismos conhecidos do xamanismo, e como podemos notar, essas análises rebuscadas usualmente retomavam a um ponto de partida anterior às sociedades urbanas. Outra conhecida passagem de Zhuangzi deixa bem claro a que ponto ele pretendia levar sua *wuwei*:

> Uma vez, Zhuangzi pescava no Rio Pu, quando o príncipe Chu mandou dois altos funcionários para convidá-lo a assumir um cargo de administrador do Estado Chu. Zhuangzi continuou pescando, e sem virar a cabeça disse: "Ouvi falar que há uma tartaruga

sagrada que morreu há mais de 3 mil anos, e que o monarca a guarda cuidadosamente num cofre, envolta em seda delicada, no altar de seus ancestrais. Para essa tartaruga, seria melhor estar morta e ver seu restos venerados ou estar viva e arrastar a cauda na lama? "Seria melhor estar viva e se arrastando sua cauda na lama", responderam os dois. Então, gritou Zhuangzi: "Saiam! Eu também irei arrastar minha cauda na lama" (*Zhuangzi*, cap. 17).

Esta passagem está repleta de símbolos; a tartaruga sagrada, como imagem da religiosidade Shang e Zhou, distante e de elite, advinda das culturas urbanizadas; a aversão total ao trabalho governamental, marcado pelos problemas e conflitos próprios da época, e permeados pelas discussões sobre tradição e cultura que os daoistas abominavam; por fim, o desejo claro de cumprir um ciclo natural de vida harmônica. Zhuangzi já não mais acreditava em bons governantes, mas em um "não governo", e repudiava a estrutura política reinante; mas como Laozi e Liezi, ele clamava pelo retorno a um passado ideal que, de certa forma, encontrava-se nas antigas tradições religiosas primitivas.

Novas dimensões do daoismo

A essa altura, já havia muitos que se autoproclamavam "caminhantes" ou "seguidores do caminho"; em suma, *daoistas*. As ideias desses autores percorreram as cortes, mas conseguiram se disseminar mais amplamente entre os populares. Cansados de guerras, violência e arbítrios, as falas de Laozi e Zhuangzi sobre uma vida mais sossegada e afastada do mundo das intrigas políticas era bastante atraente. Os ensinamentos daoistas ressoaram igualmente entre os especialistas em artes mágicas espalhados pelos país, que redescobriram neles um sentido de existir. Eles se sentiam incluídos na visão de um passado ideal e capazes, ainda, de se fazer necessários em questões espirituais que afligiam as pessoas comuns. Isso gerou um movimento importante: as ideias daoistas começaram a se disseminar na religiosidade popular como uma forma de entendimento aprofundado sobre tradições e crenças que se compartilhavam desde tempos imemoriais. É como se Laozi os fizesse perceber que os costumes do povo haviam sido sempre os mais acertados, e que todos nós estaríamos imersos nesse *Dao* – o mundo, enfim – com seu ritmo, suas estações e momentos. Isso teve efeitos notáveis na produção de novos elementos culturais. O mais destacado deles provavelmente foi o Mito da Imortalidade.

A ideia de buscar a imortalidade certamente teve relação com o conceito de harmonia com a natureza e de se encontrar com o si-mesmo (o *ziran*). Extrapolando o fato de que todos os corpos e coisas têm um ritmo determinado pela natureza, alguns pensadores supuseram que, se fosse possível manter um equilíbrio contínuo da saúde corporal, seria possível conservar indefinidamente a vida física. A partir dessa ideia, especialistas em artes mágicas começaram a usar seus métodos usuais para encontrar fórmulas possíveis para obter a imortalidade e driblar o possível destino pós-morte. As primeiras inciativas certamente foram com a manipulação de poções e medicamentos, usando materiais naturais. Uma grande atenção foi dada a rochas (como o jade) e metais como o mercúrio e o ouro, tanto por sua durabilidade como pelas propriedades físicas – acreditava-se, de certo modo, que era possível incorporar suas características e qualidades. Muitos desses experimentos eram custosos e não estavam acessíveis ao público em geral. Por outro lado, eles chamaram a atenção das elites – sim, aquelas que os daoistas evitavam –, interessadas em fórmulas de prolongamento da vida (e também, de seu poder). Muitos membros das cortes começaram a abrigar esses especialistas, financiando suas pesquisas e tornando-os seus conselheiros. Esses especialistas foram chamados de *Fangshi*, ou "cavaleiros do vento", por seus supostos poderes mágicos. Ao longo do Período Qin (221-206 AEC) e na Dinastia Han (206 AEC-220 EC), eles se tornaram famosos por seus experimentos e por circularem entre as camadas nobres da sociedade. Voltaremos à alquimia mais adiante, explicando melhor seu funcionamento. Como fica evidente, a imortalidade foi uma das questões que expandiu o daoismo para todas as classes sociais, levando consigo diversas ideias da filosofia e da religiosidade popular, mas também criou cisões e distanciamentos. Embora fossem respeitados – e por vezes, até admirados, os *Fangshi* se afastaram dos xamãs, formando um grupo à parte, afastado do povo. Suas pesquisas formaram um fundo comum de conhecimento que se espalharia por várias áreas como medicina, química e artes. Num outro sentido, as crenças *shenjiao* e *daojiao* começaram a formar grupos unificados, com oficiantes regulares e rituais mais ou menos organizados, que foram aos poucos mudando a face dos costumes populares. A Dinastia Han marca, com certeza, o nascimento de uma religiosidade daoista, em suas múltiplas expressões, ponto que iremos retomar mais adiante.

Doutrinas e práticas fundantes

Antes de continuarmos com a narrativa histórica, seria interessante falar um pouco mais sobre as crenças e ritos daoistas. Tentar resumi-los é uma tarefa dificílima, pelo grande número de tradições que se desenvolveram sob a nomenclatura daoismo. Essa questão foi muito bem-explorada por Kristofer Schipper em seu livro *O corpo daoista* (*The Taoist Body*, 1993), que apresenta diversos aspectos dessa religiosidade em termos estruturais e litúrgicos. De fato, trata-se de um esforço incrível de buscar as unidades nas expressões diversas das escolas daoistas, mas elas são bem-representadas por uma série de conceitos fundamentais. O daoismo em si é uma estrutura henoteística de crenças, baseada no princípio de uma criação única (monogonia) e no culto individualizado em meio à pluralidade de deuses (monolatria). Contudo, mesmo esses conceitos devem ser aplicados com cuidado e restrições. O papel da criação, por exemplo, é atribuído ao Dao, cuja existência infinita prescinde o problema do tempo passado ou futuro; ademais, o ciclo das mutações, expresso pelo *Yijing*, mostra que o cosmo continua a criar-se e dissolver num ciclo infinito; por isso, buscar uma origem única e situada no tempo seria uma tarefa inviável. Ocasionalmente, há ordens daoistas que recorrem a um antigo mito chinês, a história de Pangu, um gigante cósmico que teria sacrificado seu corpo para dar origem ao universo. As semelhanças com a história de Purusha, presente no *Rig Veda* indiano são inevitáveis, e é possível que esta seja uma tradição importada com os influxos budistas na China (a primeira citação está no *Sanwu Liji*, livro do século V EC). Outro mito diz que foi a primeira matriarca da humanidade, Nuwa, quem criou a humanidade moldando-a a partir do barro, sem que haja qualquer menção a como seria o universo antes disso. Zhuangzi ainda citava o mito de Hundun, uma forma indefinida cujo desmembramento daria origem ao mundo material; essa história tem chamado a atenção de muitos pensadores sobre uma alegoria do início do universo do ponto de vista cosmológico, mas não se chegou a uma conclusão (GIRARDOT, 1983; ROBINET, 2007). No Período Han, uma espécie de divindade chamada *Taiyi* aparece como soberana e fundadora da ordem cósmica, desempenhando um processo criador contínuo, análogo ao do *Dao*, de Laozi. Seja como for, nenhuma dessas teorias poderiam escapar da teoria de surgimento a partir de *Dao*, que aparece como motor principal de constituição do universo. Em outro sentido, tanto as divindades presentes na religiosidade popular quanto no panteão oficial antigo, herdado desde a Época Zhou, foram congregados em uma generosa plêiade, que se espalhou por todo o país e agregou, constantemente, novos elementos. Isso significa que, para os daoistas, todas as divindades existem e atuam, mas os grupos acabam por se dedicar mais a uma do que a outra (monolatria) pelas mais diversas razões: domínio regional, tradição familiar, divindade ligada a uma atividade específica etc. Assim, nomear todos os deuses e deusas daoistas é uma tarefa impossível no presente espaço, mas podemos fornecer alguns exemplos representativos. O primeiro deles é o fato de Laozi, durante o Período Han, ganhar gradualmente o papel e uma divindade encarnada. Os daoistas acreditavam que qualquer pessoa poderia se tornar um espírito ancestral poderoso, ou mesmo uma deidade, ao se transferir para o mundo espiritual. O caso de Laozi era o contrário; ele seria uma divindade que viria ocasionalmente à terra para ajudar nos destinos humanos. Essa ideia seria claramente expressa na introdução do *Huahujing*, um livro daoísta feito aproximadamente no século V EC, que trazia uma lista de reencarnações de Laozi. Isso porque ele era, de fato, o *Daode Tianzun*, supremo senhor do Caminho e da Virtude, e o *Tai Shang Laojun*, o grande ancião venerável do alto, a divindade que materializava em forma humana o próprio Dao. Seguindo, porém, a linha de raciocínio do *Daodejing*, no qual "o um gera o dois, o dois gera o três e o três gera as dez mil coisas" (*Daodejing*, 42), Daode Tianzun forma com outras duas divindades, Yuanshi Tianzun e Lingbao Tianzun, uma tríade responsável por administrar o universo, sendo chamados de *Sanqinq* (Os três puros). Essas três entidades são aceitas como os governantes do universo, mas suas atribuições são compreendidas de formas diferentes pelas linhagens daoístas. Há quem veja Daode Tianzun como o principal, os três como equivalentes ou ainda, tão somente como membros integrantes da corte celeste. Como podemos notar, estas são algumas das diferenças teológicas que promovem uma grande riqueza de crenças e intepretações possíveis. Consoante a essa ideia, céu (*Tian*) e terra (*Di*) também se corporificaram como divindades, às quais se pedem chuva ou boas colheitas. Elas são parte da lista infindável de divindades que representam os elementos naturais (fogo, água, vento, montanha, trovão, rios, lagos, mares, constelações, planetas, árvores, dragões, ursos, tigres, tartarugas, entre outros) e atributos humanos (deuses da justiça, da beleza, da guerra, dos concursos públicos, da sabedoria, da força, do poder, protetores de cidades, das regiões do espaço, protetores de um grupo social, como pescadores ou artesãos...), que mostram como as estruturas do daoísmo paulatinamente congregaram o panteão popular com divindades herdadas dos cultos estatais urbanizados. Um fragmento do livro *Huainanzi* (de que falaremos à frente) nos dá uma ideia de como os deuses das regiões agregam, por exemplo, atributos naturais, estéticos e humanos (expressos em seus instrumentos de comando):

- O Oriente é Madeira. Seu deus é Tai Hao. Seu assistente é Gou Mang. Ele segura a bússola e governa a primavera. Seu espírito é a Estrela do Ano (Júpiter). Seu animal é o Dragão Verde Azul. Sua nota musical é jue; seus dias são jia e yi.
- O Sul é Fogo. Seu deus é Yan Di. Seu assistente é Zhu Ming. Ele segura uma balança e governa o verão. Seu espírito é Delírio Cintilante (Marte). Seu animal é o Pássaro Vermelhão. Sua nota musical é zhi; seus dias são bing e ding.
- O Centro é a Terra. Seu deus é o Imperador Amarelo. Seu assistente é Hou Tu (Soberano do Solo). Ele segura a corda de marcação e governa as quatro regiões. Seu espírito é a Estrela da Extinção (Saturno). Seu animal é o Dragão Amarelo. Sua nota musical é gong; seus dias são wu e ji.
- O Ocidente é Metal. Seu deus é Shao Hao. Seu assistente é Ru Shou. Ele segura o esquadro e governa o outono. Seu espírito é Grande Branco (Vênus). Seu animal é o Tigre Branco. Sua nota musical é shang; seus dias são geng e xin.
- O Norte é Água. Seu deus é Zhuan Xu. Seu assistente é Xuan Ming. Ele segura o peso e governa o inverno. Seu espírito é Estrela do Tempo (Mercúrio). Seu animal é o Guerreiro Negro (Tartaruga). Sua nota musical é yu; seus dias são ren e gui (*Huainanzi*, 3, p. 6).

A complexidade desse sistema reflete o desejo dos chineses em colocar alguma ordem nesse panteão, que congrega elementos de diversas tradições religiosas. As cinco divindades das regiões parecem existir desde a Época Shang, mas foram reestruturadas com a adição de novos caracteres simbólicos eivados da Teoria das Cinco Fases da Matéria, e receberam assistentes que são divindades menores, surgidas (ou incluídas) posteriormente. O processo de regência ligado aos elementos visava estabelecer padrões harmônicos que se projetavam sobre as dimensões da vida física. A isso, pois, precisamos adicionar ainda a mobilidade e criatividade do processo cosmogônico. Havia ainda, como falamos há pouco, divindades que surgiram a partir de humanos poderosos ou notáveis, como o grupo dos oito imortais (daoistas que conseguiram alcançar a imortalidade pretendida pelos alquimistas) ou os "sete sábios do bosque de bambu", grupo de intelectuais eremitas que abandonou a civilização para se dedicar – e deleitar – com a prática das artes daoistas. Muitas divindades daoistas estavam ligadas a histórias de personagens que teriam sido, em algum momento, reais. Huangdi, o "primeiro soberano" mítico da civilização chinesa, tornou-se igualmente uma divindade, e que daria origem – junto com Laozi – a uma importante corrente daoista no Período Han. Listas dessas divindades e seus atributos têm sido produzidas pelos pesquisadores atuais, que tentam acompanhar seu desenvolvimento histórico e etnológico (CHAMBERLAIN, 2009; KOMJATHY, 2013). Contudo, cumpre salientar que a unidade por trás desse zimbório de deusas e deuses é o conceito de "metáfora imperial" (FEUCHTWANG, 1992); ou seja, a ideia de que o mundo físico é uma reprodução limitada do mundo celestial. O Império Chinês reproduz a corte e o sistema celeste governado igualmente por soberanos. Novamente, voltamos às questões interpretativas: para alguns, o comando do mundo celeste cabe a Yudi (soberano de jade) e a Xi Wangmu, a Imperatriz Mãe do Oeste. Eles dividiriam o comando político do mundo celestial, administrando as funções das outras divindades e a passagem para o mundo espiritual. Na visão de outros grupos daoistas, eles estariam, assim como todo o restante da corte, submetidos ao grande Dao e aos três puros, numa evidente demonstração das alternativas das estruturas monolátricas chinesas. Pontualmente, Yudi também é sincretizado com Shangdi (o "Senhor do Alto" da antiguidade chinesa), como se fossem dois nomes diferentes para essa mesma divindade. Seja como for, o que não cabe discussão é o fato de que o mundo celestial operaria da mesma forma como conhecemos o mundo físico. Há uma burocracia responsável por distribuir funções e analisar a situação dos espíritos desencarnados. Todos os que falecem são julgados, de acordo com os relatórios enviados em vida pelo deus da Cozinha (Zaojun) de cada família, que supervisiona os pensamentos e as atitudes de seus membros, junto com os ancestrais. Alguns podem permanecer no mundo espiritual, trabalhando; outros, porém, precisarão reencarnar para redimir suas dívidas e aprender a ter uma conduta virtuosa. É curioso notar que o inferno daoista (chamado de Diyu, prisão da terra) não é um espaço de danação eterna, sendo mais próximo do que conhecemos como purgatório ou umbral, e nem mesmo é coordenado por criaturas malignas. Ele é governado por deuses, especialmente dedicados à salvação das almas perdidas. Numa versão é o deus Yanwang quem governa o local, organizando as punições; em outra linhagem seria o deus Taiyi Tianzun quem administra o local, a quem se dirigem oferendas e cânticos especiais para auxiliar os espíritos sob sua supervisão. O Diyu é um espaço bem-organizado, dividido em dez tribunais especiais para cada tipo de crime, e dezoito níveis ou reinos responsáveis por administrar tipos de especiais de torturas e punições, de acordo com cada um desses crimes. Uma alma poderia ser condenada a transitar por algum tempo entre esses mesmos níveis até purgar por completo suas máculas. Um meio para driblar o problema da purificação do espírito – e consequentemente, escapar da necessidade de reencarnar – seria justamente o processo alquímico. Pela criação de um novo corpo físico-espiritual, o imortal era aquele que conseguira transmutar sua existência em uma instância especial, transitando entre o mundo divino e o humano. Segundo o *Shanhaijing* (O livro das montanhas e dos mares – uma enciclopédia de mitos do Período Han), um grupo de ilhas situadas no Mar Bohai serviria de abrigo para uma comunidade de imortais, e quem pudesse encontrá-las, poderia igualmente alcançar esse novo tipo de vida. Como ocorre em muitas lendas, várias pessoas pereceram numa busca infrutífera, o que fez com que alguns autores supusessem que esse paraíso só poderia ser alcançado por uma transmutação prévia do corpo ou, ainda, que fosse apenas um mito de cunho espiritual e moral.

Crenças na vida após a morte e contato com o mundo espiritual

Até aqui vimos que o daoismo conseguiu agregar e sintetizar diversas tradições religiosas, constituindo algumas ideias centrais que estabelecem esses sistemas. No que diz respeito à ideia de vida após a morte, as crenças daoistas ainda mantêm muito do antigo xamanismo, principalmente nas relações com o mundo espiritual. As almas (*hun*), se purificadas e qualificadas a permanecer nas cortes celestes, podem residir lá indefinidamente; a maioria continua a levar uma existência simples, desempenhando tarefas similares às que tinha quando encarnadas. Outras, dado seu poder e prestígio, alcançam o *status* de ancestral poderoso ou mesmo de divindade (*Shen*). É o caso, como citamos, de personagens históricos que foram divinizados, como Mazu (deusa do mar) ou Guandi (guerreiro que tornou-se deus da justiça). A maior parte das pessoas, no entanto, ao falecerem, está usualmente envolvida em dívidas morais e espirituais e necessita passar uma temporada no Diyu. Ocorre que algumas almas conseguem escapar ou se perdem no caminho; outras ainda readquirem força e se tornam espíritos perturbadores, tentando prejudicar antigos desafetos ainda encarnados. Como podemos notar, a lógica do contato com o mundo espiritual ainda é essencialmente a das tradições Wu xamânicas. No daoismo, algumas linhagens apresentam um corpo sacerdotal bem-estruturado e definido, os *Daoshi*, responsável por lidar com essas questões. Os integrantes desse grupo clerical são iniciados nos mistérios daoistas por meio de uma série de cursos e estudos promovidos pela ordem à qual se filiam. Um dos elementos centrais dessa formação é o contato com o mundo espiritual. Os sacerdotes aprendem a escrever petições e realizar os rituais apropriados para enviá-los às cortes celestiais, de modo que seus pedidos sejam verificados e, se possível, aceitos. Grande parte desses pedidos está ligada ao temor de influências espirituais negativas e ao ataque de seres malignos, que provocam discórdia, doenças e perturbações na saúde mental. As petições feitas pelos sacerdotes informam a burocracia do céu sobre a ocorrência, e essa mobiliza seus guardiões e mestres para subjugar os espíritos causadores de problemas.

Essa tarefa é mais eficaz quando o sacerdote é um médium (*Tongji*) capaz de ver, ouvir ou falar com os espíritos. Usualmente, ele é possuído pelos seres espirituais e divindades, que vêm fornecer orientações, ou pode receber o espírito que perturba, para que esse seja dominado. Os médiuns têm um papel ativo na religiosidade popular, e muitos são independentes, não se filiando a uma ordem daoista específica. Esses médiuns são ainda mais importantes para resgatar os espíritos que se perderam nos caminhos para Diyu, ou que caíram em mãos de espíritos malvados. Como os xamãs, eles precisam realizar uma saída do corpo físico e entrar no mundo espiritual para resgatar essas almas perdidas e encaminhá-las corretamente; seja voltar para o corpo, seja ir para a corte celestial. Essas fugas de alma, conhecidas como doença da alma que cai, foram estudadas por Ana Maria Amaro (1990), que mostrou como muitos chineses acreditavam que essa seria uma das principais causas de mortes estranhas, principalmente infantis. O contato com o mundo espiritual é uma atividade crucial, portanto, para reestabelecer o equilíbrio de um indivíduo, da família ou mesmo de toda a comunidade. A luta contra o mal é um dos serviços diários praticados nos templos; seja por meio de cerimônias, seja por atividades específicas. Quando necessário, os sacerdotes podem ser convocados a realizar um exorcismo, que ocorre especificamente quando um espírito se abriga em um determinado lugar e influencia o cotidiano das pessoas. O exorcismo pode ser feito com orações, leituras de textos sagrados, uso de talismãs e danças. Uma nota curiosa é que nem sempre os espíritos a serem exorcizados são necessariamente malévolos; alguns apenas se agarram à vida material, não aceitando a morte, e precisam ser orientados e retornar ao mundo espiritual para enfrentar seu julgamento no Diyu. A crença na reencarnação é um conceito que parece estar delineado desde a Antiguidade (Zhuangzi nos deu algumas pistas sobre isso), mas ele foi aprimorado após a vinda do budismo, com sua larga experiência no tema. As tradições xamânicas foram refinadas e sistematizadas, tornando-se um ponto comum entre todas as ordens daoistas. Essa crença contrabalançaria o culto aos ancestrais, já que um espírito venerado poderia reencarnar; mas os daoistas conseguiram conciliar o problema, mostrando que os ancestrais dignos de veneração são aqueles que não mais retornariam, e cuja influência seria notada por sacerdotes e médiuns.

Cerimônias, ritos e magia

Entre as ordens daoistas há um conjunto de atividades regulares a serem desempenhadas e os serviços que são oferecidos à comunidade, como é o caso do auxílio espiritual. Usualmente, esses pedidos de intercessão e ajuda espiritual são feitos após determinadas cerimônias e rituais, que regulam o calendário anual das sociedades e dos templos (OVERMEYER, 2009). Há mais de vinte datas importantes relacionadas a festividades e cerimônias obrigatórias que devem ser realizadas ao longo do ano (WONG, 2011, p. 162-164). Um dos ritos mais importantes é o *Jiao*, responsável por renovar a ligação do templo com as divindades protetoras. Ele é feito anualmente, numa versão parcial do ritual, com fins de manutenção dessa conexão, e desempenhado somente por sacerdotes. Periodicamente, em intervalos que podem ser irregulares, mas que em geral oscilam entre cinco a doze anos (ou ainda, quando a direção do templo entende que se faz necessário), o ritual é executado em sua forma completa, durante quase uma semana. A comunidade é chamada a participar, assistindo parte dos rituais públicos. Os ritos principais, porém, são feitos somente pelos iniciados, dentro do templo, e são incompreensíveis para os leigos. Na abertura desses trabalhos, libações e sacrifícios são oferecidos às divindades; é comum ofertar um porco inteiro ao soberano de jade, que irá favorecer a operação mágica; depois disso, as cerimônias, todas internas, invocam as divindades protetoras e o ritual de instauração do altar, ponto crucial desse longo ritual. Dias e noites inteiras são consagrados a essa operação mágica. Quando isso finalmente ocorre, chega-se ao último dia do ritual, no qual o povo é novamente convocado para uma espécie de festa de finados. Para apaziguar as almas perdidas, os fantasmas e os espíritos perturbadores, é feito um pequeno festival com desfiles, danças e oferta de comida, que pode ser depositada junto ao templo, em espaços apropriados ou mesmo em frente às casas das famílias. Outro importante ritual, e que causa muito impacto no público, é a possessão *Tangki*, atualmente muito famosa em Cingapura e Taiwan, e sendo redescoberta na China Continental. Em geral, ela ocorre em meio a festividades ou cerimônias do calendário, quando um médium, possuído por uma divindade, autoflagela-se, atravessando o corpo com lâminas, facas e metais. O ritual é desempenhado como prova do poder dos espíritos e deuses, que tornam o corpo do médium invulnerável, e as pesquisas atuais remontam essa prática ao período neolítico, sendo primeiramente praticada por xamãs (CHAN, 2015). Esse é apenas um exemplo de um rito importante, mas as ordens daoistas podem se envolver também com festividades populares como, por exemplo, oferecendo à comunidade cerimônias propiciatórias para o ano novo lunar. A organização desse calendário coordena, de fato, o encontro da instituição com o público em geral. Em outro sentido, os ritos daoistas regulares visam preservar a comunidade da influência da magia e da feitiçaria, crenças comuns entre a população chinesa. Ambos os termos correspondem à capacidade que alguém tem de manipular forças naturais e espirituais em benefício próprio, atualmente chamados de *Zhu*. O feiticeiro é alguém que sabe fazer poções e filtros com ervas, consegue invocar espíritos e pode mesmo roubar a alma das pessoas, tomando-as sob seu controle. Não é muito diferente do que o xamã sabia fazer (e por isso há constantes confusões entre ambos), mas pode-se dizer que a diferença é que enquanto os xamãs e sacerdotes visam preservar a comunidade e manter o equilíbrio, a magia pode ser usada para desequilibrá-la e prejudicá-la, não sendo por isso entendida como positiva. Obviamente, sempre há fronteiras tênues entre acusar alguém de ser feiticeiro e usar seus serviços ao mesmo tempo. De qualquer modo, as ordens daoistas, assim como seus agentes independentes, entendem que a prática da magia perturba a vida comum, e por isso é necessário combatê-la com artes mágicas. Além dos rituais de cunho espiritual, os médiuns e exorcistas daoistas podem combater a magia com o uso de talismãs (*Fulu* ou *Lingfu*). Por acreditarem no poder espiritual da palavra, além de petições ao mundo espiritual, os sacerdotes podem fazer pequenas tiras de papel com inscrições mágicas, sejam preces ou fórmulas especiais. Algumas possuem desenhos especiais, que somente os sacerdotes são capazes de interpretar, como quadrados mágicos e diagramas especiais. Os *Fulu* podem ser fixados na frente das casas, em altares ou ser levados por aquele que procura proteção. Usualmente, eles devem ser escritos à mão, mas há também impressos, contendo uma fórmula mágica usual. Por seu custo baixíssimo, eles se disseminaram como um dos principais amuletos mágicos, e muitos se transformaram em obras de arte, constituindo uma estética própria. Outros objetos protetores podem incluir colares de jade (composto mineral capaz de absorver energias ruins), caldeirões de bronze, sinos, moedas e espadas, com o mesmo tipo de inscrição mágica. Por fim, no século IX EC, durante a Dinastia Tang, foi apresentada a primeira fórmula regular da pólvora, justamente em um texto daoista, o *Taishang Shengzu Jindan Mijue* (a primeira citação sobre a pólvora já fora feita em 142 EC por Wei Boyang). Apesar do seu amplo uso militar, traques, bombinhas e fogos de artifício se tornaram parte do arsenal mágico daoista para afugentar espíritos malignos, razão pela qual eles estão presentes em praticamente todas as festividades e, por vezes, nos exorcismos.

Cuidar do corpo: alquimia e artes

As tradições daoistas igualmente desenvolveram várias formas de cuidado com o corpo. Como vimos, o surgimento da alquimia chinesa é indissociável da busca pela imortalidade física, e ela foi base de uma série de pesquisas que contribuíram fortemente para o desenvolvimento da medicina, da química e da educação física entre os chineses. Os primeiros experimentos em busca de um elixir foram feitos a partir de métodos e técnicas diferentes. Uma das linhas pressupunha que a combinação de elementos químicos seria capaz de gerar um preparado capaz de alterar a consistência física, evitando desequilíbrios e, consequentemente, estendendo a vida física em prazo indefinido. Obviamente, a metodologia desses *experts* se baseava no conhecimento tradicional fitoterápico, adicionando aos testes novos materiais, como o caso do mercúrio. Essa linha se chamava *Waidan*, ou Alquimia Externa. Os resultados dessas inciativas foram diversos, resultando em um grande número de envenenamentos, bem como na descoberta de remédios eficazes. Contudo, em torno dos séculos V-VI EC já estava um tanto quanto evidente que essas práticas não obtinham os resultados esperados, e elas gradualmente entraram em declínio.

Outro meio de prolongamento da vida física foi encontrado nos exercícios respiratórios, conhecidos como *Qigong*, alternados com ginásticas calistênicas, como o *Wuqinxi* (jogo dos cinco animais). Seguindo uma linha de raciocínio semelhante, se o corpo fosse constantemente energizado de forma apropriada, poderia se evitar o envelhecimento, adquirir poderes mágicos e possivelmente prolongar a vida. O princípio aqui se baseava em extrair o *Qi* da natureza, filtrá-lo de acordo com suas tendências *yin* e *yang* e alimentar o ciclo das cinco fases da transformação da matéria (*Wuxing*) dentro do corpo, assim como agradar os espíritos que habitavam seus membros, órgãos e vísceras. Essas teorias – chamadas *Nei-*

dan (Alquimia Interna) – estavam em voga desde a Dinastia Han e se tornaram o sustentáculo da epistemologia científica chinesa, embora seus usos alquímicos muitas vezes extrapolassem sua estruturação teórica. Um dos melhores exemplos é a prática da meditação. Métodos de cultivo do corpo e da mente, por meio da concentração individual, parecem existir desde o século V AEC, como fica claro na Inscrição de Jade (*Xingqiyu*), um dos primeiros textos que alude à prática do controle respiratório:

> Para circular a Respiração Vital:
> Respire profundamente, então ela se acumulará.
> Quando se acumular, ela se expandirá.
> Quando se expandir, descerá.
> Quando descer, ficará estável.
> Quando estiver estável, será regular.
> Quando estiver regular, brotará.
> Quando brotar, crescerá.
> Quando crescer, retrocederá.
> Quando retroceder, ela se tornará celestial.
> O dinamismo do céu se revela na ascensão; o dinamismo da terra se revela na descida.
> Siga isso e você viverá; oponha, e você morrerá (apud ROTH, 1997, p. 298).

Tais métodos eram bastante conhecidos na época, mas sabemos pouco sobre eles. Usualmente, alguns mestres defendem que as práticas meditativas chinesas são, ainda hoje, derivadas desses métodos antigos; sabemos, contudo, que uma forte influência budista se fez presente na elaboração dos sistemas de meditação, trazendo as experiências indianas para o país. Seja como for, os daoistas se tornariam peritos nessas práticas, mesmo antes de o budismo chegar à China. Desde a época de Zhuangzi, elas eram designadas genericamente como "sentar e esquecer" (*Zuo wang*), e foram objeto de extensos tratados integrados ao cânone daoista, o *Daozang*. No Período Tang, um mestre chamado Sima Cheng Zhen escreveu um texto intitulado "Tratado sobre sentar e esquecer" (*Zuowanglun*), no qual resumia todo um circuito de meditação, descrevendo seus passos, métodos e resultados:

Se você quer cultivar o Caminho e obter realização, primeiro livre-se de comportamentos aberrantes. Com os eventos cortados de tal modo que não há nada para reter em sua mente, sente-se corretamente e olhe internamente com acurada consciência. Tão logo você note o surgir de um pensamento, imediatamente trate de extingui-lo; capture seus pensamentos à medida que emergem, para poder tornar sua mente pacífica e quieta. Em seguida, ainda que você possa não ter obsessões óbvias, flutuar, vagar e pensamentos aleatórios devem também ter um fim. Trabalhe diligentemente dia e noite, nunca desistindo, nem por um momento; mas somente cessando a mente tumultuada, mas não a mente luminosa. Desapareça na mente vazia; não desapareça na mente possessiva. Não resida em seja lá o que for, e a mente estará estável. Este método é misterioso, com benefícios muito profundos. A menos que você já tenha afinidade com o Caminho, além de ter uma fé sem divisões, não poderá verdadeiramente apreciá-lo. Mesmo se você sabe como recitar os textos, ainda tem que discernir entre realidade e artificialidade. Por quê? Som e forma obscurecem a mente, falsidades enganam os ouvidos; personalidade e ego transformam-se numa segunda natureza, e o distúrbio da autoafirmação estará, então, firmemente estabelecido. Quando a mente está separada do Caminho, o princípio é difícil demais de compreender. Se você deseja retornar ao supremo Caminho, tenha uma fé profunda e, primeiramente, aceite três preceitos. Se você praticar em concordância com eles, consistentemente do início ao fim, então obterá o Caminho. São os três preceitos: 1) Simplificar envolvimentos; 2) Não desejar nada; 3) Aquietar a mente.

Se você praticar diligentemente, sem desânimo, mesmo que não tenha mente para buscar o Caminho, este virá por si mesmo. Diz uma das escrituras: "Se as pessoas podem esvaziar suas mentes sem engendrar nada, não é que elas queiram o Caminho, mas o Caminho se reverte para elas espontaneamente". Falando nesta base, esse método de quintessência é genuinamente digno de confiança e verdadeiramente valoroso. Todavia, a mente ordinária é excitável e obstinada, e por muito tempo tem sido assim; portanto, trazer a mente ao descanso por intermédio dos preceitos pode ser, de fato, muito duro. Pode-se tentar trazer a mente ao repouso sem sucesso, ou se pode ter sucesso temporário e perdê-lo de novo. No esforço de controlá-la conforme se desvia, o corpo todo pode transpirar. Depois de um certo tempo, a mente se torna flexível e direta; só então ela estará plenamente afinada. Não desista do trabalho diário só porque você está temporariamente inábil para controlar ou concentrar a mente. Tão logo você ganhar uma certa calma, aí você deveria estabilizá-la o tempo todo; seja andando, correndo, sentando ou descansando, enquanto lida com assuntos e tarefas concretas, no meio da multidão e da correria (apud CLEARY, 2001, p. 81-82).

Métodos como este deveriam conduzir o praticante a um estado de controle mental e físico capaz não apenas de proporcionar-lhe a conservação da saúde, mas principalmente ajudá-lo a acessar e compreender as dimensões espirituais do seu ser. Por esta razão, os mais diversos sistemas e elementos das ciências chinesas eram empregados na construção e suporte das teorias daoistas, incluindo as artes corporais. Assim, a Teoria Yin-Yang e Taijitu, o *Yijing*, e o Sistema Wuxing foram diversamente empregados na construção de sistemas de cuidado físico. Isso ficou ainda mais evidente nas artes marciais daoistas, como o Taijiquan, Baguaquan ou Xingyiquan, cujos sistemas baseavam seus movimentos e ritmos a partir de concepções sobre a circulação do *Qi* (energia) no corpo. Estas artes encontraram um renovado período de divulgação a partir do final do século XIX (APOLLONI, 2018). Alguns de seus principais mestres eram ativos praticantes daoistas e, como era de se esperar, elas estão divididas em uma centena de estilos variados. Atualmente, o Taijiquan é divulgado mundialmente como uma das mais famosas e melhores formas de cuidado físico existentes, obtendo respaldo acadêmico e público muito além dos meios daoistas. Outra forma igualmente conhecida foram as chamadas artes íntimas, técnicas utilizadas no intercurso sexual de maneira a realizar a transmissão de essências *yin* e *yang* entre os parceiros, visando o prazer e a obtenção de saúde. Desde o Período Han encontramos textos que ensinavam como praticar sexo e extrair dele energia curativa para o corpo (LIN, 2007). A crença de que esse método funcionava (assim como os outros) era tanta, que muitos praticantes temiam que o sexo fosse usado para roubar energia uns dos outros (CZEPULA, 2012). Ainda hoje, alguns autores, como Jolan Chang (1979) e Mantak Chia (2004), defendem que esses métodos continuam válidos como formas de cuidado com a saúde – mas sem, é claro, alimentar esperanças de obtenção da imortalidade física.

Prever o futuro

Na ausência de um médium podemos traçar um quadro de nossa vida por meio de artes divinatórias – e a China apresenta centenas de formas de predição do futuro e de leitura das características humanas. A astrologia chinesa (*Shuxiang*), por exemplo, é empregada para ajudar os praticantes do daoismo a entenderem melhor suas tarefas e dívidas espirituais enquanto estão encarnados – questão que se reflete diretamente na vivência física. A astrologia chinesa também é composta de doze signos, identificados por animais que governam meses e anos e revelam nossas tendências e uma série de possíveis injunções espirituais a serem resolvidas. Curioso notar que o pensamento daoista, nesse sentido, não pressupõe um destino traçado, e a astrologia não mostra cursos fatais ou inadiáveis. Isso significa que, quando alguém nasce sob a égide de um determinado signo, assim o faz por possuir uma série de inclinações pessoais e espirituais que o inserem naquele grupo em que irá se reencarnar. Sendo assim, os signos são classificações taxionômicas de tipos humanos, e as estrelas servem como guia para a datação adequada, sem constituírem uma influência nítida. Do mesmo modo, o planejamento espiritual, proposto ao espírito reencarnado, pode ser alterado por força de sua vontade, com bons ou maus resultados, pressupondo a existência de um livre-arbítrio nas crenças daoistas – destinos incontornáveis e fatalistas eram, especificamente, uma crença budista. Sistemas interpretativos, como o *Ziwei doushu* (Astrologia da Estrela Púrpura) ou o *Bazi* (Oito ideogramas) são famosos por estabelecerem um mapa de nossa vida a partir de dados como nome, data de nascimento, região, posição das estrelas, de forma semelhante aos mapas astrais feitos no Ocidente, mas com características próprias, e que apontam como podemos lidar com nossas predisposições naturais (e espirituais). A predição do futuro, portanto, é sempre uma previsão de tendências, um desfecho a ocorrer se procedermos de uma certa forma. Mudando o jeito de agir, pode-se mudar o futuro. Por essa razão, o número de técnicas oraculares desenvolvidas pelos chineses é tão grande, que elas precisaram ser organizadas e divididas. As três mais conhecidas e complexas são chamadas de *Sanshi*, consistindo nas técnicas *Taiyi Shenshu*, *Daliuren* e *Qimen Dunjia*. O primeiro método consiste numa calculadora circular que combina corpos e movimentos celestes com os hexagramas do *Yijing*, buscando determinar macrotendências em eventos; já o *Daliuren* é composto por um quadrado mágico, igualmente com funções de cálculo, que adiciona as variações da relação *yin-yang*, os movimentos do Sistema *wuxing* e as marcações do ciclo calendário de sessenta anos para inferir situações em escalas microcósmicas; por fim, o Sistema *Qimen Dunjia* incorpora *yin* e *yang*, as cinco fases da transformação da matéria, os oito trigramas, as chamadas dez troncos celestiais (sistemas formados por estrelas), os doze ramos terrestres (os ciclos do horóscopo chinês) e as vinte quatro marcações dos movimentos solares, lidos através de um bússola mágica (*Luopan*), cuja combinação de coordenadas infere uma resposta possível ao problema apresentado, seja ele em qual escala for. Esses métodos são bastante interessantes, já que tentavam racionalizar, de alguma forma, a relação com o oráculo. Uma pergunta simples, tal como "Devo viajar para x lugar em y época?" poderia ser respondida com uma série de cálculos que indicariam que o lugar a ser visitado (região geográfica) estaria passando por um inverno rigoroso (estação) na data planejada (tempo), tornando a viagem desaconselhável. Essas técnicas eram contrabalançadas por métodos mais intuitivos e simplificados, que também encontraram acolhida entre os praticantes daoistas. O mais conhecido deles é justamente a adivinhação das tendências pela consulta ao *Yijing*, o livro das mutações. Ele ainda se constitui o pilar de uma estrutura de leitura dos movimentos da natureza, e por isso, sua importância tem sido renovada periodicamente. Como vários métodos de interpretar os hexagramas foram desenvolvidos, o sistema de leitura do *Yijing* pode variar de acordo com cada uma dessas escolas (embora algumas sejam mais famosas, como a *Meihuayi*, ou Flor de Ameixeira). Comumente, o *Fengshui* (Vento e Água), uma forma de técnica arquitetônica antiga, também acabou se tornando um sistema de geomancia, com um amplo uso do *Luopan* (bússola mágica) na localização de espaços propícios para as mais diversas atividades humanas. O *Fengshui* acabou integrando e desenvolvendo sistemas de cores, objetos, formas e aspectos naturais que o associam facilmente também ao paisagismo e à arte da decoração. Existem ainda métodos como a leitura de rosto (*Mianxiang*), leitura da palma da mão (*Shouxiang*) ou adivinhação pela borra de chá (*Chaxiang*), entre outros, que dependem mais das habilidades sensitivas do consultor. Não há uma orientação clara entre as diversas denominações daoistas sobre quais dessas artes devem ser usadas, ficando a critério de cada grupo o uso desses sistemas. Elas são parte integrante das tradições chinesas que o daoismo soube absorver e desenvolver, construindo sistemas complexos diretamente conectados às suas crenças. Como veremos a seguir, isso tem uma relação direta com as formas pelas quais os daoistas se relacionaram com o poder ao longo da história, ponto que iremos retomar agora.

Manifestações institucionais

As manifestações institucionais do daoismo estão intimamente ligadas à formação das linhagens daoistas, o desenvolvimento do seu corpo de crenças e suas vinculações com o Estado chinês. Por esta razão, as organizações institucionais daoistas precisam ser compreendidas a partir de duas perspectivas: a primeira, sobre o processo de construção interna desses grupos; e a segunda, a questão da aproximação com o governo. Precisamos retornar à Dinastia Han, período crucial para o desenvolvimento do daoismo. Por essa época, já existiam muitos pensadores que se consideravam adeptos dos ensinamentos de Laozi, Liezi ou Zhuangzi, e as ideias daoistas transparecem em vários textos políticos e sapienciais. Havia um interesse vivo, pela classe governante, em teorias que pudessem auxiliar na administração imperial. Nesse sentido, foi a Escola de Confúcio que se tornaria a base da estrutura buro-crática imperial, mas isso não impediu que as ideias daoistas se espalhassem pela corte. O conceito *wuwei*, aplicado à governança, foi amplamente debatido como uma forma de diminuir a pressão sobre as camadas populares e garantir-lhes uma maior liberdade de ação. Diversas ideias foram assimiladas e associadas com outras escolas, consoante a projetos políticos e filosóficos que circulavam dentro dos meios intelectuais. Um exemplo notável desse tipo de inciativa foi promovido por Liu An (179-122 AEC), príncipe que formou um círculo literário em que se debatiam os mais variados temas filosóficos e cujas atas foram reunidas no *Huainanzi*. O livro trazia tratados e reflexões sobre os mais diversos temas, como cosmologia, filosofia, política e religiosidade, revelando uma tentativa de síntese de saberes eruditos e populares. Outro fator de atração das doutrinas daoistas foi a presença dos Fangshi, como comentamos anteriormente, que ajudaram a criar a imagem de um daoismo mágico, uma escola que seria capaz de compreender a natureza desvendando seus mistérios. Os Fangshi ajudaram a construir uma ponte entre as tradições populares e da nobreza, sincretizando crenças e conhecimentos; mas eram especialistas solitários, que não necessariamente constituíam uma escola. Eles continuaram a frequentar as cortes, mesmo depois da queda da Dinastia Han (DE WOSKIN, 1983). Zhang Hua (290 EC?), autor do *Bowushi* (Relação das coisas do mundo), livro que trazia uma série de episódios envolvendo magia, conta-nos como os Fangshi ajudaram a desenhar o formato das tradições daoistas:

Como era um grande interessado nos métodos de cultivo da saúde e grande conhecedor de técnicas alquímicas, o Imperador Wu da Dinastia Wei (CAO, 155-220 EC) convocou e congregou sábios destas artes, tais como Zuo Yuanfang e Huatuo, e seus seguidores, e não houve quem não acudisse ao seu pedido. Eis aqui os fangshi que o primeiro soberano da Dinastia Wei congregou: Wangzhen, de Shangdang; Fengjunda, de Longxi; Ganshi, de Ganlin; Lunusheng e Huatuo, também chamado de Yuanhua, do país de Qiao; Dong Yannian, Tangyu [...]. Dos fangshi que existiam nos tempos de Wei podemos destacar os seguintes: Ganshi, de Ganling, que era especialista em técnicas de respiração; Zuoci, de Lujiang, que era especialista em técnicas sexuais; e Qiejian, de Yangcheng, que era especialista em jejum: três homens que chegaram a viver seiscentos anos cada um. Pois bem, tantos estes quanto os outros, similares, foram congregados pelo Imperador Wu em seu reino de Wei, que evitou que partissem para outras cortes, dispersando-se. Um deles, pois, era Ganshi. Uma vez, Caodi perguntou qual era o segredo para chegar, como ele havia chegado, a ser um ancião com a aparência de um jovem. Ganshi o respondeu assim: Com meu mestre, Hanshiya, bastava ir até o mar do sul e fazer ouro medicinal, do qual, uma vez, extraímos dezenas de milhares de jin (um jin = 500gr); logo pescamos carpas, untamos uma delas com a substância medicinal e a deixamos em óleo fervente. Vimos que, mesmo no óleo fervendo, ela nadava e se mexia daqui para lá, às vezes indo ao fundo e às vezes indo até a superfície, como se estivesse nadando em um lago. A outra que não estava untada com o ouro medicinal estava frita e pronta para comer. Disse ainda que esta substância medicinal se achava a mais de dez mil li de distância (= 5.000km), e que era impossível encontrá-la se o buscador não fosse pessoalmente. E aqui estavam presentes também as teorias benéficas de saúde do mestre daoista Boi Azul, também chamado de Feng Junda, tal como se transmitiu a Huanfu Long: temos que fazer exercícios físicos com frequência, cuidando de não fazer pouco; devemos tomar cuidado também em não se exceder em comer demais, ou em misturar alimentos diversos. Convém deixar de lado as gorduras e sabores fortes, assim como o vinagre e o sal; evitar também preocupações e desassossegos; evitar as alegrias extremadas e as tristezas; manter-se afastado da fama e das honrarias, bem como não abusar do sexo. Na primavera e no verão convém abrir-se e expelir, como no inverno e no outono deve-se fechar e acumular. O Imperador Wu fez isso como indicado, e deu bom resultado. Tal como recorre o Imperador Wu em sua obra Dianlun, o rei de Chensi (chamado Caozhi) escreveu o seguinte em seu livro *Biandaolun*: "Meu irmão, o imperador, congregou os fangshi mais importantes do mundo: Ganshi de Ganling, Zuoci de Lujiang e Qiejian de Yangcheng. Ganshi é especialista em técnicas de respiração, Zuoci em técnicas sexuais e Qiejian em técnicas de jejum, e os três chegaram vivos à idade de trezentos anos. Mas tanto meu pai, o imperador, quanto o príncipe herdeiro e meus irmãos riem e não creem nestas coisas. Da minha parte pude comprovar, porém, sem abandonar Qiejian até mesmo para dormir, como era capaz de caminhar e de ter uma vida normal depois de ter havido jejuado por mais de cem dias – apesar que qualquer homem comum, ao contrário, haveria morrido em menos de sete dias de abstinência total, o que não ocorreu com Qiejian. Por outro lado, as práticas de Zuoci englobam certas técnicas sexuais por meio das quais se pode prolongar a vida; porém, se não nos dedicarmos inteiramente a elas, elas não surtirão efeito. Finalmente, Ganshi chegou à velhice parecendo muito jovem. Além deles, vieram muitos outros fangshi, que foram reconhecidos como mestres – e assim, o soberano os colocou ao seu redor (*Bowushi*, cap. 5).

Como podemos observar, desde a Antiguidade os soberanos estavam interessados em manter esses especialistas em suas cortes, confiando nas práticas de cultivo da saúde. Nessa breve descrição vemos também algumas das técnicas daoistas já bem desenvolvidas, como o controle da respiração, a alquimia sexual e o domínio físico (jejum), embora o próprio Zhanghua apontasse que algumas pessoas não acreditavam nesses métodos. A questão fundamental é que, apesar do período das cem escolas de pensamento já tivesse passado há mais quatro séculos, ainda havia uma disputa por espaços dentro do mundo político, e os pensadores continuavam a invocar sua filiação a certas linhas de pensamento, como daoismo, confucionismo e legalismo, entre outras.

Doutrina Huang Lao

Isso acabava norteando a formação de novas escolas ou, ao menos, de grupos que acabavam sendo classificados de acordo com uma ou outra doutrina. Foi o caso da Doutrina Huang Lao, que teve uma influência significativa na época Han. Ela parece ter surgido em torno do século IV ou III AEC, mas foi durante essa dinastia que alcançou sua maior expressão. Huang Lao conjugava elementos do daoismo com ideias selecionadas do imaginário popular e de outras escolas, atraiu membros da elite e chegou a constituir um partido atuante dentro da corte. O nome Huang Lao invoca esse sincretismo: ele se inspiraria nos ensinamentos de Huangdi (o Imperador Amarelo, mítico fundador do Império Chinês) e de Laozi, formando um corpo de ideias singular. Nesse período, o personagem folclórico de Huangdi vinha sendo retomado como uma espécie de patrono-fundador de várias artes, e por isso diversos textos sobre medicina, alquimia e filosofia eram "atribuídos" a ele. É difícil saber se esse movimento surgiu espontaneamente ou se foi incentivado pelos próprios daoistas – mas esses últimos, com certeza, apropriaram-se da ideia e a usaram extensivamente na formulação da síntese Huang Lao. Além dos textos tradicionais como *Daodejing* e *Zhuangzi*, essa escola produziu uma série de textos próprios, como o *Huangdi Sijing* (Os quatro tratados de Huangdi (CHANG; YU, 1998)), nos quais o legendário soberano discutia uma série de questões sobre a arte de governar. Isso fica ainda mais evidente na leitura de um mestre pouco conhecido, Heshang Gong, que realizou uma série de comentários sobre o *Daodejing*, de Laozi, considerando-o um texto eminentemente político (CONSTANTINI, 2021, p. 61). Os simpatizantes da Doutrina Huang Lao não chegaram a compor uma organização religiosa ou institucional, mas se entendiam como representantes de um mesmo ideal de mudança para o império. Eles conseguiram fortes apoiadores, como o Imperador Huan (132-168 EC), que se colocou como protetor da escola e buscou governar segundo seus ideais.

O nascimento das organizações religiosas daoistas

O surgimento das primeiras agremiações religiosas daoistas esteve ligada, porém, a movimentos populares – grande parte deles gerada pela insatisfação com o governo e pela indiferença das classes altas. É preciso destacar, nessa narrativa, o papel central de um personagem pouco conhecido, Zhang Daoling, como o fundador efetivo do daoismo religioso. Zhang Daoling (34?-156? EC) teria sido um funcionário da burocracia Han, que conseguiu galgar altos postos; mas assim como Laozi, ele se decepcionou com as tramas políticas e decidiu abandonar o governo, retirando-se para estudar os ensinamentos de Huang Lao. Ele seria herdeiro da linhagem familiar de outro personagem famoso, Zhang Liang (251-186 AEC), estrategista e intelectual que teria ajudado a fundar a Dinastia Han e, no final da vida, destacou-se como um profundo estudioso do daoismo. Zhang Daoling trazia consigo, portanto, as credenciais de uma família historicamente ligada às tradições daoistas e invocaria esse fator ao se revelar como um mestre que estava disposto a mudar a história da China. A virada teria ocorrido quando, em torno de 142 EC, ele teria tido uma visão com Laozi – em sua forma divina, Taishang Laojun – revelando seu destino como fundador de uma nova linhagem daoista e ordenando-o como o primeiro mestre celestial do Caminho verdadeiro (*Zhengyi Dao*) ou Caminho dos mestres celestiais (*Tianshi Dao*). A partir dali, Zhang Daoling iniciaria uma pregação que combinava conceitos daoistas, alquimia, autocultivo, cura e proteção contra espíritos malévolos. Ele retomou uma percepção apocalíptica do fim da civilização chinesa (tal como ocorrera na Dinastia Zhou), conclamando à formação de uma comunidade que pudesse resistir aos desmandos do governo. O objetivo final era a conquista de uma nova era de grande paz (*Taiping*), que viria após a queda da Dinastia Han. Esse também seria o tema dos escritos revelados por Laozi a Zhang Daoling, o *Taiping Jing* (Escrituras da Grande Paz), que junto com o *Xiang'er* (uma série de comentários sobre o *Daodejing*) formaram o início de uma literatura religiosa daoista, reinterpretando as ideias daoistas pré-Han à luz de uma perspectiva muito mais próxima das crenças populares. O *Taiping Jing* é sumamente importante para conhecermos o pensamento histórico e religioso do movimento dos mestres celestiais. Segundo Zhang, a trajetória da humanidade estaria dividida em três partes: a antiguidade distante, quando vivíamos no Dao; a antiguidade média, quando a perda do caminho levou ao nascimento da filosofia; e antiguidade tardia (período próximo ao presente ou Período Han), onde reinaria a decadência e a dissolução quase total da ideia de Caminho:

> As três necessidades correspondem ao curso da natureza (*tian xing*): o homem se assemelha ao céu, a mulher à terra, e as roupas os envolvem. Se olharmos para o céu e a terra como pai e mãe, eles sustentam e nutrem o corpo do ser humano. Todas as outras coisas feitas pelo ser humano são supérfluas, desnecessárias para manter a vida e procriar a espécie. Em vez disso, elas levam a muita decepção e ciúme. Elas impedem o reino da paz e a chegada do majestoso *Qi*. Elas desordenaram o caminho do céu e deixam o senhor profundamente preocupado. Cada ser humano se deleita apenas com o que seus sentimentos aprovam. Desenfreado, ele pretende apenas continuar a diversão. Esta é a razão pela qual os homens se deparam com o infortúnio: o senhor perde a autoridade política e o ser humano pequeno se volta para o roubo e para outras más condutas. Tudo isso acontece porque as coisas para as

quais não há necessidade estão em demanda. Assim, o mundo experimenta pobreza e angústia, tornando-se desolado e miserável. Calamidades e distúrbios ocorrem o tempo todo. Os subordinados estão ansiosos para enganar seus superiores. Todo mundo considera essa situação prejudicial. Isso começou há muito tempo e não é culpa apenas dos homens que vivem hoje nos tempos da antiguidade tardia. Quando os homens herdam e transmitem esses males, esquecem seu estado original e verdadeiro. Entregando-se ao que é frívolo e superficial, eles trazem desolação e dano a si mesmos, e não podem terminar os anos que o céu designou para eles. As muitas atividades nas quais os homens estão envolvidos são desnecessárias e arriscadas. Assim, os homens estão sempre com pressa, incapazes de parar. Ao conduzir os assuntos por meio da não ação, os seres humanos entenderam o significado do dao no início da Antiguidade. Eles salvaguardaram a raiz e nunca negligenciaram as três necessidades. Assim, eles alcançaram as intenções do céu. Na antiguidade média ainda havia beleza e atividade. Na antiguidade tardia os seres humanos começaram a se preocupar demais. Muita ornamentação trouxe corrupção e fraude. Além disso, os homens causam angústia tentando superar uns aos outros, e deixam a corrupção e o ciúme surgir em seu meio. Dentro, eles perderam seu verdadeiro estado e se afastaram de sua raiz, que por sua vez foi danificada, deixando-os confusos e desordenados (*Taiping Jing*, cap. 44).

O discurso de decadência, atrelado à ideia da perda das virtudes daoistas e o desconhecimento do não agir (*wuwei*), trouxe o caos, que assombrava o fim da dinastia, e a crise, que afetava as pessoas comuns. O *Taiping Jing* trazia, porém, uma remissão escatológica para essa situação, baseada na fé daoista. Essa nova comunidade daoista atraiu grandes levas populares, que paulatinamente foram aderindo ao seu discurso salvacionista. Por outro lado, criou uma inevitável tensão com o governo, que passou a entender o daoismo como uma ameaça à ordem estabelecida. A Doutrina Huang Lao sofreu um forte esvaziamento, sendo suplantada pelo Movimento Zhengyi, e a influência das concepções políticas daoistas diminuiu sensivelmente junto ao governo. Ainda em vida, Zhang Daoling teria organizado um movimento chamado Wudou Midao (Caminho dos cinco celamins de arroz), coordenava o recolhimento e a distribuição de grãos para a população e pretendia constituir uma força para resistir às pressões do Estado. O fundamental no surgimento do Zhengyi foi a estruturação de várias práticas e ideias religiosas que se reproduziriam ao longo da história do daoismo. Cada comunidade era atendida por um Jiqiu, sacerdote responsável por cuidar da comunidade. Eles eram iniciados nas tradições daoistas através de uma série de treinamento especiais, que incluíam leitura dos textos daoistas, exercícios físicos e espirituais, meditação, entre outras artes necessárias ao desempenho de suas funções. Sua primeira e principal tarefa era realizar os processos de cura espiritual e física, através de defumações, orações e recitação de escritos. Ele também era o responsável por produzir os amuletos usados pelas pessoas e escrevia as petições para a corte celestial. Havia listas inteiras de divindades e espíritos dedicados a resolver cada um dos problemas que afetavam a vida cotidiana, aos quais o Jiqiu invocava. Ele ainda cumpria o papel de professor, ensinando os preceitos daoistas e dando apoio emocional àqueles que precisavam de auxílio. Por fim, ele organizava as festas e cerimônias públicas, e coletava os recursos usados para abastecer a rede de instituições Zhengyi. Um dado importante, que cumpre relevar, é o fato que os Jiqiu podiam casar, constituir família, trabalhar em outras atividades e consumir alimentos segundo seus próprios interesses dietéticos, sem qualquer interdição especial. Seu papel crucial era o de conectar a comunidade ao mundo espiritual; por isso, apesar do preparo necessário e dos anos de estudo para se tornarem um sacerdote, esses personagens levavam uma vida comum, integrada à sociedade. Zhang Daoling praticamente criou um país daoista dentro do império, e seu neto Zhang Lu levou às últimas consequências o movimento de combate ao governo, fundando um Estado autônomo sob o governo da Ordem Zhengyi. Em 215, esse reino rebelde seria finalmente submetido pelo império, e muitos de seus mestres se dispersariam pelo país; por outro lado, eles conseguiriam o reconhecimento do Estado e poderiam desempenhar suas atividades sob supervisão estrita. Seja como for, esse movimento ajudou a construir a primeira religião daoista institucionalizada, organizada na forma de uma linhagem que possuía crenças e liturgias bem definidas, e possuía uma metodologia para a formação de mestres. Os daoistas estiveram envolvidos em outros movimentos políticos no final da Dinastia Han. A revolta dos Turbantes Amarelos (*Huangjin zhiluan*), ocorrida entre 184 e 205 EC, esteve igualmente ligada à formação de outra das primeiras seitas daoistas, a *Taipingdao* (Caminho da Paz Suprema), fundada por um mestre daoista chamado Zhang Jiao, que teria começado sua vida nas artes mágicas como xamã. Zhang atendia a camponeses e trabalhadores com seções de cura, transe e exorcismo, e começou a agregar uma comunidade de pessoas insatisfeitas com a pobreza generalizada. Ele afirmava ser descendente de Zhang Daoliang (apesar do sobrenome comum, aparentemente não havia parentesco entre os dois), e tentou igualmente formar um exército para resistir à repressão do governo Han contra esses movimentos de inspiração daoista. Foram igualmente reprimidos, e sua inciativa de formar um reino também foi frustrada. Dois elementos se concretizaram a partir daí: o primeiro foi da formação de grupos daoistas organizados, que constituíram os núcleos religiosos estruturadores dessa religiosidade. A partir dali, as diferentes linhagens teriam relação, de alguma forma, com os ensinamentos Zhengyi (cuja sucessão de mestres continua a existir até os dias de hoje), mas a relação com o governo passaria por diferentes momentos, oscilando entre períodos de aproximação e afastamento, segundo as condições políticas e a recriação constante da imagem dos daoistas.

O período das três dinastias e dos dezesseis reinos (220-589)

O fim da Dinastia Han foi um processo tumultuado que lançou a China a um novo período de desunião política. De fato, vários estados buscaram se estabelecer, disputando territórios e tentando afirmar-se como um novo poder central, mas sem um sucesso efetivo. Essa situação criou um ambiente propício para a expansão de ideias religiosas e salvacionistas, aprofundando o sentimento religioso nas diversas camadas da sociedade. Enquanto a população rezava por proteção e saúde, os governantes tentavam arregimentar líderes e figuras religiosas para obter apoio das forças espirituais em suas causas. Esse período foi marcado pela entrada de inúmeras missões budistas no país, que consolidaram a presença dessa nova fé no seio social. O budismo trazia uma mensagem consoladora, ligada ao fim do sofrimento, e um roteiro de salvação individual baseado na meditação e em ações éticas. Muitos especialistas budistas também eram filósofos, profundos conhecedores das teorias metafísicas indianas, e esses conhecimentos se tornaram mais um fato de atração ao budismo. Ademais, a prática da compaixão e da caridade, conceitos-base dessa doutrina, que fundamentavam a assistência aos menos favorecidos e permeavam a crença esperançosa em uma vida futura melhor, também despertaram a simpatia para com os budistas, que muito cedo conseguiram aproximar-se das instâncias governamentais e passaram a frequentar a corte, disputando espaço com daoistas e confucionistas. O encontro dessas doutrinas foi permeado por embates, mas também por trocas e diálogos. Uma das teorias mais peculiares surgidas nesse período – mas que revelam o desejo de monopolizar certos espaços sociais e culturais – foi a de que Buda teria sido aluno de Laozi, após esse ter se retirado da vida mundana. Essa lenda foi promovida por adeptos daoistas, preocupados em submeter o budismo a uma sinização e também manter a ascendência do daoismo no plano religioso (BUENO, 2013).

Esse, contudo, foi apenas um dos aspectos dessa relação complexa e duradoura que envolveu também o desenvolvimento de novas expressões institucionais do daoismo. Esses desafios intelectuais incentivaram aprimoramentos tanto nos conceitos quanto na estrutura dos grupos daoistas. Um desses impulsos foi sentido na sistematização mais ampla dos métodos alquímicos. Já perto do final da Dinastia Han, um alquimista daoista chamado Wei Boyang (cujas datas de vida são desconhecidas) teria escrito um livro chamado *Cantong qi* (algo como O Selo da Unidade dos Três), que identificava a origem de todos os processos alquímicos com a famosa frase de Laozi, "o um gera o dois, o dois gera o três, o três gera as dez mil coisas" (*Daodejing*, 42). A partir disso, Wei teria elaborado um intricado sistema no qual associava os movimentos da natureza, expressos no *Yijing* e nas cinco fases, com os processos de transmutação interior. Esse tipo de sistematização filosófica estava em voga no período, mas a novidade foi aplicá-lo diretamente aos experimentos alquímicos, formando uma base teórica para eles:

> Qian ☰ e Kun ☷ são a entrada e o portal da mudança,
> o pai e a mãe de todos os hexagramas.
> Kan ☵ e Li ☲ são as paredes interna e externa,
> eles giram o cubo e alinham o eixo.
> Feminino e masculino, esses quatro trigramas funcionam como um fole e seus bicos (*Cantong qi*, 1).

Essa linguagem críptica é apenas o início de uma série de alegorias e fórmulas que percorrem o livro e que precisariam ser, de certa forma, decifradas pelos iniciados. Como podemos notar, Wei começava mostrando como os movimentos da vida são indissociáveis dos ciclos da natureza, mas esse conhecimento era basicamente um "mistério" a ser decifrado pelos "verdadeiros" buscadores do caminho. Aqui estão presentes os elementos que compunham o daoismo de Laozi, como a ideia de harmonizar-se com a natureza e de agir conforme suas leis; mas ao mesmo tempo, a concepção alquímica põe essas mesmas leis para funcionar segundo seus interesses próprios. Dito de outra forma: ninguém estava trapaceando natureza, e a imortalidade era um recurso que ela oferecia, mas para poucos. Se o buscador não a obtivesse, então, a natureza cumpriria seu papel e desintegraria seu corpo, como faz com todas as criaturas. Provavelmente por isso o *Cantong qi* é estruturado igualmente em três partes: a primeira, uma longa seção cosmológica, que tem seu ponto de partida no verso que acabamos de apresentar; a segunda seção é composta pela primeira apresentação escrita na história chinesa de como funcionaria o caldeirão alquímico; e na terceira seção, uma explanação sobre os princípios daoistas e a questão da imortalidade. A segunda seção interessa particularmente aos estudiosos de alquimia de todas as escolas, pois Wei descreve a composição de água e metal que deveria ser cozida durante meses, controlando a temperatura de forma adequada, por meio de um lento cozimento ininterrupto, que idealisticamente copiava o ciclo natural de produção de partículas de ouro (*Cantong qi*, cap. 39 e 40). O surgimento do *Cantong qi* mostra que os daoistas, em meio às tentativas de se organizarem como um grupo (a Tradição Zhengyi teria surgido mais ou menos na mesma época que Wei Boyang viveu), ainda caminhavam em várias direções diferentes quando pensavam em uma sistematização. Para termos uma ideia, já nessa época se supunham existir duas grandes linhas daoistas: a dos mestres no norte, voltados para a filosofia e métodos internos de autocultivo, e uma linhagem do sul, interessada nos estudos de fórmulas mágicas de alquimia externa. Esse tipo de classificação taxionômica combina registros históricos com uma boa dose de imaginação e projeta sobre o passado diferenciações que não eram necessariamente reais. Na época, uma coleção de setenta e duas biografias de imortais foi lançada em livro, o *Liexianzhuan*, mostrando os perfis de alguns alquimistas que teriam sido bem-sucedidos em suas buscas e revelando algumas das plantas e substâncias usadas nesses processos. Materiais como esse mostram que muitos daoistas transitavam por entre esses mundos de experiências, e trabalhos como o *Cantonq qi* pretendiam dar alguma ordem a esses diversos ramos de conhecimento, revelando um intercâmbio generalizado entre os seguidores do daoismo.

Baopuzi de Ge Hong

Nesse sentido, o trabalho de Ge Hong (283-343, Período Jin) foi decisivo para imprimir um novo sentido às linhagens daoistas. Ge era um profundo pesquisador do daoismo e das tradições alquímicas, e se dedicou a coletar informações sobre todas as tradições existentes (incluindo o *Cantong qi*). O resultado foi uma vasta e complexa obra intitulada *Baopuzi* (O mestre que abraça a simplicidade), reunindo um imenso acervo de técnicas, experiências e teorias que revelavam o enorme arcabouço daoista. O livro foi dividido em duas partes que igualmente mostram a divisão entre aspectos internos da doutrina (vinte capítulos "internos", Neipian) e as explanações voltadas para as questões externas da prática daoista (cinquenta capítulos "externos", Waipian). Como ele mesmo afirmava:

> Em torno dos vinte anos eu pensei em compor algumas linhas para não perder meu tempo, pois parecia melhor criar algo que constituísse os dizeres de um único pensador. Foi quando esbocei minha escrita filosófica, mas também foi o momento em que me envolvi em uma rebelião armada. Acabei vagando e perdido em terras longínquas, e muitas das minhas coisas se perderam. Embora estivesse me mudando constantemente de um lugar para outro, não deixei meu pincel, e por quase doze anos continuei a escrever, até que, quando tinha trinta e oito anos, consegui concluir minha obra. Ao todo, compus vinte capítulos Neipian e cinquenta Waipian: os Neipian falam sobre os deuses e espíritos, fórmulas e poções, fantasmas e coisas maravilhosas, transformações, preservação da vida, aumentar a longevidade, exorcizar males e banir infortúnios, que formam a base da doutrina daoista; os Waipian se destinam a analisar o sucesso e o fracasso nos negócios humanos, do bem e do mal, e perfazem uma análise da doutrina dos letrados (confucionismo) (*Baopuzi*, cap. 50).

Este fragmento deixa bem claras as fronteiras que Ge Hong queria traçar entre os domínios do conhecimento daoista (e seu aspecto exclusivamente espiritual) e os problemas humanos no âmbito social e político, que atribui ao pensamento confucionista. Notemos que as técnicas externas da alquimia (Waidan) transitam entre os capítulos internos (como uma prática individual e mágica) e o domínio das "coisas mundanas", informando-nos de como essas práticas haviam se difundido na sociedade, mesclando-se com outras doutrinas e saberes. O fundamental no *Baopuzi*, porém, foi catalogar todas as formas e expressões alquímicas conhecidas na época, descrevendo fórmulas, métodos, terapêuticas e sistemas. Foi graças a ele que tivemos uma organização mais clara do que era a alquimia "externa" (como a do *Cantong qi* ou dos Fangshi), com sua poções e pesquisas em busca do elixir da imortalidade (com base no ouro e/ou mercúrio), práticas físicas (exercícios e práticas sexuais), regimes alimentares e produção de talismãs; e a alquimia "interna" pela meditação e exercícios físicos próprios, que realizavam a transmutação no elixir dentro do próprio corpo. Longe porém de estabelecer diretrizes, Ge Hong apresentava esses materiais entendendo que eles poderiam ser combinados, e que esses caminhos não eram excludentes, mas complementares. Outro importante elemento é que o *Baopuzi* era muito mais acessível ao público, em termos de linguagem, do que textos como o *Cantong qi*, e poderia ser lido por alguém que não necessariamente se considerasse "daoista". Os motivos que levaram à construção dessa obra podem ser entendidos a partir de várias perspectivas. É provável que houvesse o desejo de renovar o interesse pelo daoismo, levando em conta os conflitos que haviam arranhado a imagem da doutrina no final do Período Han; igualmente, de continuar o laborioso trabalho de sistematização começado por Wei Boyang; e ainda, tentar compor um panorama das multifacetadas escolas daoistas, tendo em vista que a ordem Zhengyi convivia com vários grupos e mestres isolados, e buscar unidades teóricas e litúrgicas entre eles era uma tarefa trabalhosa. Lembremos ainda que, nessa época, o budismo estava gradualmente se tornando uma força importante; e mesmo que esse dado não transpareça em sua obra, é possível que a intenção de compor uma enciclopédia de teorias e técnicas daoistas se pautasse na ideia de subsidiar novos grupos, fornecendo-lhes uma base de conhecimento segura e atualizada. Curiosamente, Ge Hong, apesar de seu trabalho paradigmático, não conseguiu ele próprio obter a imortalidade, mesmo tendo coletado tantas fórmulas e métodos.

O nascimento da Ordem Shangqing (Suprema Claridade)

As dimensões e o impacto da obra de Ge Hong podem ser avaliados pela influência que ela teve na formação de novas linhagens religiosas dentro do daoismo. Ao longo do século IV, no sul da China (perto de onde hoje se localiza a cidade de Nanjing), Wei Huacun (251-334), um importante líder daoista da linhagem dos mestres celestiais (*Zhengyi*) começou a formar uma comunidade voltada à difusão do daoismo perto dos serra de Mao Shan. É difícil precisar o conteúdo de seus ensinamentos, tendo em vista que muito do que sabemos veio por uma tradição posterior. É alegado que a Senhora Wei teria se destacado por sua fé, zelo e dedicação a salvar as pessoas, motivo pelo qual teria recebido a visita de imortais que começaram a lhe transmitir conhecimentos secretos. Nesse meio tempo, membros da Família Xu – intimamente ligada ao clã de Ge Hong – passaram a integrar essa comunidade, contribuindo para sua consolidação. Anos depois da morte de Wei Huacun, um sábio chamado Yang Xi (330-386) afirmou ter visões com os mesmo imortais, que lhe revelavam uma nova intepretação da doutrina daoista, chamada de *Shangqing* (Suprema Claridade). Essas visões duraram quase três anos e serviram para orientá-lo a uma reformulação de vários aspectos da religiosidade daoista. Yang Xi era um dos integrantes da corte da Família Xu, e isso contribuiu decisivamente para reforçar tanto a validade de suas visões quanto o papel de liderança dos Xu na região. Essas visões foram chamadas de "revelações de Mao Shan", e serviram como marco fundador de uma linhagem que faria concorrência direta, em termos de grandeza, à ortodoxia unitária dos mestres celestiais (a Ordem Zhengyi), podendo ser entendida como segundo grande movimento de institucionalização do daoismo. Um farto material foi produzido sobre as experiências dessa nova ordem, que foi batizada com o nome de seus ensinamentos, *Shangqing* (ROBINET, 1993). Um dos mestres dessa nascente linhagem, Tao Hongjing (456-536) ficou responsável por compilar e organizar todo o cânone de obras literárias advindas das sucessivas revelações, desde Wei Haucun, passando por Yang Xi, incluindo aí todas as criações litúrgicas e as passagens proféticas que regiam a estrutura da nova ordem. O primeiro item que se destacava nessa nova intepretação do daoismo era novamente a invocação da crença no fim do mundo. O clima contínuo de embates entre os reinos pode ter fundamentado essa visão, assim como ocorrera aos turbantes amarelos no fim de Han. A diferença, porém, era o elemento messiânico dessas profecias. As calamidades que afligiam a terra eram provocadas por demônios, que ficaram encarregados de perseguir as pessoas más e criar conflitos entre elas. O fim disso tudo seria uma espécie de destruição universal, que pouparia apenas os escolhidos. Ela seria marcada pela aparição do "Sábio que virá" (*Housheng*), uma divindade que desceria do mundo celeste para governar o novo mundo redimido. Muitos defenderam que esse seria Li Hong, um deus antigo ligado à justiça e à redenção, e que rapidamente foi associado a uma encarnação de Laozi. Os que desejassem se salvar deveriam permanecer junto às montanhas Mao Shan, onde ficariam protegidos dos cataclismos, guerras e conturbações espirituais. Isso deu origem a uma série de templos e comunidades daoistas que se instalaram na região, permanecendo continuamente por lá através dos séculos. Mas a mudança principal ficou por conta das práticas e rituais desenvolvidos pelos seguidores da Suprema Claridade – e nisso, nota-se a importante influência das ideias de Ge Hong e do Clã Xu. Houve uma grande ênfase nas qualidades da meditação e das ginásticas em detrimento do uso de talismãs, magias e exorcismos. Eles repudiaram a ênfase em objetos mágicos e práticas externas, priorizando o desenvolvimento pessoal e o autocultivo. Com isso, eles transferiam a importância das cerimônias coletivas para um sentimento individual de aprimoramento espiritual, promovendo um deslocamento bastante interessante do foco ritualístico. Isso se projetou diretamente na formulação do panteão de divindades dessa ordem. Como vimos até agora, as tradições chinesas não costumam negar qualquer divindade, mas priorizam a devoção a algumas, conforme sua estrutura henoteística. Essa ordem deu grande ênfase à adoração da tríade dos três puros, relegando as outras divindades a um papel sumamente secundário. Um enfoque especial foi dado ao cultivo e adoração das divindades que habitam o corpo fisiológico, como parte do projeto de autoaperfeiçoamento individual. Meditações especiais foram desenvolvidas, focando na mentalização e na concentração em imagens para obter uma regulação interna dos fluxos de energia, devidamente classificados como *jing* (essência vital), *qi* (energia, pneuma) e o *shen* (espírito). Apenas para citarmos um exemplo, o grande clássico da meditação, o *Zuowang lun*, foi escrito por um dos mais eminentes mestres dessa ordem, Sima Chengzhen (647-735), marcando em definitivo a influência dessa escola no mundo do daoismo. Essa virada em direção a uma alquimia interna aprofundou ainda alguns aspectos até então pouco explorados. Uma série de regulações sobre o consumo de alimentos e bebidas alcóolicas foi proposta como necessária ao desenvolvimento espiritual (e social), e as práticas de alquimia sexual foram banidas, por serem consideradas uma prática menor (e até mesmo, uma corrupção) das ideias de harmonia natural. Os sacerdotes Shangqing gradualmente adotaram ainda o celibato e a castidade como um mecanismo de sublimação dos desejos e um meio de evitar dívidas morais e espirituais. Um elemento deve ser destacado nas tradições Shangqing: a ampla participação das mulheres nas atividades de sacerdócio e liderança dessas comunidades. Embora não seja possível precisar os quantitativos, supõe-se que os monastérios e templos fossem igualmente divididos entre mulheres e homens, e várias personagens femininas aparecem nas hagiografias daoistas sobre santos, divindades e imortais. As primeiras comunidades Shangqing não dividiam seus espaços entre homens e mulheres, e monastérios especiais, com separação de sexos, foram criações posteriores de soberanos que não admitiam a ideia de homens e mulheres poderem desenvolver-se juntos. As meditações e técnicas respiratórias dessa linhagem pressupunham especificidades em relação às diferenças de corpo entre homens e mulheres. Enquanto os homens deveriam buscar o controle do *baihu* (o tigre branco), alegoria sobre o sêmen, as mulheres deveriam aprender a controlar o *honglong* (dragão vermelho), o sangue menstrual. Dentro dessa visão, por possuírem a capacidade de gerar vida, as mulheres levavam vantagem no domínio das energias internas e na purificação do corpo. Isso as tornava excelentes alquimistas, sacerdotisas e médiuns, sendo capazes de executar curas e orientar o desenvolvimento espiritual. Graças a esse entendimento, a linhagem Shangqing tornou-se um espaço em que as mulheres dispunham de muito mais poder e influência do que nas ordens Zhengyi. A influência dessa ordem alcançou diversas esferas da vida chinesa. Durante o Período Tang (618-907), os daoistas frequentaram ativamente a corte, e a linhagem Shangqing representou uma espécie de reserva moral e espiritual frente aos diversos influxos religiosos observados na época. Contudo, um efeito nocivo dessa relação de proximidade foi a perseguição promovida pelo Imperador Wuzong (841-845) contra templos e monastérios budistas, cristãos, maniqueus, entre outras religiosidades que haviam se estabelecido no país. Diversos fatores estão ligados a esse episódio incomum de perseguição na história chinesa: grande acúmulo de riqueza e poder na mão dessas religiões, disputas de espaço na corte e a ideia de uma ameaça contra a cultura e a sociedade chinesa tradicional. Contudo, o embate entre religiosidades, até então marcado pelo diálogo e por ações no plano legal, chegaram a um novo patamar nas mãos de um imperador que se tornara fanático pelos ideais de purificação espiritual. O monge budista japonês Ennin, que nessa época viajava pela China, legou um testemunho aterrador dos desvarios de Wuzong:

O imperador alucinado, muito mais zeloso com a segurança de sua própria santa pessoa do que com qualquer outra coisa no universo do qual ele era o único suporte, convocou oitenta e um sacerdotes taoistas e mandou construir um local para o ritual dos Nove Céus nos domínios do palácio. "Oitenta bancos", escreveu Ennin, "foram empilhados e cobertos com tecidos elegantemente coloridos, e durante todo o dia e à noite foram realizados sacrifícios e cerimônias às divindades celestiais. [...] Mas como o local de ritual não ficava em um edifício e as cerimônias eram realizadas num pátio aberto, quando o tempo estava aberto o sol queimava os sacerdotes, e quando chovia eles ficavam ensopados, de maneira que muitos dos oitenta e um homens adoeceram. [...]" (CAMPBELL, 1994, p. 352).

A partir daquele ano (844 EC), cada vez que chovia pouco os encarregados de obras, sob comando imperial, intimavam os vários mosteiros budistas e taoistas a ler escrituras e rezar por mais chuva. Mas quando, em resposta, chovia, apenas os sacerdotes taoistas recebiam recompensas e os monges e monjas budistas eram deixados sem nada. As pessoas da cidade diziam jocosamente que quando se rezava por chuva incomodava-se os monges budistas, mas quando se distribuem recompensas, é apenas para os sacerdotes taoistas (CAMPBELL, 1994, p. 353).

O imperador ordenou que os dois exércitos construíssem no palácio uma plataforma dos imortais com 45m de altura. [...] A cada dia ele fazia com que três mil legionários [...] transportassem terra para construí-la. [...] A plataforma dos imortais tem 43m de altura. A área no nível superior é plana e suficientemente grande para as bases de uma construção de sete vãos, e no topo ergue-se uma torre de cinco pontas. As pessoas dentro e fora da propriedade podem vê-la de longe, suspensa como um cume solitário. Eles trouxeram pedras das Montanhas Chung-nan e fizeram paredões de rocha nos quatro lados com grutas e caminhos pedregosos. Ela foi decorada da maneira mais bela e pinheiros, árvores-da-vida e árvores raras foram plantados nela. O imperador ficou arrebatado de contentamento e foi proclamado um edito imperial ordenando que sete sacerdotes taoistas preparassem um elixir e procurassem a imortalidade na plataforma. [...] (CAMPBELL, 1994, p. 353-354).

Como podemos notar, alguns elementos clássicos na construção do daoismo religioso estão presentes, como a busca pela imortalidade e a velha herança xamânica na invocação das chuvas. A repressão à diversidade religiosa é que marcava uma anomalia nas políticas Tang de inclusão e tolerância, e Wuzong seria o responsável direto por macular profundamente as práticas daoistas no imaginário chinês da época. Esse período não durou muito, e como muitos outros governantes, ele acabou falecendo provavelmente por causa de um dos muitos elixires da imortalidade que lhes eram oferecidos. Logo depois de sua morte, a liberdade religiosa foi restaurada, embora algumas igrejas (como a dos cristãos e dos maniqueus, p. ex.) nunca tenham se recuperado da perseguição. Em outro sentido, o budismo acabou renascendo como uma força importante, ampliando sua presença e influência junto à população de maneira indelével. Se a intenção de alguns conselheiros daoistas fora limitar o papel dos budistas na sociedade e no governo, a iniciativa provou-se absolutamente equivocada, e dali por diante, eles precisariam aprender a conviver melhor.

A Linhagem Quanzhen

Para fecharmos esta seção, precisamos ainda falar sobre um dos mais importantes troncos do daoismo religioso, a Linhagem Quanzhen, ou "verdade completa", surgida em torno do século XII. Após séculos de embates alternados com momentos de trocas férteis, muitos praticantes daoistas estavam dispostos a considerar técnicas e conceitos budistas e confucionistas como válidos para estabelecer um padrão de vida harmoniosa. Se houve conflitos ao longo da história, a busca pela sabedoria entre os chineses tendeu muito mais à síntese do que à exclusão, privilegiando quase sempre um exame das características positivas de cada doutrina. Isso se materializou quando o sábio Wang Chongyang (1113-1170) afirmou ter encontrado acidentalmente com três imortais em uma taverna, que lhe prometeram ensinar os segredos do verdadeiro daoismo, a "verdade completa" (*Quanzhen*). Eles eram Zhongli Quan, Lü Dongbin e Liu Haichan, mestres que compunham o grupo dos oito imortais daoistas e que teriam inclusive deixado alguns escritos sobre alquimia e artes daoistas para a posteridade. Wang se empolgou com a oportunidade, e durante os próximos anos teve novos encontros com os imortais, que lhe orientaram em diversas práticas daoistas e lhe entregaram uma série de orientações escritas. Após morar anos numa cabana isolada, ele começou a receber discípulos que se tornariam os grandes difusores da linhagem Quanzhen pelo país. O primeiro elemento nitidamente diferente das outras linhagens é que os adeptos da Quanzhen não estavam preocupados com o fim do mundo nem previam um futuro desastroso. Seu chamado à contemplação se baseava na crença da salvação humana pelo autocultivo, mas que devia ser buscado continuamente, independentemente de pressões históricas ou escatológicas. Consoante à ideia da reencarnação, o processo de purificação do corpo e da alma podia acontecer ao longo de existências físicas, e por isso não estava necessariamente vinculado às vicissitudes da política e dos conflitos sociais. Em segundo lugar, qualquer conhecimento que pudesse auxiliar nesse processo de renovação íntima era válido; e por essa razão, a Linhagem Quanzhen adotou técnicas e ideias do budismo e do confucionismo, propondo uma abordagem sintética e conciliadora. Seus adeptos podiam usar as técnicas tradicionais das escolas daoistas, mas aprenderam também os métodos indianos, e compartilhavam os ideais de bem-estar comum pretendidos pelos letrados confucianos. Do budismo, Wang trouxe a ideia do Carma, que fundamenta os ciclos de renascimento, e como o desprendimento de Laozi e Zhuangzi podia ser conciliado com a negação da matéria proposta por Buda. Inspirado nos experimentos do Budismo Chan (Zen) chinês, ele adotou a leitura de textos sagrados budistas e algumas de suas técnicas meditativas; em outro sentido, ele adotou dos confucianos o *Xiaojing* (Tratado da Piedade Filial), que tratava dos deveres e relações familiares, como uma expressão do sentido de harmonia que devemos manter entre os indivíduos e em sociedade. Agregadas a esses novos conteúdos, as práticas tradicionais permaneciam – assim, por exemplo, um sacerdote Quanzhen podia realizar o exorcismo de um espírito ignorante lecionando para ele ensinamentos budistas sobre a vida após a morte ou invocando seus deveres morais junto aos humanos ainda encarnados. O objetivo dos adeptos da "verdade completa" era claro: pretendiam alcançar a libertação espiritual afastando-se em definitivo dos problemas da existência física. A verdadeira alquimia, portanto, era interior; e como a Linhagem Shangqing, eles investiram bastante na meditação, na conduta virtuosa e na realização de boas ações, em detrimento de outras práticas Waidan. Por isso, Wang aconselhava que as pessoas deveriam evitar fama, riqueza e maus sentimentos, abster de sexo (e das práticas de alquimia sexual), de bebidas e de comidas fortes. Ele enfatizava o celibato e, na medida do possível, o eremitismo. Quando tomamos a Doutrina Quanzhen em comparação às ordens Zhengyi e Shangqing, é possível perceber que ela se constituiu uma unidade em relação às crenças divinas, à perspectiva *post mortem*, ao contato com o mundo espiritual e a uma ampla aceitação dos métodos alquímicos para a transformação individual. Por meio delas podemos reconhecer uma série de princípios daoistas que, se variam na ênfase dada a determinados aspectos em cada uma dessas linhagens, permitem a um praticante do daoismo reconhecer-se num ambiente familiar quando entra em qualquer templo ou mosteiro de uma dessas ordens. Vale ainda ressaltar que essas ordens não entravam em conflito por conta de suas diferenças de crenças ou métodos, mas entendiam que elas faziam parte de um conjunto mais amplo de meios para alcançar um estado de alma mais aperfeiçoado e harmônico. Nenhum desses grupos fazia pressões para absorver uns aos outros, e mestres formados em uma linhagem iam muitas vezes estudar em outra. Fosse no âmbito comunitário ou individual, o daoista se reconhecia justamente como um buscador, um "caminhante", numa tradução literal dessa ideia, que percorria o caminho para o mundo espiritual.

Desdobramentos históricos

Como já afirmamos antes, o relacionamento das instituições daoistas com o governo imperial variou bastante, sendo marcado por momentos de aproximação e afastamento. Essas linhagens tinham que lidar ocasionalmente com soberanos interessados nas tradições e artes mágicas daoistas, com grupos que buscavam participar mais do poder e com períodos de contestação ao daoismo como religião e filosofia. Na época da invasão mongol, e a subsequente instalação da Dinastia Yuan (1279-1367), havia, por um lado, um nítido interesse pela magia daoista, usualmente associada a práticas xamânicas; por outro lado, a violência da guerra, que atingira as capitais chinesas, fez com que cidades e bibliotecas inteiras fossem queimadas, perdendo-se uma quantidade inimaginável de escritos. As primeiras versões do *Daozang* foram perdidas nesses incêndios, levando a um trabalho árduo de recomposição do catálogo de obras daoistas. Contudo, passada a fúria da invasão, os mongóis começaram a se interessar mais pela cultura chinesa, e um dos efeitos disso foi a aproximação deles com a Ordem Quanzhen, o que renovou o interesse das cortes pelo daoismo e principalmente contribuiu para atenuar a violência imposta à população chinesa. Durante o Período Ming (1368-1644), o daoismo encontrou um ambiente favorável de expansão, que se concretizou com o Imperador Yongle ordenando a impressão de uma nova versão do *Daozang*, restituindo a essa religiosidade um novo grau de prestígio e importância. Esse movimento foi acompanhado de tentativas de síntese entre as religiosidades chinesas (os "três grandes ramos" ou "Sanyi"), e de obras literárias ricas e profundas, como o *Mingxin Baojian*

(Precioso Espelho de um Coração Iluminado), de Hong Yingming, que conciliava ensinamentos daoistas, budistas e confucionistas para oferecer uma perspectiva de vida mais proveitosa e tranquila, ou o romance *Feng Shen Yanyi*, que contava histórias sobre as divindades, suas origens e atributos. Uma menção especial merece ser feita, nesse sentido, ao livro intitulado *Tratado da resposta do Dao*, ou *Taishang Ganyinpian*. Durante a Dinastia Song do sul (1127-1297), Estado que tentava resistir à expansão mongol, um sábio daoista chamado Li-Ying Chang teria encontrado (ou escrito) um tratado daoista voltado para a vida prática, o *Taishang Ganyinpian* (ou Tratado da Resposta do Dao). Ele estaria ligado a uma conhecida escola da época, a Ordem Lushan, que, como muitas outras, tentava estruturar respostas aos desafios filosóficos e éticos advindos das outras religiosidades. Nesse sentido, o texto do *Taishang*... conseguia trazer uma articulação sutil e bem-concatenada de crenças religiosas populares com valores morais, criando um sistema que poderia ser aceito e reconhecido por praticantes daoistas e não daoistas. Como podemos observar neste trecho:

> Maldições e bênçãos não entram pelas portas, mas o próprio homem convida a sua chegada. A recompensa do bem e do mal é como a sombra que acompanha um corpo, e assim, fica evidente que o céu e a terra possuem espíritos que registram os crimes. Conforme a leveza ou a gravidade de suas transgressões, o tempo de vida do pecador é reduzido. Não só o seu tempo de vida é reduzido, mas a pobreza também o atinge. Muitas vezes ele encontra calamidade e miséria. Seus vizinhos o odeiam. Punições e maldições o perseguem. A boa-sorte o evita. Estrelas do mal o ameaçam, e quando seu prazo de vida chega ao fim, ele perece. Além disso, existem os três conselheiros, senhores espirituais da constelação do norte, que residem acima da cabeça das pessoas, registrando os crimes e os pecados dos homens, cortando prazos de doze anos a cem dias em suas vidas. Além disso, existem os três espíritos do corpo que vivem dentro do ser humano.

Sempre que chega o dia Gangshen, eles ascendem ao mestre celestial e o informam dos crimes e transgressões dos homens. No último dia do mês, o Espírito do Lar também faz o mesmo. De todas as ofensas que os homens cometem, as maiores causam uma perda de doze anos, as menores de cem dias. Essas suas ofensas, grandes e pequenas, constituem algumas centenas de problemas, e aqueles que estão ansiosos pela vida eterna devem principalmente evitá-las. O caminho certo leva adiante; o caminho errado para trás.

Não prossiga por um caminho mau.

Não peque em segredo.

Acumule virtude, aumente o mérito.

Com um coração compassivo, volte-se para todas as criaturas.

Seja fiel, filial, amigável e fraternal.

Primeiro corrija a si mesmo e depois converta os outros.

Tenha piedade dos órfãos, ajude as viúvas; respeite os velhos, seja gentil com as crianças.

Mesmo os insetos, as ervas e árvores não devem ser feridos.

Fique triste com o infortúnio dos outros e se regozije com sua boa sorte.

Ajude os necessitados e salve os que estão em perigo.

Considere o ganho de seu próximo como seu próprio ganho, e considere a perda de seu vizinho como sua própria perda.

Não chame a atenção para as falhas dos outros nem se gabe de sua própria excelência.

Resista ao mal e promova o bem.

Renuncie muito, aceite pouco.

Mostre resistência na humilhação e não guarde rancor.

Receba favores como se estivesse surpreso.

Estenda sua ajuda sem buscar recompensa.

Dê aos outros e não se arrependa ou inveje sua liberalidade (*Taishang Ganyinpian*, 1-2).

Pela leitura deste fragmento podemos depreender vários elementos: a vida humana é supervisionada por divindades (incluindo os três puros daoistas, as divindades do corpo e o onipresente deus da Cozinha, que faz os relatórios da conduta familiar), e o resultado de nosso agir incide em penas punitivas de cem dias a doze anos, de acordo com o crime cometido. Para evitar isso, uma seleção de normas morais, importadas do confucionismo e do budismo, norteiam o que pode ser considerado uma conduta adequada, não apenas do ponto de vista comunitário, mas de como o indivíduo transporta e introjeta esses valores para o seu mundo interior. O livro da *Resposta do Dao* foi atribuído ao próprio Laozi, e seria uma resposta dele aos manuais de conduta confucianos, como o livro da Piedade Filial, trazendo a perspectiva ética do daoismo para a vida cotidiana. A análise do texto mostra que ele foi composto por várias partes extraídas do *Daodejing*, do *Baopuzi* e com fragmentos próprios do redator, e seria impossível que ele tivesse sido feito, de fato, por Laozi – nem mesmo a autoria de Li é confirmada. No entanto, o que tornou esse escrito tão especial? Ele se projetou na literatura daoista e não daoista como um manual ético, com recomendações claras sobre como tratar o próximo e construir uma vida apropriada em termos físicos e espirituais. A facilidade da leitura, afastada da linguagem hermética ou erudita, conseguia atingir várias camadas da população, razão pela qual o livro tornou-se um verdadeiro sucesso. O *Taishang Ganyinpian* tornou-se um dos principais textos das tradições daoistas e foi lido com bastante interesse e respeito por pensadores de todas as outras escolas. Ele alcançou uma popularidade tão grande, que alguns dos primeiros tradutores ocidentais o consideravam fundamental para compreender a mentalidade chinesa, junto com os textos de Laozi e Confúcio. A maré viraria novamente contra as ordens daoistas no Período Qing (1645-1912), uma dinastia de origem manchu, cujo projeto de dominação da sociedade incluía diminuir o papel de importância das tradições chinesas e do sistema educacional (ponto que veremos melhor no capítulo sobre confucionismo). Priorizando seus vínculos antigos com as tradições do Budismo Tibetano, os soberanos Qing empreenderam um esvaziamento gradual de várias escolas e doutrinas chinesas, e os daoistas foram diretamente impactados por esse processo.

Embora não fossem frontalmente atacados com violência, seus grupos sofriam restrições, eram impedidos de realizar várias de suas atividades e passavam por problemas constantes para abrir novos grupos. A resistência daoista voltava novamente aos pequenos grupos, aos mestres solitários, que pacientemente esperavam pelo fim da repressão. A situação parece ter piorado quando, em 1786, rumores de um complô mágico para derrubar a dinastia se espalharam rapidamente, ensejando um episódio de caça às bruxas que a China nunca havia testemunhado (KUHN, 1990). Pequenos casos de feitiçaria começaram a ser relatados em todo o país, principalmente o ancestral "sequestro da alma", quando uma pessoa tinha o seu espírito "roubado" por um feiticeiro. A partir daí, ele controlaria suas vontades ou provocaria doenças e transtornos; algumas pessoas poderiam até mesmo se tornar uma espécie de zumbi e executar quaisquer tipos de ordem. O receio de que esses feiticeiros pudessem dominar pessoas importantes ou do governo acendeu a chama do pavor generalizado. Um contexto de histeria começou a se formar, e a notícia chegou aos ouvidos do Imperador Qianlong (1735-1796), que ordenou uma extensa investigação para punir os culpados. Em momento algum o imperador desconfiou que fosse apenas um boato ou uma invenção; de fato, ele acreditou que uma conspiração, por meio de artes mágicas, estava se desenrolando contra seu governo, e promoveu uma intensa perseguição contra bruxas e feiticeiros. Ao longo de um ano, centenas de pessoas foram arroladas e presas, mas sem se chegar a uma conclusão. Monges budistas e até mesmo mendigos foram envolvidos em acusação de magia, mas muitos dedos acusadores voltaram-se contra os daoistas, tradicionalmente envolvidos nesse tipo de atividade. Não houve qualquer comprovação de que alguma ordem daoista ou membros tivessem participado de um complô contra Qianlong; contudo, mais uma vez a imagem dessa religiosidade saía arranhada em função do medo e da paranoia causados pelos desmandos do governo. As ordens daoistas continuariam a enfraquecer cada vez mais, e o advento das crises nos séculos XIX e XX forçariam uma nova mudança nos rumos dessa religião. Por isso, quando questionamos como o daoismo conseguiu sobreviver a todos esses episódios históricos, é preciso retomar a flexibilidade e a liberdade com que essas ordens se estruturaram, permitindo que seus praticantes sobrevivessem nas condições mais adversas possíveis. Os grupos daoistas conhecem, desde a Antiguidade, uma capacidade destacada de se adaptar, transformar e encontrar os meios necessários para continuarem em sua caminhada. O daoismo, com certeza, não foi feito somente com as grandes ordens, mas principalmente, com os inúmeros grupos e membros livres, gerados espontaneamente por um pensamento aberto e resistente, que fez com que o movimento se compusesse de centenas de escolas e doutrinas. Por isso, na seção seguinte, iremos examinar algumas das muitas ramificações das principais linhagens daoistas, e continuaremos a acompanhar o relacionamento histórico dessa religiosidade com a sociedade e com o Estado.

Ramificações

Como vimos, o daoismo se estruturou religiosamente de forma livre, constituindo linhagens que treinavam os sacerdotes e os preparavam para formar suas próprias comunidades. Embora houvesse patriarcas ou matriarcas, eles eram orientadores espirituais que presidiam alguns dos centros de formação mais importantes, mas estavam longe de ser diretores de uma rede institucional. Por essa razão, o daoismo manteve a essência do sistema de discipulado dos antigos mestres e manteve a liberdade de iniciativa de seus praticantes. Falar então de ramificações se constitui em uma questão especial em relação ao daoismo, já que não existem entidades centralizadoras ou que se pretendam portadoras de um direito divino. Os grupos daoistas são, essencialmente, desdobramentos de outras escolas, cujo sucesso depende de seus diretores. Essa é a razão pela qual o daoismo se espalhou tanto em complexos templários como em pequenas casas e terreiros, revelando os diferentes níveis organizacionais dessas agremiações. Notemos ainda que muitos desses grupos ou comunidades foram formados por mestres que estudaram em diversas linhagens, invocando filiações com várias ou nenhuma delas. As especificidades do trabalho ritual também imprimiram percepções pessoais dos mestres em suas práticas. Alguns podem privilegiar o trabalho mediúnico, outros o ensino de meditação, outros ainda de artes marciais, e assim por diante. Essas predileções e/ou especializações podem ainda convergir na definição de interpretações conceituais ou teológicas, como a escolha das divindades que presidirão um templo, o uso de determinados materiais para os ofícios litúrgicos (incenso, amuletos, objetos mágicos etc.) ou mesmo discussões sobre os fundamentos das crenças daoistas (Como se dá a reencarnação? Há carma ou não? Etc.). O que faremos nesta seção, portanto, é examinar algumas agremiações que alcançaram um considerável sucesso em suas iniciativas de formar comunidades daoistas, desde a Antiguidade. Algumas delas permaneceram, outras foram incorporadas a outras linhagens, outras, ainda, sumiram. O fundamental a se ter em mente é mostrar a diversidade de perspectivas surgidas dentro desse imenso movimento religioso e o caráter de liberdade que marcou seu desenvolvimento.

A Ordem Lingbao

Precisamos agora voltar um pouco no passado. Na esteira dos movimentos daoistas surgidos entre os séculos III e IV, várias inciativas de interpretação filosófica e religiosa surgiram, concomitantes às investigações sobre alquimia e o surgimento de ordens maiores, como Zhengyi e Shangqing. Autores como Wang Bi e Guo Xiang buscaram comentar e reinterpretar a obra de Laozi por uma perspectiva política, entendendo que as ideias dele estavam fundamentalmente ligadas a concepções de governo. Quase ao mesmo tempo, nas distantes grutas de Dunhuang, um autor desconhecido escrevia um texto chamado *Laozi Bianhuajing* (O Livro das Mutações de Laozi); este propunha que o *Daodejing* era um texto sagrado a ser recitado e que Laozi era uma divindade descida à Terra para guiar os seres humanos no caminho da salvação individual. Estas duas visões servem para ilustrar a diversidade de propósitos com que as obras dos antigos mestres daoistas podiam ser abordadas. Tendo isto em mente, podemos compreender as razões pelas quais as ordens daoistas surgiam, dividiam-se e se multiplicavam rapidamente. Uma das melhores expressões desse processo de livre-criação foi o surgimento da Ordem Ling Bao (Joia Sagrada), fundada por Ge Chaofu – não por acaso, sobrinho-neto de Ge Hong. Ge Chaofu teria recebido, por transmissão familiar, uma série de escritos especiais sobre as práticas daoistas, escritas por seu tio-avô, que não estavam contidos no *Baopuzi*. Neles podiam ser encontradas orientações para aprofundar conceitos, práticas e rituais, cujo acesso exigia um ritual especial de purificação dos iniciados ("retiro", ou *zhai*). Entre esses escritos, dois foram considerados fundamentais e obrigatórios na formação dos sacerdotes: o *Lingbaojing* (Tratado da Joia Sagrada) e o *Wufujing* (Tratado dos cinco Talismãs). O primeiro trazia uma interpretação relativa das questões históricas e cosmogônicas que estruturavam as ordens Zhengyi e Shangqing; e ao que tudo indica, a escola Ling Bao foi, na verdade, um dos primeiros grupos a dialogarem diretamente com o budismo, absorvendo alguns de seus conceitos, técnicas e até mesmo divindades. Esses conceitos eram filtrados pelo vocabulário daoista, mas ficava clara a influência budista em vários termos e ideias. Podemos notar isso pela divindade principal adorada pela Ordem Ling Bao, Yuanshi Tianzun (o Honrado Celeste do Começo Original), uma personificação do Dao que teria sido mestre de Laojun (a personificação divina de Laozi). Essas divindades apareciam no final de um ciclo de eras (as *kalpas* budistas), organizadas num arranjo baseado no sistema de cinco fases – ou seja, a Terra passaria por cinco eras diferentes, cada uma dominada por uma das manifestações da matéria (água, fogo, madeira, terra e metal). Quando o ciclo se encerrava, havia um apocalipse – inspiração direta das crenças Zhengyi e Shangqing –, e essas divindades vinham para restaurar a ordem e proteger os escolhidos ou aqueles que conseguiram extinguir seu carma. Para além do nítido uso de conceitos budistas, divindades indianas foram adicionadas ao imenso panteão daoista – o deus do inferno, por exemplo, passou a ser Yama, a mesma divindade indiana responsável por coletar as almas dos falecidos. É provável que nesse mesmo período o mito de Purusha/Pangu tenha sido adotado e transformado numa crença de criação do universo. Os praticantes Ling Bao também foram grandes defensores da crença nas divindades interiores do corpo humano, que podiam ser invocadas nos processos meditativos e de cura. Em termos litúrgicos, os rituais iniciáticos ganharam relevo, como comentamos anteriormente. Os estudantes dessa ordem precisavam passar por períodos de reclusão, voltados para a purificação do corpo e do espírito. Só assim poderiam começar os estudos avançados nos escritos Ling Bao, pois o sucesso da prática na alquimia interna dependia disso. Eles desenvolveram a alquimia lunissolar, que consistia em meditar sob a emanação de raios solares e lunares, tentando captar as vibrações de cada um e transformá-las em *jing* (essência), *yin* e *yang* para nutrir o corpo. Por essa época, ainda se acreditava ser possível obter a imortalidade física plena. Por outro lado, essa linhagem praticava grandes cerimônias públicas, convocando a comunidade para participar de ritos de proteção individual, local e pela salvação do mundo. Como as outras linhagens, os rituais de renovação divina dos templos eram periodicamente realizados, mantendo viva a conexão com o mundo divino. O segundo escrito, o *Wufujing* foi um tratado sobre teoria, produção e função dos talismãs e amuletos, organizando sua funcionalidade e explicando seus sentidos. Por meio desse texto passamos a compreender as razões pelas quais esses instrumentos mágicos funcionam, como usá-los e os modos apropriados de emprego. Os cinco talismãs apresentados correspondem aos deuses das regiões, aqueles mesmos apresentados no *Huainanzi* quase dois séculos antes. O estudo produzido pela Ling Bao, nesse sentido, causou um profundo impacto na compreensão do papel dos amuletos contra os problemas espirituais e materiais, tornando-se referência. Provavelmente inspirada no espírito enciclopédico de Ge Hong, essa escola começou a delinear a estruturação do cânone daoista, o *Daozang*. Foi dela que partiu o interesse em catalogar as escrituras e seus conteúdos, não importando de qual escola elas fossem provenientes. Copiando o sistema de classificação budista da *Tripitaca* (Três cestos), os daoistas classificaram e agruparam seus textos em *Sandong* (Três grutas), que correspondiam à:

> • Gruta da Verdade (*Dongzhen*), com os textos da linhagem *Shangqing*: na prática, esta parte trazia os textos não apenas dessa ordem, mas também da Ordem Zhengyi, e tratava dos materiais voltados para a meditação e o contato com o mundo divino.
> • Gruta do Mistério (*Dongxuan*), com os textos da linhagem *Ling Bao*: nesta seção a ênfase era dada aos aspectos rituais e às revelações feitas por essa ordem, que reinterpretavam muitos conceitos e ideias do daoismo.
> • Gruta do Espírito (*Dongshen*), com os textos da "Tradição dos Três Soberanos" (*Sanhuang*): trazia os escritos sobre alquimia, exorcismos e talismãs.

Essa organização teria sido feita pela primeira vez em torno dos anos 400, e como podemos perceber, estava longe de ser precisa; mas ela marcou o início da formação do cânone daoista, que foi sendo ampliado, revisto e estudado ao longo dos séculos, e que continua em desenvolvimento (embora as versões mais atuais busquem ater-se até o início do século XX, com o fim do império). Um elemento deve ser notado: já na divisão das grutas, uma linhagem (a *Sanhuang wen*, "Tradição dos Três Soberanos") aparece como uma das mais importantes, subsidiando a seção dos escritos sobre magia e alquimia. Essa subdivisão já era uma derivação das tradições Ling Bao, e fora fundada por Lu Xiujing (406-477), a quem se atribuiu a primeira versão do *Daozang*. Lu fora um grande mestre daoista, estudioso de artes mágicas, e fundou uma linhagem voltada ao trabalho de exorcismo e purificação espiritual. Baseados em ensinamento que teriam sido transmitidos pelos primeiros três soberanos lendários da civilização chinesa, Fuxi, Nuwa e Shennong, Lu organizou uma série de tratados e guias sobre como realizar curas, exorcismos e viagens espirituais (STEAVU, 2019). Ao organizar o *Daozang*, ele não viu problema em incorporar os ensinamentos de sua própria organização à estrutura do cânone; por outro lado, a divisão das grutas estava escalonada em ordem hierárquica, sendo a Gruta da Verdade superior às outras em termos de conhecimentos espirituais. Os ensinamentos da seção *Sanhuang* seriam mais voltados para os problemas terrestres – menos espirituais, mas nem por isso menos importantes. Em um movimento histórico fascinante, as ideias Ling Bao foram estudadas, avaliadas e incorporadas pelas linhagens *Zhengyi*, *Shangqing* e *Quanzhen*, e essa escola em si desapareceu, dissolvendo-se após algum tempo. Do mesmo modo, os ensinamentos *Sanhuang* acabaram por se tornar uma área de conhecimento dentro das tradições daoistas. Por isso, quando examinamos as contribuições da Escola Ling Bao como um todo, tanto no sentido de organizar o cânone, traduzir e adaptar o budismo ao daoismo como contribuir no desenvolvimento de artes mágicas, observamos que sua herança permaneceu viva dentro das organizações daoistas e se tornou um elemento fundamental na estruturação dessa religiosidade.

Longmen Pai, o Portal do Dragão

Um dos mais destacados discípulos de Wang Chongyang, fundador da Ordem Quanzhen, foi Qiu Chuji (1148-1227), que viria futuramente a criar a famosa ordem do Portal do Dragão (*Longmen Pai*). Ao contrário de muitos personagens das tradições daoistas, a história de Qiu é bastante conhecida e comprovada – e em vários aspectos, chega a ser surpreendente. Após a morte de Wang, Qiu Chuji se retirou solitariamente para uma área cheia de cavernas, conhecidas como Cavernas da Porta do Dragão. Nessa região os eremitas conciliavam suas experiências em meditação com amplos debates sobre daoismo, confucionismo e budismo, criando um ambiente rico em trocas e respeito mútuo. Não demorou muito, e Qiu Chuji começou a se destacar nesses encontros, angariando a fama de sábio e profundo conhecedor das filosofias chinesas. Contudo, as cavernas eram um refúgio diante de uma China assolada pela invasão destruidora de Gengis Cã. Os mongóis realizavam a razia avassaladora que derrubava todas as resistências chinesas, impondo um clima de terror, medo e desespero. Alguns poucos pensadores tentaram, corajosamente, enfrentar a situação por meio do diálogo com o soberano mongol; e aos poucos, essas tentativas foram surtindo efeito, com uma paulatina diminuição da violência e a abertura de canais de comunicação entre a sociedade chinesa e dos novos dominadores. Sentindo um interesse renovado pelas tradições chinesas, Gengis passou a convocar e a conversar com diversos eruditos; e um deles, escolhido pessoalmente pelo Cã, foi Qiu Chuji, cujo nome famoso circulava nos meios políticos e intelectuais. Qiu deve ter causado uma forte e favorável impressão ao soberano, que gostou de sua pessoa e de seus ensinamentos. Embora não possamos ter uma ideia exata dos temas dessa conversa, dois efeitos foram rapidamente sentidos: um arrefecimento da repressão exercida contra os chineses e uma abertura francamente favorável à difusão do daoismo, principalmente na Escola Quanzhen. Qiu recebeu autorização para abrir um templo em Beijing, o Templo das Nuvens Brancas (*Bai Yun Guan*), até hoje a sede principal dessa ordem na China Continental. Os ensinamentos de Qiu eram basicamente os mesmos da Ordem Quanzhen, havendo pouca diferença entre eles. Qiu apenas enfatizara o aspecto trinitário da sabedoria, por meio das experiências que teve com budistas e confucionistas, e das práticas de cuidado com o corpo por meio de ginásticas e meditação. Com o tempo, contudo, seus discípulos entenderam que havia certas especificidades em seus ensinamentos que invocavam as experiências vividas nos tempos passados nas cavernas, e rebatizaram seu grupo justamente como o Daoismo do Portal do Dragão. A formação dessa escola mostra, pois, que a abertura de novos grupos dentro do movimento daoista pode estar ligada a vinculações disciplulares que pouco têm a ver com rompimentos ou profundas diferenças conceituais. Essa linhagem, contudo, contribuiu bastante para o desenvolvimento das artes marciais chinesas internas, com muitos de seus discípulos indo morar e estudar na cadeia de montanhas Wudang.

Wudang shan

Durante o Período Tang, as montanhas Wudang começaram a receber os primeiros templos daoistas, em sua maioria dedicados a Xuandi, uma divindade guerreira, protetora e especialista em magia. Essas construções passaram por períodos diversos de habitação e abandono, sem que houvesse uma organização capaz de sustentar os grupos que lá se instalavam. Contudo, a ida de muitos membros da *Longmen Pai* para a região começou a modificar o perfil da comunidade daoista lá instalada, criando novos focos de trabalho e estudo nas artes daoistas. Em torno do século XII, o lugar havia se tornado um dos principais centros de pesquisa em artes marciais no império, destacando-se pela prática dos estilos chamados "internos", que privilegiavam a concentração, habilidade e controle da energia, ao contrário dos estilos "externos", que se fundamentavam na força bruta e no combate. Em torno desse mesmo período, teria chegado à região o Mestre Zhang Sanfeng, a quem se atribui o desenvolvimento do Estilo da Suprema Cumeeira (*Taijiquan*), a mundialmente conhecida arte da longevidade e do combate sutil. Mas Zhang não apenas criou o *Taijiquan*, como também ajudou a definir as classificações das artes de combate chinesas e de como empregá-las no cuidado físico e no disciplinamento interno. Wudang se transformou no lar de um daoismo próprio, focado principalmente no estudo dessas artes, sendo a contraparte de Shaolin, o monastério budista igualmente dedicado a formas de combate espirituais. Hoje continua sendo um dos mais ativos centros de estudos daoistas, formando mestres em daoismo e artes marciais.

Lushan

Gostaríamos de complementar esta seção com algumas expressões religiosas daoistas e sincretizadas que mostram a riqueza e a diversidade dessa religiosidade. Uma delas, a Linhagem *Lushan* (surgida provavelmente no século XII) combinava elementos do antigo xamanismo chinês com práticas indianas budistas e tântricas, e dedicava-se, em especial, à Dama do Mar (Linshui Furen). *Lushan* não era exatamente alinhada ao daoismo, embora seguisse muitos preceitos *Zhengyi*, mas compunha o que posteriormente foi denominado "escolas dos mestres", "escolas dos mistérios", "ensinamento da Lei" (*Fajiao*) ou "daoismo vermelho". Linhagens como *Lushan* praticavam muitos dos rituais daoistas, mas não nutriam predileção especial pelas leituras de textos filosóficos ou religiosos de qualquer escola, aceitando todas. Sua ênfase estava na realização de fenômenos mediúnicos e exorcismos, além da realização de rituais propiciatórios para a comunidade. Hoje, ordens como a *Lushan* são classificadas tanto como daoismo quanto faísmo, atuando em uma zona pouco definida de estética e conceitos. Para os não pesquisadores, seria fácil confundir as cerimônias de ambas, revelando um interessante ponto de retorno das tradições daoistas em direção à religiosidade popular e ao mundo do antigo xamanismo.

O Monastério Hanging

No nordeste da China, um conjunto de templos se destaca na paisagem por estar encravado em falésias da montanha, parecendo suspensos no ar. Essas construções incomuns, cujo arrojo arquitetônico revela o gênio criativo dos chineses, constituiriam mais um conjunto peculiar de edificações, se não tivessem sido criadas dentro de um ideal bastante específico; isto é, o desejo de conciliar os três grandes ensinamentos: o daoismo, o confucionismo e o budismo. Aparentemente, no século V alguns monges daoistas procuraram um lugar onde pudessem estabelecer um trabalho de diálogo e síntese com as tradições confucionistas e budistas, e encontraram nesse lugar um espaço perfeito para desenvolverem seus estudos. Eruditos dessas escolas se instalaram no templo, que passou a ensinar, sem distinção, as três religiosidades. O resultado é, que depois de séculos, o templo de *Hanging* é o único na China onde os sacerdotes não se afirmam ligados especificamente a determinada linhagem, ordem ou doutrina – e contudo, entendem-se como afiliados a todas as três religiosidades. Nesse ambiente único, os ensinamentos são diversos e privilegiam a busca de um caminho individual pelo praticante, cujas predileções por uma ou outra doutrina são respeitadas, mas sempre enfatizando o respeito, a aceitação e o reconhecimento de outros saberes.

Pequenas associações

Cumpre ainda lembrar as pequenas associações, casas, terreiros e mestres solitários que compõem o quadro mais amplo do mundo daoista. Nunca é demais dizer que esses especialistas mantêm vivas as tradições em um ambiente comunitário de pequena extensão, mas crucial para a vida religiosa. A catalogação desses mestres é um trabalho antropológico difícil, pois as condições em que eles entram para a vida religiosa varia bastante. Alguns são mestres formados em cursos regulares das ordens tradicionais ou menores, dispondo de um conhecimento mais estruturado das doutrinas. Não raro, como já afirmamos, muitos estudam em mais de uma linhagem, combinando ensinamentos e criando academias ou centros próprios. Há, contudo, muitos mestres que são médiuns e foram levados à vida religiosa pelo impulso espiritual. Muitos desses especialistas não tinham qualquer formação quando passaram a vivenciar fenômenos de contato com o mundo espiritual, e a partir disso buscaram algum aprendizado e se transformaram em praticantes daoistas (ou, pontualmente, faístas). Alguns, porém, não conseguem estudar ou recebem instruções espirituais diretas, e se tornam o equivalente aos nossos curandeiros ou benzedeiros. Outros, ainda, podem começar uma vida iniciática junto a um xamã ou mestre, sem, no entanto, completar estudos formais nessas doutrinas. Usualmente, poderíamos não classificá-los como daoistas, mas a questão é um pouco mais complicada do que isso. Não raro, tal nomenclatura é adotada por eles mesmos, sendo repetida pelos membros da comunidade e usuários de seus serviços espirituais. O caráter de suas ações – essencialmente voltadas para práticas "boas" – os afastaria da pecha de feiticeiros ou bruxas. Esses solitários especialistas em artes mágicas seguem com um dos repositórios mais sensíveis e profundos da religiosidade popular chinesa, formando um caldeirão de variedade e ensinamentos aos quais qualquer denominação será sempre uma tentativa abrangente e superficial de classificação. Mesmo assim, são buscadores do caminho; e por que não, então, daoistas?

Situação atual e perspectivas para o futuro

Em um longo artigo publicado em 2020, o sinólogo Bony Schachter descreveu suas experiências em dois centros daoistas, um localizado em Taiwan e outro no Brasil, comparando as experiências místicas e as visões de mundo que constituíam cada um desses lugares. No primeiro, encontramos um médium e sacerdote daoista, Lu, que incorpora semanalmente a divindade Nezha, atende aos fiéis e realiza os mais diversos serviços, como o envio de petições para as cortes celestes, rituais de purificação, entre outras atividades que compõem uma longa lista de tarefas religiosas. O segundo, situado no Brasil, é o centro daoista fundado por Wu Zhicheng, que atua promovendo diversas atividades e cursos voltados ao desenvolvimento pessoal, com reflexos diretos na maneira como são realizados seus rituais costumeiros. Como Schachter comenta:

> Tanto Lu quanto Wu são sacerdotes ordenados pela Sociedade Daoista Chinesa, mas a interpretação proposta pelo primeiro sobre o ritual da purificação é bastante diferente daquela proposta pelo segundo. Para Wu, o homem é o objeto de purificação do dito ritual,

enquanto que para Lu e seus colegas de Taiwan, essa afirmação não necessariamente faria sentido. Tanto Lu quanto seus alunos e outros praticantes da Linhagem Chanhe fazem o Rito da Purificação com o objetivo de purificar o altar daoista ou, na ausência de um altar, com o objetivo de criar um altar e purificá-lo *in loco*. O fato de ambos proporem interpretações diferentes não significa que Wu está errado e Lu certo, ou vice-versa. Tanto Lu quanto Wu seguem, com exceção de alguns detalhes que variam de mestre para mestre, os mesmos procedimentos. Ambos praticam a purificação do altar, mas a interpretação proposta por Wu entende isso como um aspecto secundário do ritual, enquanto que para Lu e seus colegas taiwaneses não há nada além da purificação do altar a ser conquistado por meio do mesmo procedimento. Em outras palavras, para Lu e seus colegas, o Rito de Purificação é um procedimento pragmático, posto que inscrito num programa maior, mais longo e direcionado para objetivos concretos que não a assim chamada "iluminação". O procedimento do Ritual da Purificação é o mesmo tanto na STB (Sociedade Taoista Brasileira) quanto em Taiwan. Mas além de não estarem filtrados pela mesma interpretação, em ambos os casos há diferenças econômicas e sociais gritantes. Tais diferenças parecem ter um papel fundamental no que tange ao modo como o ritual é interpretado. Enquanto na STB o Ritual da Purificação é praticado à noite como um fim em si mesmo, em Taiwan tais rituais são praticados como parte de um conjunto maior que envolve não apenas os rituais da manhã, da tarde e da noite, mencionados por Wu, mas uma série de outros rituais que dependem da ocasião, do cliente, da época do ano e de outras variantes. De qualquer maneira, não há no contexto taiwanês espaço para que se pratique o Ritual da Purificação durante a noite e como um fim em si mesmo. Ao contrário da interpretação proposta por Wu, nos rituais de Lu nunca se adiciona um aspecto psicologizante, nem ao ritual em si nem à sua interpretação. Embora Lu "não acredite" (*buxin*) em nada, a eficiência do ritual não é, para ele, um elemento de dúvida. A religião de Lu é extremamente física e material, no sentido de que ele pode ouvir a voz de Nezha como eu ouço a sua e você a minha. Para ele, o ritual simplesmente funciona (*youxiao*), muito embora ele não saiba (nem queira saber) como ou mesmo o porquê (SCHACHTER, 2020, p. 72-73).

Este comentário é bastante revelador sobre como o daoismo conseguiu manter uma dinâmica própria, conseguindo se multiplicar e manter uma relativa unidade, mesmo existindo um número incalculável de ordens, grupos e associações. As variações rituais, litúrgicas e conceituais – que no Ocidente poderiam provocar cismas insuperáveis – são aceitas como expressões da diversidade que compõe as relações com o mundo espiritual, e por isso convivem sob uma mesma denominação geral, sem conflitos profundos. Não é exagero dizer que as organizações daoistas modernas operam de forma similar aos dos terreiros e centros de candomblé e umbanda no Brasil. Desde templos enormes, com grande número de sacerdotes regular, a singela casa do médium que atende às pessoas de sua comunidade, o daoismo foi disseminado nos mais diversos níveis da sociedade, representando uma plêiade de grupos e tradições. Isso tem relação direta à maneira de como se processou a história recente da China. O daoismo tornou-se o sinônimo de religiosidade nativa, praticamente indissociável da *Shenjiao* – e é difícil saber onde uma começa e outra termina, deixando nas mãos de seus representantes distinções cada vez menos nítidas. O fato é que, como vimos, os daoistas vivenciaram momentos de aproximação e distanciamento das estruturas de poder imperiais, tendo épocas melhores, outras nem tanto. A concorrência oferecida pelos budistas fez com que eles fossem forçados a se organizar melhor, embora a natureza de suas crenças e práticas não ensejasse a formação de grandes organizações. Por esta razão encontramos linhagens daoistas férteis, mas os grandes complexos templários não são muitos. Esses fatores tiveram importância quando o daoismo foi obrigado a enfrentar as crises dos séculos XIX e XX. Depois das guerras do ópio (1839-1842 e 1856-1860), a China entrou em uma fase de conflitos intermitentes; ora internos, ora externos. A Revolta Taiping (1850-1864), de inspiração cristã, tocou profundamente o imaginário religioso chinês; nas áreas em que os rebeldes tomaram o controle, houve perseguições contra budistas e daoistas, o que aprofundou a aversão chinesa ao cristianismo. Por outro lado, o clima de decepção e abandono em relação à Dinastia Qing incitou o surgimento de uma onda de religiões salvacionistas, que usualmente combinavam diversos elementos do daoismo, budismo, confucionismo, espiritualismo e, pontualmente, de outras religiosidades, como o próprio cristianismo e o islamismo. Essas religiões geralmente tiveram pouco alcance ou com duração efêmera, mas se tornaram uma importante força de renovação religiosa no final do século XIX.

A queda do império em 1912, o advento da república e a ascensão do comunismo em 1949 impactaram profundamente a vida dos praticantes daoistas. Sem qualquer proteção e suporte imperial, o daoismo passou a ser visto por intelectuais como um conjunto de superstições e crenças, e a nova república não nutria qualquer interesse especial por essa religiosidade. Seus praticantes tentaram se readaptar a esse novo contexto, com o trânsito de novas tecnologias e costumes, além de uma outra onda de missionários cristãos no país. Goossaert (2012) mostra que os daoistas buscaram se adaptar a esse panorama desafiador, buscando manter sua presença no quadro religioso da sociedade. Neste ponto, a ausência de uma instituição unificadora formal e de grande porte contribuiu indiretamente para que o daoismo permanecesse como uma importante força popular. Os daoistas tinham templos como Wudan, Maoshan ou Kunlun; mas seu principal meio de disseminação foi por meio de pequenos templos, associações e terreiros espalhados pelas cidades e pelo interior. Uma simples casa em um dos muitos *hutong* (pequenas vilas urbanas) podia se transformar em um centro daoista, com altar e consultas semanais. Pequenos altares comunitários se formaram; e enquanto os rituais e sacrifícios oficiais seriam encerrados junto com o império, as cerimônias daoistas ocorriam nos bairros das cidades e nos vilarejos dos campos. Essa estrutura dinâmica e flexível foi vital para o que viria adiante: em 1949, o comunismo alcança o poder no continente e empurra a República Chinesa para Taiwan. Havia um dilema claro: se por um lado os comunistas tinham uma forte base popular, por outro tinham um grande receio quanto à influência das religiões junto ao governo. Ir para Taiwan significava relaxamento da vigilância sobre as comunidades religiosas, mas o destino e a sobrevivência da ilha como país era algo absolutamente incerto. O resultado surgiu aos poucos, mas de forma cada vez mais clara: a China Continental estava disposta a exercer um controle rígido sobre as religiões. Para os daoistas, esse foi um duro teste de sobrevivência; suas atividades caíram na clandestinidade, e os serviços espirituais eram realizados de forma discreta. Quem pôde, fugiu para Taiwan, Coreia, Hong Kong, Macau ou Japão, inaugurando uma fase de expansão mundial do daoismo, sobre a qual vamos falar mais adiante. Em 1966, o início da Revolução Cultural decretou um ano de ataques e destruição a templos e monumentos religiosos. O daoismo foi atingido pela fúria revolucionária, que não poupou milhares de obras, livros e relíquias dessa tradição. Contudo, a Revolução Cultural tinha aspectos mais complexos do que podemos supor. Após retomar o controle político e acalmar os ânimos em 1967, o governo de Mao Zedong começou a estimular uma revalorização do que classificou como "tradições populares", de modo a construir uma nova e autêntica civilização chinesa comunista. Danças, músicas e artes marciais, entre outras artes e práticas, foram reorganizadas e classificadas, passando a fazer parte do programa de revitalização da cultura. Xinran Xue (2009) recolheu o testemunho de uma curandeira que viu seu trabalho valorizado durante a Revolução Cultural – tanto por ser um saber popular quanto pela falta de médicos –, e sentia grande saudade daquela época. Isso nos dá uma dimensão do que se buscava com essa inciativa. Pensamentos como o de Confúcio, vistos como conservadores, continuaram a ser reprimidos; porém, as filosofias daoista, moísta e legalista passaram a ser resgatadas como antecessoras de uma nova China popular. O estudo do cânone daoista recebeu um grande impulso, e algumas poucas cerimônias e festividades, classificadas como "folclóricas", foram permitidas. Após os anos de 1980, com uma gradual abertura econômica, social e política promovida por Deng Xiaoping, as religiões conheceram um novo período de expansão, e o daoismo proliferou em uma onda de renovação e reencontro da população com suas antigas tradições religiosas. Pode-se dizer, de certa forma, que a nova sociedade chinesa do século XXI é marcada pela presença marcante dos símbolos religiosos nos meios urbanos; e os daoistas estão presentes nessa nova estética, embora não escapem da vigilância atenta do Estado. Em Hong Kong e Macau, templos e associações daoistas se desenvolveram mais livremente, mas há um constante receio sobre o controle a ser exercido pelo governo, após o processo de reintegração deles à China Continental. Isso contribuiu para que muitos daoistas de Hong Kong, por exemplo, migrassem para a Europa ou Estados Unidos. Na Coreia do Sul, país onde já havia uma comunidade daoista há séculos, a partir dos anos de 1960 observou-se o renascimento dessas tradições, e o movimento *Kouk Sun Do* alcançou grande relevância nos meios sociais e culturais ao promover formas de meditação daoista. Enquanto isso, Taiwan se tornou o abrigo dos clérigos e praticantes do daoismo, que encontraram na ilha um ambiente livre de pressões. Buscando se fortalecer, as principais ordens daoistas estabeleceram instituições no país, consolidando-se novamente junto à sociedade, podendo ser encontrados grupos e comunidades de todos os gêneros e tamanhos. Pode-se afirmar que o daoismo em Taiwan guarda muito de suas principais e mais antigas tradições religiosas, tornando-se um espaço especial para a observação antropológica. Em outro sentido, a presença do budismo, do confucionismo e do cristianismo na ilha tem sido marcada por uma convivência pacífica e tranquila, cuja tendência consiste em apoiar as ações governamentais em direção a uma sociedade integradora e tolerante. Nesse contexto, as ordens daoistas começaram a se espalhar pelo mundo, acompanhando migrantes e despertando interesse de intelectuais e acadêmicos.

O daoismo na Europa e nas américas

Podemos caracterizar dois grandes movimentos concomitantes à vinda do daoismo para o Ocidente. O primeiro foi promovido pelos sinólogos, que desde o século XIX estudaram as tradições chinesas nos mais diversos aspectos, incluindo suas expressões religiosas. As crises ocorridas na China na transição entre os séculos XIX e XX forçaram muitos chineses a migrarem para outros países, levando consigo seus costumes e conhecimentos. Nessas levas, professores e intelectuais tiveram a oportunidade de compartilhar suas experiências nas universidades, tornando-se professores de língua e cultura chinesa. Após a Segunda Guerra Mundial, a necessidade de desenvolver áreas estratégicas de estudos asiáticos, bem como a ascensão do comunismo, fizeram com que outra grande onda de profissionais migrasse e fosse incorporada pelas universidades ocidentais. O segundo movimento aconteceu basicamente ao mesmo tempo, mas com características diferentes. Ele foi composto pelos milhares de chineses que, igualmente forçados a migrar, formaram comunidades inteiras fora de sua terra natal. Eles passaram a atuar em áreas nas quais tinham certa familiaridade, como abertura de restaurantes, comércio, academias de artes marciais, manufatura e importação de produtos. Igualmente trouxeram suas tradições e começaram a praticá-las nos novos países, atraindo a atenção do público. Em meio a preconceitos e receios, muitas vezes esses grupos formaram a linha de frente da comunidade chinesa em busca de sua integração. Isso teve um impacto direto em como a cultura chinesa foi recebida em diferentes níveis. Se por um lado a sinologia abriu um reduzido espaço de estudo avançado sobre a China – usualmente restrito a estudos estratégicos e tradução –, por outro, foi o contato cotidiano com as comunidades de migrantes que contribuiu significativamente para ampliar a aceitação e compreensão da China no imaginário ocidental (HUI, 1992; BELTRÁN, 2003). Esse ainda é um processo em construção, com avanços e recuos sazonais, e vinculado às variações das políticas locais.

Esoterismo e religiosidade

No Ocidente, os anos de 1960 foram marcados por renovado interesse pelas tradições religiosas asiáticas, vindas tanto da Índia quanto da China. Era época do Movimento *Hippie*, que nutriu um grande interesse por experiências transcendentais e propunha a vinda de uma nova era da humanidade, termo que acabou se tornando sinônimo das práticas de assimilação dos saberes asiáticos. Vários centros esotéricos surgiram, espaços que ofereciam cursos de tradições asiáticas como oráculos, Yoga, meditação, astrologia, Taijiquan, combinados com outras artes mágicas como tarô, baralho cigano, uso de cristais, radiestesia, florais etc. (MAGNANI, 2000). Como podemos notar, esses núcleos disseminavam fragmentos de tradições diversas, sem um necessário aprofundamento, contribuindo para sua popularização. Contudo, a ausência de um conhecimento mais sólido alijou muitas dessas tradições ao campo das pseudociências e ao preconceito filosófico, já que elas facilmente se confundiam com curandeirismo, charlatanismo e estelionato. O daoismo foi incluído no âmbito dessas experiências, com resultados diversos. Os *hippies* admiravam as teorias de Laozi e Zhuangzi, acreditando que seus discursos sobre desprendimento material, dissolução do poder e abandono da vida urbana correspondiam ao desejo de uma nova sociedade livre. Os daoistas seriam protoanarquistas e libertários, e profetas de uma civilização planetária harmônica e ecológica. Essas idealizações eram pautadas em conceitos pinçados do daoismo, representando uma abordagem fragmentada e incompleta. O mesmo se deu com os centros esotéricos, que surgiram na esteira desses movimentos, com o objetivo de divulgar artes e terapias orientais com fins de autocultivo, aperfeiçoamento pessoal e cura espiritual. A cultura chinesa acabou fornecendo muitos materiais para essas inciativas. A ciência do Fengshui foi costumeiramente vendida quase como uma crença religiosa à parte, assim como as artes marciais tradicionais do daoismo (Taijiquan, Bagua e Xingyi) e os métodos de Qigong (respiração energética). Resultados tão diversos na compreensão das práticas daoistas advinham dos problemáticos processos de transmissão desses saberes; afinal, muito chineses que ensinavam no Ocidente não eram mestres autorizados, assim como muito ocidentais não buscavam ou nem pretendiam aprofundar-se na tradição religiosa, tendo um interesse imediato e restrito nessas práticas. Ademais, mestres famosos dos anos de 1960 e 1970, como Bhagwan Shree Rajneesh (também conhecido como Osho) ajudaram a vulgarizar ensinamentos que mesclavam hinduísmo, daoismo, alquimia sexual e meditação, o que contribuía ainda mais para dificultar uma filtragem dessas tradições em suas formas originais. O movimento esotérico, contudo, despertou uma curiosidade autêntica em muitos pensadores. Estudiosos como Alan Watts (1915-1973), Thomas Merton (1915-1968), Huberto Rohden (1893-1981) e Murilo Nunes de Azevedo (1920-2007) nutriram um interesse sincero pelo pensamento daoista, publicando trabalhos que revigoravam as interpretações filosóficas e religiosas sobre o daoismo. Esse movimento foi importante para construir uma ponte com os centros daoistas. Como vimos, os imigrantes chineses espalhados pelo mundo passaram a fundar associações e grupos que tentavam reproduzir suas vivências religiosas, e nesse sentido, o daoismo também encontrou seu espaço. A Sociedade Taoista Brasileira é um exemplo de iniciativa nesse sentido. Fundada por Wu Zhicheng (1958-2004), sacerdote taiwanês ordenado pela Tradição Zhengyi, ela é uma das poucas instituições nas américas que funciona como representante oficial dessa linhagem (embora possamos encontrar, como já comentamos antes, pequenos centros particulares voltados para práticas daoistas). A Sociedade promove os rituais e cerimônias usuais, como comentamos no início dessa seção, além de inúmeros cursos voltados para artes marciais, Yijing, astrologia chinesa, Fengshui e meditação. O diferencial, nesse caso, é que o aprendizado dessas artes é feito em um conjunto integrado de princípios, norteados pela religiosidade daoista, que possibilitam aos praticantes sua inserção no daoismo dos mestres celestiais. No mesmo sentido, Liu Pai Lin (1904-2000) também fundou, no Brasil, uma instituição voltada para a prática do Taijiquan e meditação, que depois foi desdobrada ao ensino de acupuntura e fitoterapia. O processo formador nessas artes era orientado por conceitos e valores da religiosidade daoista. No entanto, Liu – apesar de ordenado em várias ordens daoistas tradicionais – não realizava rituais ou cerimônias, e preferia apresentar essas artes chinesas a partir de uma aproximação filosófica e epistêmica. Essas variações nas práticas levam pesquisadores a questionem se o processo de acomodação do daoismo no Brasil observou adaptações ou mesmo transformações em seu *modus operandi* e em seus conceitos (BEZERRIL, 2007; COSTA, 2019; SCHACHTER, 2020). O mesmo ocorre no Estados Unidos, onde a presença daoista remonta aos anos de 1860, com a fundação de pequenos templos construídos pelas comunidades de imigrantes, e que existem até os dias de hoje. Instituições como o Kong Chow Temple, Thien Hau Temple, Ma-Tsu Temple e o Kwan Tai Temple estão operando no país, tendo enfrentado os mais diversos desafios, mostrando a resiliência das tradições chinesas naquele país. Contudo, essas associações têm passado pelo mesmo tipo de questionamento que ocorre no Brasil: elas correspondem ao daoismo encontrado na China, ou se trataria de um daoismo americano? (CHAN, 2008; JUEMIN, 2020). Isso ocorre porque, apesar das conexões que essas entidades possuem com congêneres de Taiwan, um número cada vez maior de fiéis, uma série de adaptações em questões rituais, o uso da língua inglesa em cerimônias, entre outras mudanças, além do fato de atender a gerações de descendentes que não falam chinês, faz com que naturalmente os estudiosos de religiões observem diferenças e se perguntem que forma de daoismo está se construindo naquele país (KOMJATHY,

2003a; 2003b; 2004). Um exemplo disso pode ser observado pela rápida disseminação, no país, do Movimento *Healing Tao*, fundado por Mantak Chia. Nascido de uma família chinesa cristã que morava na Tailândia, em 1944, Mantak passou por experiências religiosas ecléticas, treinou artes marciais e praticou várias formas de meditação até aprofundar-se de fato no daoismo. Estudou com mestres de linhagens reconhecidas, obtendo o grau de professor, sem, no entanto, tornar-se efetivamente um sacerdote. Em 1979, fundou o Movimento *Healing Tao* em Nova York, com classes de Taijiquan, Qigong e Alquimia sexual, privilegiando um foco na autoajuda, na melhoria de vida e na qualidade na saúde. Sua acessibilidade ao público ocidental tornou-o um grande sucesso de vendas, tendo publicado dezenas de livros sobre os mais diversos assuntos, todos eles sob o guarda-chuva das artes daoistas. Mantak tem sido bastante criticado pelo que se acredita ser uma banalização dos saberes daoistas tradicionais. Ao fragmentar os saberes e conceitos do daoismo, ele realizaria abordagens superficiais, recaindo no mesmo problema atribuído a muitos esotéricos dos anos de 1960. Ademais, as práticas daoistas são esvaziadas de seus conteúdos religiosos, impondo-se novamente um distanciamento entre as crenças e o seu exercício. Seja como for, as ideias propostas pela *Healing Tao* significam uma nova fronteira nos estudos sobre daoismo, mostrando como a continuidade da religião passa por uma série de desafios no mundo contemporâneo.

O daoismo nas universidades

Cumpre salientar que as ideias e as tradições daoistas encontraram no espaço universitário uma expansão considerável. O daoismo tem sido analisado do ponto de vista da ciência da religião, da filosofia, da história e das artes. Enquanto historiadores como Qing Xitai (1998) têm reestabelecido o curso das pesquisas acadêmicas sobre daoismo na China, especialistas japoneses e ocidentais têm trabalhado proficuamente para construir uma nova concepção epistêmica sobre essa religiosidade (SCHACHTER, 2017; COSTA, 2021). Kristofer Schipper (1934-2021), por exemplo, estabeleceu novas bases para o estudo do daoismo no âmbito universitário a partir de uma leitura de suas fontes originais e dos estudos antropológicos de sua ritualística, contribuindo para a reconstrução e a apresentação do cânone daoista (*Daozang*). No mesmo sentido, autores como Fabrizio Pregadio (2008) têm buscado estruturar um conhecimento enciclopédico do daoismo. Isabelle Robinet (1997) apresentou uma nova versão para a história dessa religiosidade, e Livia Kohn (1993; 2000) se destaca pela vasta literatura de pesquisa cobrindo aspectos diversos dos saberes daoistas. Vale comentar o trabalho de Chad Hansen (1992), que propôs um novo entendimento sobre a filosofia chinesa, enfatizando uma visão daoista como grade de leitura fundamental. Por fim, e conforme a tradição daoista de grandes personagens femininas dentro da doutrina, temos Eva Wong, presidenta do The Fung Loy Kok Taoist Temple de Denver, tradutora e autora de várias obras acadêmicas sobre o daoismo. Outros autores têm, igualmente, buscado divulgar o daoismo junto à comunidade acadêmica e ao público, de modo mais acessível, embora não menos abalizado. Thomas Cleary, por exemplo, foi um notável e prolífico tradutor, que já verteu para o inglês dezenas de textos chineses, muitos deles daoistas, fazendo apresentações simples e criando uma cultura de leitura universal desses escritos. Uma das iniciativas mais famosas nesse sentido aconteceu a partir de 2013, quando Michael Puett, renomado sinólogo da Harvard University, resolveu oferecer uma disciplina de filosofia chinesa voltada para a vida prática. Conclamando os alunos a tentarem aplicar conhecimentos da filosofia daoista e confucionista em suas vidas cotidianas, Puett chamou bastante a atenção da mídia e do público universitário, realizando, desde então, um dos cursos mais concorridos da universidade. Em 2016, junto com uma de suas alunas, a Jornalista Christine Gross-Loh, ele publicou o resultado de seus experimentos no livro *The Path* (em português o livro foi traduzido como *O caminho da vida*), tornando-se igualmente um sucesso de vendas. A chamada ao tema central do livro, presente no prefácio, dá o tom dos capítulos seguintes:

> Afinal, o que os filósofos chineses que viveram há mais de 2 mil anos poderiam ter a nos ensinar sobre a arte de viver? Você provavelmente pensa neles, se é que pensa neles, como sábios plácidos que proferiam chavões benignos sobre harmonia e natureza. Hoje, enquanto isso, levamos vidas dinâmicas, liberadas e modernas. Nossos valores, costumes, tecnologia e suposições culturais são completamente diferentes dos deles. E se lhe disséssemos que cada um desses pensadores oferece uma perspectiva profundamente contraintuitiva sobre como se tornar um ser humano melhor e como criar um mundo melhor? E se lhe disséssemos que, se você os levar a sério, as ideias encontradas nesses textos extraordinários da China clássica têm o potencial de transformar a maneira como você vive? Este é o tema central deste livro: que os ensinamentos desses antigos filósofos chineses, que estavam respondendo a problemas muito parecidos com os nossos, oferecem novas e radicais perspectivas sobre como viver uma vida boa.

Puett constantemente defendeu que seu livro não era de autoajuda, mas um ensaio filosófico sobre a viabilidade de resgatar tradições e saberes como o daoismo e aplicá-las em problemas modernos. A ideia não era totalmente nova: a Professora Yu Dan havia lançado na China dois trabalhos, *Notas sobre Confúcio* e *Notas sobre Zhuangzi* em 2006 e 2007, respectivamente, buscando uma abordagem similar, e alcançou um sucesso estrondoso de vendagem. Sua abordagem simplificada e o tom de aconselhamento propunham aos leitores uma nova compreensão dos saberes antigos, retirando passagens desses autores e examinando-as à luz de problemas existenciais. Podemos afirmar que o trabalho de Yu Dan é menos denso do que o de Puett, mas ambos cumprem o projeto de vulgarizar os saberes chineses sem torná-los superficiais e desvinculados de suas origens religiosas. Essas reflexões nos levam a pensar no futuro próximo do daoismo: se, por um lado, como religiosidade, ele não está ameaçado de extinção e renasce sob os auspícios de um reencontro da civilização chinesa com suas origens, por outro, sua expansão – dentro e fora da China e de Taiwan – tem feito com que ele, inevitavelmente, enfrente desafios de mudança. Agora que os oito imortais já cruzaram os mares, a questão é como eles irão se apresentar para o mundo contemporâneo e globalizado.

Referências

As referências aos textos chineses citados (salvo as indicadas) podem ser encontradas nos sites Chinese texts project (https://ctext. org/) em inglês ou Textos clássicos chineses (https://chines-classico.blogspot.com/) em português. As traduções foram realizadas pelo autor.

AMARO, A.M. Mal de susto ou subissalto (A queda da alma). *Revista de Cultura*, v. 3, n. 10, 1990.

APOLLONI, R. A Suprema Cumeeira: considerações de Sūnlùtáng sobre o Tàijíquán (Tai-Chi-Chuan). *Rever*, v. 18, n. 1, p. 209-236, 2018.

BELTRÁN, A. *Los ocho inmortales cruzan el mar: chinos en Extremo Occidente*. Madri: Bellaterra, 2003.

BIZERRIL, J. *O retorno à raiz: uma linhagem taoista no Brasil*. São Paulo: Attar, 2007.

BUENO, A. Buda, discípulo de Laozi: a controvérsia da "conversão dos bárbaros" e a recepção do budismo. *Revista Brasileira de História das Religiões*, 6 (17), 2013, p. 53-73.

BUENO, A.; CZEPULA, K. Uma estranha razão: leituras sobre o daoismo entre pensadores brasileiros, 1879-1982. *Revista Prajna*, v. 1, n. 1, 2020, p. 53-79.

CAMPBELL, J. *As máscaras de Deus – Vol. 2: Mitologia oriental*. São Paulo: Palas Athena, 1994.

CHAMBERLAIN, J. *Chinese Gods: An Introduction to Chinese Folk Religion*. Hong Kong: Blacksmith Books, 2009.

CHAN, M. Contemporary Daoist Tangki Practice. *Oxford Handbooks Online*. Nova York: Oxford University Press, 2015, p. 1-19.

CHAN, S.S.-H. *American Daoism: A New Religious Movement in Global Contexts*. Dissertação de mestrado. Knoxville: University of Tennessee, 2008. Disponível em https://trace.tennessee.edu/utk_gradthes/3652

CHANG, J. *O taoismo do amor e do sexo*. Rio de Janeiro: Artenova, 1979.

CHANG, L.S.; FENG, Y. *The four political Treatises of the Yellow Emperor*. Honolulu: University of Hawaii Press, 1998.

CHIA, M. *Reflexologia sexual: O Tao do amor e do sexo – Um Guia para os que se amam*. São Paulo: Cultrix, 2004.

CLEARY, T. *Immortal Sisters: Secret Teachings of Taoist Women*. Berkeley: North Atlantic Books, 1996.

CLEARY, T. *Meditação taoista*. Brasília: Teosófica, 2001.

CONSTANTINI, F. *El Dao de la sabiduría*. Puntarenas: Sede del Pacífico, 2021.

COSTA, M. *Daoismo tropical – A transplantação do daoismo ao Brasil*. São Paulo: Fonte, 2019.

COSTA, M. Estudos em daoismo numa perspectiva descolonial. *Sacrilegens*, v. 18, n. 2, 2021, p. 249-269.

CZEPULA, K. A batalha dos sexos e o vampirismo: por uma história da mulher na alquimia sexual chinesa. *Sobre Ontens*, v. 1, 2012, p. 1.

DeWOSKIN, K.J. *Doctors, Diviners, and Magicians of Ancient China: Biographies of Fang-shih*. Nova York: Columbia University Press, 1983.

ELIADE, M. *Xamanismo: técnicas arcaicas do êxtase*. São Paulo: Martins Fontes, 1998.

FEUCHTWANG, S. *The Imperial Metaphor: Popular Religion in China*. Londres: Routledge, 1992.

GIRARDOT, N.J. *Myth and Meaning in Early Taoism: The Theme of Chaos (Hun-Tun)*. Berkeley: University of California Press, 1983.

GOOSSAERT, V. Daoists in the Modern Chinese Self-Cultivation Market: The Case of Beijing, 1850-1949. In: PALMER, D.; XUN, L. *Daoism in the Twentieth Century Between Eternity and Modernity*. Berkeley: University of California Press, 2012, p. 123-154.

GRANET, M. *La religion des chinois*. Paris: Gauthier, 1922.

GROOT, J.M. *The religious system of China, its ancient forms, evolution, history and present aspect, manners, customs and social institutions connected therewith.* 6 vol. Leiden: Brill, 1897-1910.

HANSEN, C. *A Daoist Theory of Chinese Thought.* Nova York: Oxford University Press, 1992.

HENDRISCHKE, B. *The Scripture on Great Peace: The Taiping jing and the Beginnings of Daoism.* Berkeley: California University Press, 2015.

HUI, J.H. *Chinos en America.* Madri: Mapfre, 1992.

JORDAN, D.K. *Gods, ghosts, & ancestors: folk religion in a Taiwanese village.* São Diego: Department of Anthropology/UCSD, 1999.

JUEMIN, C. A False Dao? Popular Daoism in America. *Journal of Daoist Studies*, v. 13, 2020, p. 106-135.

KOHN, L. *The Taoist Experience: An Anthology.* Nova York: State University of New York Press, 1993.

KOHN, L. *Daoism Handbook.* Leiden: Brill Verlag, 2000.

KOMJATHY, L. *Daoist Organizations in North America.* Center for Daoist Studies, 2003a. Disponível em www.daoistcenter.org/advanced

KOMJATHY, L. *Daoist Teachers in North America.* Center for Daoist Studies, 2003b. Disponível em www.daoistcenter.org/advanced

KOMJATHY, L. Tracing the Contours of Daoism in North America. *Nova Religio*, v. 2, n. 8, 2004, p. 5-27.

KOMJATHY, L. *Daoist deities and pantheons – The Daoist Tradition: An Introduction.* Londres: Bloomsbury Publishing, 2013.

KUHN, P.A. *Soulstealers: the Chinese sorcery scare of 1768.* Cambridge: Harvard University Press, 1990.

LEVI, J. *Les fonctionnaires divins: Politique, despotisme et mystique en Chine ancienne.* Paris: Du Seuil, 1989.

LIN, L.Y. *The Tao of Suli Seduction: Erotic Secrets from Ancient China.* Nova York: Abrams, 2007.

MAGNANI, J. *O Brasil da Nova Era.* Rio de Janeiro: Zahar, 2000.

MASPERO, H. *Le taoïsme et les religions chinoises.* Paris: Gallimard, 1971.

MENDONÇA, S. *Trabalhadores asiáticos*. Nova York: Novo Mundo, 1879.

OVERMYER, D. *Local Religion in North China in the Early Twentieth Century: The Structure and Organization of Community Rituals and Beliefs*. Leiden: Brill, 2009.

PAUTHIER, G. *Mémoire sur l'origine et la propagation de la doctrine du Tao, fondée par Lao-Tseu*. Traduit du chinois, et accompagné d'un commentaire tiré des livres sanscrits et du Tao-Te-King de Lao--Tseu, établissant la conformité de certaines opinions philosophiques de la Chine et de l'Inde, orné d'un dessin chinois, suivi de deux "oupanichads" des Védas, avec le texte sanskrit et persan. Paris: Dondey Dupré, 1831.

PREGADIO, F. *The Encyclopedia of Taoism*. 2 vol. Londres: Routledge, 2008.

PREGADIO, F. *The Seal of the Unity of the Three: A Study and Translation of the Cantong qi, the Source of the Way of the Golden Elixir*. Mountain View: Golden Elixir Press, 2011.

QING, X. The Place of Daoist Culture Within Traditional Chinese Culture: A Reappraisal. *Contemporary Chinese Thought*, v. 29, n. 3, 1998, p. 72-80.

ROBINET, I. *Taoist Meditation: The Mao-Shan Tradition of Great Purity*. Nova York: State University of New York Press, 1993.

ROBINET, I. *Taoism: Growth of a Religion*. Stanford: Stanford University Press, 1997.

ROBINET, I. Hundun 混沌 Chaos; inchoate state. In: PREGADIO, F. (ed.). *The Encyclopedia of Taoism*. Londres: Routledge, 2007, p. 523-525.

ROTH, H.D. Evidence for Stages of Meditation in Early Taoism. *Bulletin of the School of Oriental and African Studies*, 60 (2), 1997, p. 295-314.

SASO, M.R. *Taoism and the Rite of Cosmic Renewal*. 2. ed. Pullman: Washington State University Press, 1990.

SCHACHTER, B. Estudos sobre daoismo em perspectiva histórica: historiografia, temas e novas direções. In: BUENO, A. et al. (org.). *Mais orientes*. Rio de Janeiro/União da Vitória: Sobre Ontens, 2017, p. 13-30.

SCHACHTER, B. Esporte dos deuses: o ritual daoista visto sob uma perspectiva comparativa. *Revista Nearco*, v. 12, n. 2, 2020, p. 42-88.

SCHIPPER, K. *The Taoist Body*. Berkeley: University of California Press, 1993.

SCHIPPER, K.; VERELLEN, F. *The Taoist Canon: A Historical Companion to the Taotsang*. Chicago: University of Chicago, 2004.

STEAVU, D. *The Writ of the Three Sovereigns: From Local Lore to Institutional Daoism*. Honolulu: Hawai University Press, 2019.

WONG, E. *Taoism: an essential guide*. Boston: Shambhala, 2011.

XINRAN, X. *Testemunho da China*. São Paulo: Companhia das Letras, 2009.

Confucionismo

André Bueno

Origem e expansão

Certa vez Confúcio foi chamado para conversar com o Duque Ai, governante do Estado de Lu. O duque perguntou ao velho mestre no que consistiam os rituais (*Li*), o que significava a arte de governar e por que os nobres não o faziam adequadamente. Confúcio teria respondido o seguinte:

> Os nobres dos dias atuais nunca estão satisfeitos em seu gosto pela riqueza e nunca se cansam na extravagância de sua conduta. Eles são selvagens, ociosos, arrogantes e insolentes. Eles esgotam totalmente os recursos do povo, colocam-se em oposição à multidão e procuram derrubar aqueles que estão seguindo o caminho certo. Eles procuram obter o que desejam, sem reverência ao direito ou à razão. Antigamente, o uso do povo estava de acordo com as regras tradicionais; hoje, eles são usados de acordo com regras posteriores. Os nobres de hoje não praticam os ritos (*Li*) como deveriam ser praticados (*Liji*, 27:2).

Em qualquer outro lugar do mundo antigo, uma resposta tão sincera e audaciosa como esta teria feito o velho sábio ser jogado dentro de uma masmorra para apodrecer até morrer esquecido, ou ter seu corpo desmembrado em praça pública. Contudo, parece que o duque percebeu que conversava com um sábio; fosse porque estava realmente aprendendo alguma coisa ou apenas para manter as aparências, deixou Confúcio partir ileso desse diálogo – e dali, ele sairia, então, para continuar toda uma vida divulgando suas ideias. Quando falamos de Confúcio estamos falando de uma figura histórica que passou praticamente toda a sua vida tentando ensinar e ajudar os outros por meio da educação e do altruísmo. Uma marca notável em sua biografia é a plena humanidade. Ele não fez milagres, não tinha poderes especiais, e toda sua obra se baseou em um imenso esforço pedagógico de transformar uma sociedade em crise. Confúcio foi, provavelmente, um dos primeiros pensadores a perceber o que estava acontecendo na China do século VI AEC. Como comentamos no capítulo anterior sobre daoismo, a crise que começaria nesse período e mudaria a vida da China dava sinais claros de estar prestes a explodir. Confúcio estava ciente de tudo isso e percebera que os pensadores do seu tempo não eram mais capazes de compreender os conceitos de harmonia e preservação da cultura que haviam levado a China a existir e sobreviver até aquela época. Por essa razão, quando pensamos no papel de Confúcio estamos diante de um filósofo muito mais próximo de um professor do que propriamente um profeta ou místico capaz de inspirar a criação de uma nova religiosidade. Para entendermos a história de Confúcio é preciso conhecer um pouco mais sobre a sua vida. Os detalhes que temos sobre sua história particular não são muitos, estando dispersos em pequenas biografias feitas ainda na antiguidade chinesa. Os capítulos 7 e 10 do *Lunyu* (*Analectos*, do qual falaremos mais adiante), uma biografia feita pelo historiador Sima Qian no século I AEC (*Shiji*, 47) e o livro *Kongzi Jiayu* (*Diálogos da Escola de Confúcio*) são as principais fontes de que dispomos para reconstruir seu retrato. Confúcio teria nascido no pequeno Estado de Lu em 551 AEC, filho de uma família ligada à baixa nobreza da região, mas empobrecida e sem qualquer tipo de recurso material ou força política que a destacasse no contexto. Sua mãe ficou viúva muito cedo, tendo que se desdobrar em esforços ingentes para sustentar a família. Confúcio, desde pequeno, viu-se obrigado a ajudar na casa, e é possível que tenha vivido de pequenos serviços durante algum tempo.

Educar para existir

Percebendo – numa visão bastante avançada para aquela época – que um caminho para superar as limitações materiais e sociais seria o da Educação, Confúcio se dedicou o quanto pôde, desde cedo, ao estudo dos costumes e ritos chineses, da cultura e das artes, preparando-se para ser professor. Ele aprendeu história, música, caligrafia, arqueria, ciências, e aos poucos foi construindo a ideia de que as crises enfrentadas pela sociedade chinesa estavam ligadas a uma perda de conexão com as tradições fundadoras da civilização. Logo que se tornou adulto, Confúcio realizou seu sonho de começar a ensinar; e assim como muitos mestres da época, construiu uma vida de pessoa comum, com família, esposa e filhos. Contudo, ele percebia que a continuidade do mundo em que vivia dependia de uma mudança urgente no modo como as coisas estavam se desenrolando. Como muitos de nós hoje, Confúcio estava realmente preocupado com o futuro, sem saber o que poderia acontecer com seus descendentes, e mesmo com a civilização que ele aprendeu a amar e a cultivar como sentido da sua existência. Confúcio começou, então, a delinear em sua mente um projeto de reforma que poderia sanar a origem dos males que afetavam a sua sociedade. Esse projeto tinha como base a sua experiência com os estudos que havia realizado sobre o passado e de como uma série de sábios teriam trabalhado duramente para construir o mundo no qual eles viviam. Para ele, o primeiro aspecto crucial em um programa de reformas – seu *Dao* – seria a valorização da Educação. Numa perspectiva que muitos consideram só ter surgido no mundo contemporâneo, Confúcio defendia que a falta de conhecimento sobre a cultura e a ética levava as pessoas a terem uma formação moral e sentimental incompleta e problemática. Vivenciando uma existência cheia de dificuldades, sofrimento e ignorância, os serem humanos eram levados a se corromper moralmente, a se entregarem a vícios e a cometerem crimes, em função da sua descrença em relação à sociedade e à falta de uma perspectiva futura. Com base nessa consideração primeira podemos entender que Confúcio estava essencialmente preocupado em ser um professor qualificado e ajudar os seres humanos a se tornarem autônomos e realizados. As pessoas deveriam ser capazes de tomar suas próprias decisões, ter consciência crítica sobre o papel de suas ações e suas consequências. Nesse sentido, Confúcio compartilhava a ideia de que a estrutura de poder da sociedade dependia de um funcionamento harmônico entre as suas partes. Logo, não se tratava de subverter por completo as antigas tradições culturais, mas se a sociedade não fosse mais capaz de praticá-las e mantê-las, era sinal de que alguma coisa precisava mudar. Por essa razão, o primeiro e principal elemento do método (*Dao*) no projeto de Confúcio era a ênfase justamente no que hoje chamamos de "Educação" ou "Ensinamentos", expresso na língua chinesa pela palavra *Jiao*. Esse ideograma representa uma mão que conduz uma criança, denotando o sentido de orientação e continuidade da cultura por meio do aprendizado. Muitos críticos propuseram que Confúcio era meramente um conservador de tradições, preocupado em manter as relações de desigualdade que existiam na sua sociedade. Devemos lembrar, contudo, que Confúcio conseguiu superar suas limitações econômicas e sociais por meio da Educação, e por isso ele acreditava que esse caminho estava aberto a todos.

A redenção pela história

O processo educacional de Confúcio começava pela importância fundamental que era dada ao estudo da história (*Shi*). Para o velho mestre, sem o conhecimento do passado não seria possível mudar o presente – e muito menos o futuro, por conseguinte. É dele a consagrada frase "mestre é aquele que, por meio do antigo, revela o novo" (*Lunyu*, 2:11). Para isso, Confúcio empreendeu um resgate dos principais livros da cultura chinesa antiga, que viriam a se transformar nos seis grandes clássicos da Antiguidade e que se tornaram base da formação ética histórica dos intelectuais chineses. Esses livros eram: o *Yijing* (*Livro das mutações*), que guardava os antigos conhecimentos sobre as ciências chinesas, e depois se transformaria em oráculo; *Shujing* (*Livro das histórias*) continha as principais passagens históricas das primeiras dinastias, grandes discursos e biografias resumidas de personagens importantes do passado; *Shijing* (*Livro das poesias*), uma coleção de poemas e canções tradicionais que retratavam o cotidiano dessa civilização; *Liji* (*Livro dos ritos* ou *Recordações culturais*) é uma enciclopédia de costumes, ritos, hábitos, leis e visões sociológicas da Época Zhou; *Chunqiu* (*Primaveras e outonos*), uma crônica histórica escrita pelo próprio Confúcio sobre sua época, apresentando diversas passagens históricas para serem analisadas de forma pedagógica e ética; e o *Yuejing* (*Livro da música*), continha músicas e teorias musicais da China antiga, fundamentais para a Educação e para a Arte na visão de Confúcio. O livro se perdeu, mas um provável capítulo (cap. 19) desse tratado sobreviveu no *Liji*. Como podemos notar nesta lista, dois livros são exclusivamente de história; quanto ao *Liji*, era um compêndio histórico-enciclopédico; e os poemas e a música eram analisados igualmente do ponto de vista histórico e cultural. O entendimento de Confúcio era de que o estudo da história seria capaz de mostrar para as pessoas as raízes da cultura, o exemplo dado pelos ancestrais, de como o povo havia enfrentado calamidades e problemas e os caminhos encontrados para superar as adversidades, como ele mesmo afirmava: "não nasci sabendo, amo o passado e nele busco aprender" (*Lunyu*, 7:20). O *Shujing* trazia uma relação de episódios do passado, descrevendo a biografia sumarizada dos grandes heróis, suas ações e exemplos morais, além de uma série de discursos memoráveis. Mesmo que possamos discordar da veracidade dos acontecimentos, as narrativas são absolutamente humanas e carecem de intervenções divinas ou acontecimentos mágicos. O livro cobre o período da fundação do Império Chinês, passando pelas dinastias Xia, Shang até o século VII AEC – já chegando perto do período de vida de Confúcio, o que significa que o livro foi sendo atualizado com a inserção de novos textos desde a fundação da dinastia reinante, os Zhou, em torno do século XI AEC. Já o *Chunqiu* (*Primaveras e outonos*) é um texto produzido pelo próprio Confúcio a partir das memórias históricas de sua terra natal, Lu. Havia dois métodos de registro na época (que não eram excludentes): um oficial localizava e anotava os dados gerais de um evento, incluindo data, local, personagens e a ocorrência sumarizada, produzindo uma espécie de ficha; outro oficial era responsável por resgatar – e quando necessário resumir – as palavras e pormenores do mesmo evento, redigindo um texto descritivo mais amplo. Como resultado, temos livros como o *Chunqiu*, que reproduzem os dados e informações cronológicas, e o *Shujing*, que narra os episódios históricos. Como o *Shujing* já estava disponível, Confúcio buscou reeditá-lo – e é possível que tenha feito alterações na sua estrutura e conteúdo, enquanto o *Chunqiu* se trataria de uma obra nova, constituída com as memórias e arquivos de Lu. As *Primaveras e outonos* ganhariam uma dimensão especial pelas mãos de Confúcio. Preocupado que a descrição cronológica fosse precisa, ele desenvolveu uma gramática histórica específica, na qual pretendia que as palavras e conceitos correspondessem especificamente a uma ideia (BUENO, 2015). Isso significava que, na prática, quando Confúcio escolhia um determinado termo para descrever um evento, ele igualmente reproduzia um julgamento histórico. Vejamos um exemplo:

> Primeiro ano do Duque Yin (722 AEC): no verão, no quinto mês, o Conde de Zheng superou Duan em Yan.

Esta informação lacônica parece para nós uma simples menção vazia a ser explicada em algum outro texto ou lugar; mas o uso da palavra "superou" (*ke*) significa a ascendência moral do Conde Zheng, implicando que ele conseguiu sobrepujar algum tipo de armadilha ou conluio contra si. Por se tratar de uma batalha, o texto nos informa que ele a venceu por ser melhor em todos os sentidos – estratégica e eticamente. Isso significa que o *Chunqiu* era uma espécie de dicionário histórico e conceitual dentro da Escola de Confúcio, consoante a um dos muitos projetos que o mestre desenvolvera: a "retificação dos nomes" (*zhengming*). Para ele, era fundamental que a etimologia e o sentido das palavras estivessem intimamente conectados com o passado e reproduzissem sua significação original – que na visão do mestre, deveria ser única. Se por um lado Confúcio atingira a noção de conceito, por outro ele pretendia refutar a polissemia, que em sua concepção causava grande desentendimento e usurpação de funções e sentidos. Alguém que alcançasse, por exemplo, a condição de sábio (*shengren*) ou do *junzi* (a pessoa educada) deveria corresponder exatamente ao que se esperava dele, sem o que a palavra perderia sentido e daria azo ao surgimento de embusteiros. Com podemos notar, a construção de atributos conceituais às palavras auxiliaria bastante em termos técnicos e gramáticos, mas não conseguia acompanhar a realidade do desenvolvimento espontâneo da linguagem. Isso faria com que, num futuro próximo, o livro de Confúcio passasse a ser discutido como uma obra até certo ponto hermética, requisitando comentários extensos sobre suas passagens, como veremos mais à frente. Mesmo assim, autores posteriores continuaram defendendo que a "retificação dos nomes" seria um projeto viável, influenciando diretamente a construção da história e da filosofia confucionista (ALONSO, 2019). Não é exagero dizer que Confúcio acreditava piamente na ideia de aprender com os erros do passado para evitá-los mais à frente; por isso, essa grande ênfase foi dada ao estudo da Antiguidade em seus mais diversos aspectos. Confúcio não apenas resgatou livros de história, mas também, de poesia, música, costumes e, finalmente, dedicou-se a estudar minuciosamente o *Livro das mutações*, dando-lhe novas interpretações, de acordo com os conhecimentos da época. Outro elemento importante a ser notado na proposta de Confúcio foi o de transferir o problema da preservação da Cultura do âmbito sagrado para o campo absolutamente materialista da história e da Educação. Confúcio não depositava suas preocupações, quanto ao destino da sociedade, nas mãos dos deuses e nem esperava deles alguma espécie de salvação ou interferência direta nos acontecimentos. Para ele, a história era o fio condutor das construções culturais, fiel depositária de todas as experiências humanas acumuladas ao longo de séculos, servindo como manancial de informações e referências para o entendimento das raízes culturais, assim como um guia para a tomada de decisões políticas e da resolução de dilemas morais. Isso fez com que a doutrina de Confúcio se preocupasse mais com o estudo do passado, e de como aplicá-lo às atividades comuns, do que necessariamente em confiar na ação de deuses e espíritos.

Esta talvez seja uma característica única do pensamento de Confúcio, já que grande parte das civilizações antigas respaldava nas divindades sua continuidade e o seu destino histórico. A ideia confucionista de que preservação da civilização era escrita e decidida pelos seres humanos, e não pelos deuses, representava uma conquista importantíssima para a construção de uma nova ética universal e humana.

Política e sociedade

Isso não quer dizer que Confúcio não acreditasse nos deuses de sua época. Como veremos a seguir, a dedicação aos rituais era igualmente um dos elementos mais importantes de sua doutrina. Contudo, o mestre estava consciente de que as decisões que envolviam os destinos do mundo estavam nas mãos das pessoas. Essa era a razão pela qual o estudo da história deveria embasar o pensamento político dos governantes chineses, e a Educação era o meio principal para isso. No *Liji* (cap. 18) ele afirmava: "Para o sábio, a única maneira de ensinar o povo e instituir bons costumes sociais é pela educação. Por isso, os antigos soberanos consideravam a educação como o elemento mais importante em seus esforços por implantar a ordem no país". Esta afirmação está diretamente ligada ao segundo elemento na proposta de Confúcio: por meio da Educação ele esperava melhorar a qualidade da classe governante, para que ela tivesse mais conhecimento sobre os negócios públicos e alcançasse maior profundidade sobre a prática de valores éticos e morais. Ele estava realmente preocupado em formar não apenas bons governantes, mas também funcionários qualificados e capacitados a atender às demandas da população. Confúcio entendia que a política manifestava a busca de ordem e harmonia que o céu havia determinado para os seres humanos. Quanto melhor fossem governantes e funcionários, mais poderoso e honesto seria o governo. Isso ficou claro quando ele conversou com um discípulo, Zigong, sobre a importância de os governantes serem qualificados:

> Zigong perguntou sobre o que um governo precisa para ser bom. O mestre disse: "Comida, armas e a confiança do povo". Zigong perguntou: "E se tivéssemos de tirar um, o que poderia ser?" "As armas", disse o mestre. "Se tivéssemos de tirar outro, o que seria?" "A comida", disse o mestre. "Todos podem sofrer com a violência e a fome, mas sem confiança, nenhum governo sobrevive" (*Lunyu*, 12:7).

Para que isso ocorresse, a Educação deveria existir em todos os níveis. Não adiantaria ter governantes exemplares com uma sociedade corrompida, e vice-versa. Confúcio acreditava, assim como os antigos, que a organização política da sociedade começava nos núcleos mais básicos de sua estrutura: a família e a escola. Mais uma vez, é interessante compreender as imagens que a língua chinesa criou para nós sobre esse aspecto. Em chinês, a palavra *Jia* representa tanto "casa" como "escola": ou seja, a escola deveria ser a segunda casa de todas as pessoas. "Casa" e "escola" se completam no processo de formação dos indivíduos, e por isso não podem ser separadas. Pessoas formadas de maneira adequada poderiam se tornar o modelo de cidadão ideal, o "nobre", que Confúcio chamava de *Junzi*. Este termo pode ser traduzido como "pessoa educada", alguém que sabe viver em sociedade, respeitando os outros e cumprindo suas tarefas. Confúcio foi um dos autores da Antiguidade que conseguiram alcançar a famosa regra de ouro, expressa em uma de suas máximas: "não faça aos outros o que não quer que seja feito com você" (*Lunyu*, 12:2; 15: 24). Este era o princípio básico a ser seguido pelo *Junzi*; uma referência sobre como agir, conviver, e reproduzir no ambiente social as ideias de ordem e harmonia relativas à família e ao governo. Confúcio esperava que soberanos e senhores agissem como pais do povo; do mesmo modo, assentava nas famílias a confiança de que a vida comum continuaria, por meio da observância das leis e dos costumes, das atividades de trabalho e da prática dos ritos.

Confúcio e os deuses

Como afirmamos antes, Confúcio não deixou de acreditar nos deuses. No entanto, ao longo dos seus discursos, notamos sua preferência em lidar com o conceito de céu como um sistema ecológico que administrava a vida de todos os seres vivos. Para ele, o crucial era manter a ideia de harmonia com o céu, responsável pelo sustento e continuidade da existência humana. Confúcio foi o principal defensor, tanto em seus escritos históricos quanto políticos, da teoria do *Mandato do céu* (*Tianming*), que consolidou, no imaginário chinês, a ideia do soberano como um representante indicado pelo céu para trazer ordem ao mundo. Esse processo de escolha do soberano nunca ficou claro nos escritos chineses. Por um lado, como o céu não era caracterizado de forma pessoal, não havia uma entidade única que seria responsável pela escolha de um indivíduo para governar – é como se a natureza escolhesse alguém para governar. Por outro lado, o céu organizara o mundo em regras inteligentes (o sistema ecológico), o que demonstrava algum tipo de intencionalidade ou vontade (BERTHRONG; TUCKER, 1998; BUENO, 2014). É provável que Confúcio entendesse que a possibilidade de alguém estar no poder representava uma série de responsabilidades e deveres para com a sociedade, que poderiam ou não ser desempenhados pelo escolhido. A teoria do Mandato do céu supunha que o soberano que perdesse suas virtudes perderia também seu poder, correndo o risco de ser derrubado, e outra pessoa iria assumir o seu lugar, como os autores posteriores, a exemplo de Mêncio e Dong Zhongshu defenderiam. O Mandato do céu muitas vezes é comparado ao absolutismo europeu, como uma afirmação divina do direito real, mas é necessário cuidado com essa afirmação; pois, como vimos, embora o céu possa ser considerado um elemento religioso, suas características diferem do Deus único e pessoal do mundo cristão. Essas considerações mostram que Confúcio respeitava profundamente as tradições religiosas de sua sociedade, mas percebera que elas não foram capazes de evitar os conflitos entre os seres humanos. Novamente, era necessário educar as pessoas não apenas para viverem bem no mundo material, mas ainda, para melhorar a sua fé nas forças superiores. São famosas as passagens em que Confúcio parece ter receio de envolver os negócios públicos e a prática de uma vida ética com os assuntos religiosos. Certa vez, um de seus discípulos perguntou como deveriam servir aos mortos. Confúcio respondeu: "Aprenda primeiro a lidar com os vivos, depois se preocupe com isso" (*Lunyu*, 11:12). Em outra ocasião perguntam-lhe sobre sabedoria, e ele respondeu: "Garante os direitos do povo; respeite espíritos e deuses, mas mantenha-os longe – isso é sabedoria" (*Lunyu*, 6:22). Como podemos ver, a preocupação de Confúcio era de como deveríamos aprender a viver em sociedade, sendo que as crenças e a religião deveriam servir a esse propósito.

Uma vida em ação

Confúcio tentou implantar seu projeto de reforma da política em sua terra natal, o Estado de Lu. Se pudermos acreditar nas biografias sobre o mestre, ele parece ter sido bem-sucedido em alcançar cargos políticos de relevo durante algum tempo, e conseguiu construir uma escola que agregou muitos discípulos ao seu projeto educacional (*Shiji*, 47). Mas a época em que ele vivia era de crise e de intrigas políticas, e os figurões não queriam um professor-sábio que ficasse denunciando crimes e apontando o dedo para governantes corruptos. Com exceção do Duque Ai, aparentemente seu único amigo entre os nobres, Confúcio também conquistou muitos inimigos, que começaram a tramar para que ele fosse expulso dos cargos públicos. Após uma série de armadilhas e humilhações, Confúcio teve que se retirar do Estado de Lu, e começou a procurar emprego em outras regiões da China, numa série de peregrinações que durariam em torno de vinte anos. Depois de todo esse tempo, quando passou fome, foi perseguido, ameaçado de morte e encontrou várias portas fechadas, Confúcio finalmente retornou para sua terra natal, onde pôde abrir uma escola. Continuou a ensinar, dedicou-se também a editar os antigos clássicos chineses e se afastou de vez da vida política. Teve uma morte tranquila em 479 AEC, embora acreditasse que seu projeto não havia se realizado.

Doutrinas e práticas fundantes

Rujia, a "Escola dos acadêmicos"

Quando lemos o projeto de Confúcio começamos a compreender por que a sua escola passou a ser chamada de *Rujia*. A palavra *Ru* significava "estudioso", "letrado", "acadêmico"; em suma, alguém que estuda para se transformar em uma pessoa melhor. Isso estava claro na cabeça dos chineses daquela época. A doutrina de Confúcio passou a se chamar "Escola dos Acadêmicos", e não "Confucionismo", termo que só passaria existir depois do século XVI – criação dos missionários jesuítas, que foram até a China para converter o país e que se encantaram com as ideias do velho mestre chinês (JANSEN, 1998). Esta é mais uma questão que devemos adicionar ao nosso estudo: embora Confúcio fosse reconhecido como o grande fundador de uma poderosa escola intelectual, ele não era considerado propriamente um santo; era entendido como um grande professor, um filósofo, um sociólogo e um pensador político, preocupado em resolver os problemas de sua sociedade de uma maneira efetiva e duradoura. Não havia a pretensão, nem por parte dele, nem de seus alunos, de criar uma escola que levasse o nome do mestre. A "Escola dos Acadêmicos" se transformaria no grande celeiro de educadores, pensadores, funcionários e políticos da história chinesa. Ela atuaria nos domínios da educação, da cultura e da política, transformando-se no principal pilar de sustentação e de conservação da civilização chinesa.

Os grandes livros e a epistemologia confucionista

Após a morte de Confúcio, sua escola continuou a funcionar, e seus discípulos decidiram não apenas continuar publicando os antigos clássicos chineses, como também produziram um livro com diversas passagens anotadas dos diálogos com o mestre. O *Lunyu* (*Analectos*, ou *Diálogos*) seria um dos livros mais influentes na história da China e da Ásia, contendo pequenas frases que poderiam ser facilmente memorizadas pelos leitores. Esse recurso era comum na maior parte das obras de sabedoria oriental daquela época, mas o *Lunyu* se tornaria uma fonte fundamental para compreender o programa e os métodos de pensamento de Confúcio. Além disso, o *Lunyu* mostrava um Confúcio absolutamente humano, isento de influências divinas ou transcendentais; todo texto pretendia apresentar os fundamentos básicos de sua ética como se fosse um resumo das ideias principais contidas em todos os clássicos chineses que Confúcio havia editado. Esse livro se destinava a ser manual de ética; porém, outros textos foram produzidos, logo a seguir, mostrando aspectos e preocupações diversas da doutrina acadêmica. O *Daxue* (*Grande Estudo*), por exemplo, é um pequeno ensaio que discutia questões relacionadas à política e à arte de governar a partir da teoria de conhecimento baseada na investigação das coisas:

> O *Grande Estudo* é o caminho que ensina como alcançar a virtude, amar o povo e atingir a perfeição. Quando sabemos, sossegamos; sossegados, ficamos serenos; serenos, tudo fica mais calmo; calmos, podemos ponderar; ponderando, chegamos à solução desejada. As coisas têm raízes e galhos. Os problemas têm começo e fim. Saber o que vem primeiro e o que vem por último, esse é o caminho. [...] Os antigos, para manifestar a virtude no reino, começavam por arrumar o governo; para arrumar o governo, ordenavam suas famílias; para ordenar suas famílias, cuidavam das pessoas; para cuidar das pessoas, corrigiam antes seus corações (mentes); para corrigir seus corações, buscavam pensar de modo esclarecido; e para

pensarem de forma sincera buscavam ampliar ao máximo o seu conhecimento. A busca do conhecimento é a investigação das coisas. Quando as coisas foram investigadas, o conhecimento tornou-se completo; o conhecimento completo leva ao pensamento esclarecido; o pensamento esclarecido corrige os corações; corações corrigidos tornam as pessoas bem-cuidadas; bem-cuidadas, as pessoas cultivam suas famílias; cultivadas as famílias, o governo fica organizado; quando o governo está organizado, todo o reino está feliz e tranquilo. Do Filho-do-Céu (imperador) até o povo, o cultivo pessoal é a raiz de tudo. Quando se descuida da raiz, todo o restante desanda. Não há nada importante que tenha sido malcuidado; e não há nada que, sendo bem-cuidado, não se torne importante. Não se pode ser superficial com o principal nem dar importância ao secundário. Isso é "conhecer as raízes", e "conhecer profundamente" (*Daxue*, cap. 1-2).

Como podemos notar, a epistemologia confucionista está claramente delineada neste trecho do *Daxue*: a necessidade de conhecer e educar é o sustentáculo da organização e do planejamento, sem os quais não pode haver harmonia no mundo. A busca das causas e consequências das ações, e seus desdobramentos sobre a dinâmica social e a compreensão ecológica da existência, criavam, assim, um sistema de conhecimento e concediam uma importância à Educação no preparo intelectual e moral dos seres. O *Grande Estudo* foi incluído no *Liji*, assim como o *Zhong Yong* (*Justo Meio*), livro que teria sido escrito pelo neto de Confúcio, Zisi, cujo objetivo era revelar o método fundamental de convivência humana através de uma vida moderada e pela busca de equilíbrio interno, ou o justo meio. Esse livro traria os elementos centrais de uma práxis cultural confucionista, baseada na ideia do autoconhecimento e no respeito mútuo:

> Atingir uma clara consciência do bem pela perfeição moral, a isto se chama natureza humana; atingir a perfeição moral por uma clara consciência do bem, a isto se chama Educação. A perfeição moral nasce de

uma clara consciência do bem, e a clara consciência do bem nasce da perfeição moral. [...] Somente os que possuem uma total perfeição moral podem manifestar por completo sua natureza humana; somente os que possuem uma natureza perfeita podem fazer aflorar a natureza dos outros; e apenas os que podem fazer aflorar a natureza dos outros podem fazer aflorar a natureza das coisas. Aqueles que podem fazer aflorar a natureza das coisas podem ajudar o céu e a terra em sua criação; podendo ajudar o céu e a terra em sua criação, podem ser como o próprio céu e a terra (*Zhong Yong*, cap. 1-2).

Portanto, somente aqueles que se dispusessem realmente a praticar um autocultivo consciente, baseado em uma concepção de virtudes e moralidade previamente definidas, e com fins harmônicos, poderiam igualmente contribuir para a formação de uma sociedade saudável. Logo, a Educação deveria ser estendida a todos, de modo a proporcionar uma difusão ampla dessas ideias. Considerações como estas teriam um impacto profundo na construção política e burocrática da China. Já o *Xiaojing* (*Livro da piedade filial*) teria surgido um bom tempo depois da vida de Confúcio (possivelmente século I AEC), mas conteria diversas anotações sobre projeto de Confúcio em relação à família. Nesse livro, a teorização sobre as relações entre sociedade, política e família ficam claras na estruturação de um sistema de ordem universal:

A piedade filial é a raiz de toda virtude e o caule do qual crescem todos os ensinamentos morais. [...] Nossos corpos – cada cabelo e pedaço de pele – são recebidos por nós de nossos pais, e por isso não devemos ousar prejudicá-los ou feri-los. Este é o começo da piedade filial. Quando estabelecemos nosso caráter pela prática do curso (filial), para tornar nosso nome famoso em épocas futuras e assim glorificar nossos pais, este é o fim da piedade filial. Diz-se nas Odes Maiores do Reino: Sempre pense em seu ancestral, cultivando sua virtude (*Xiaojing*, 1).

A piedade filial é o caminho do céu, a justiça da terra e o dever prático do homem. Os antigos reis imitaram os brilhantes luminares do céu e agiram de acordo com os meios oferecidos pela terra, de modo que estavam de acordo com todos debaixo do céu e, consequentemente, seus ensinamentos, sem serem severos, foram bem-sucedidos e seu governo, sem ser rigoroso, garantiu a ordem perfeita. Os antigos reis, vendo como seus ensinamentos podiam transformar o povo, expuseram diante deles, portanto, um exemplo do amor mais extenso, e nenhum povo negligenciou seus pais. Eles expuseram-lhes a natureza da virtude e a retidão, e as pessoas despertaram para a prática delas. Eles foram diante deles com reverência e cortesia, e o povo não teve contendas. Eles os conduziam pelas regras de propriedade e pela música, e as pessoas eram harmoniosas e benignas. Eles mostravam o que amavam e o que não gostavam, e o povo entendia suas proibições (*Xiaojing*, 7).

Podemos ainda encontrar outros materiais que foram produzidos ao longo desse período; é o caso do *Kongzi Jiayu* (*Diálogos da Escola de Confúcio*), que contaria várias passagens de sabedoria na vida do mestre, ou o *Kong Congzi* (*Antologia do Mestre Confúcio*), no mesmo gênero, que buscava de alguma maneira complementar os dados biográficos e as ideias de Confúcio expostas no *Lunyu*. Seja como for, os continuadores de Confúcio formaram uma poderosa escola na Educação e na política, que preparava professores e pensadores para servir ao governo e atuar na educação pública. Esses mestres se tornaram disponíveis a todos os soberanos ao longo do período dos estados combatentes.

A prática das artes

Completando o quadro do projeto de Confúcio para reforma da sociedade, a prática das artes, como a música, a poesia, a pintura e a caligrafia, era estimulada como parte integrante do programa de autodisciplina e expressão do íntimo por meio da beleza estética.

Confúcio não queria apenas ensinar o que era belo; ele queria que as pessoas aprendessem a contemplar a beleza e, através disso, que fossem capazes de compreender seus sentimentos e aprendessem a dominá-los por meio de expressões artísticas, empregando-as na construção de suas atitudes nas formas de conduta social. Em uma passagem de seus diálogos, ele afirmava que o caminho do *Junzi* "começa nos poemas, aperfeiçoa-se nos ritos e se completa na música" (*Lunyu*, 8:8). Dominar as artes, portanto, era conhecer mais profundamente os seres humanos e a noção de harmonia que percorre o cosmo. A música conectava os indivíduos com a complexidade que estruturava suas relações pessoais e com a natureza, tornando-se, inclusive, um objeto de atenção por parte do governo. Em outro fragmento do *Liji*, vemos estes dois aspectos intimamente conectados:

> A música é a produção das modulações da voz, e sua fonte está nas afecções da mente, pois ela é influenciada por coisas externas. Quando a mente é levada à tristeza, o som é agudo e pungente; quando é movida pelo prazer, o som é lento e suave; quando é levada à alegria, o som é contagiante e logo desaparece; quando é movida pela raiva, o som é grosseiro e feroz; quando é movida pela reverência, o som é direto denso, como uma indicação de humildade; quando é movida pelo amor, o som é harmonioso e suave. Estas seis peculiaridades do som não são naturais; elas indicam as impressões produzidas pelas coisas externas. Por isso, os antigos reis estavam atentos às coisas pelas quais a mente era afetada, e assim eles instituíram cerimônias para direcionar corretamente os objetivos das pessoas; a música para dar harmonia às suas vozes; leis para unificar sua conduta; e punições para se proteger contra suas tendências para o mal. O fim para o qual as cerimônias, as músicas, as punições e as leis conduzem é um: elas são os instrumentos a serem assimilados pelas mentes das pessoas, e assim a boa ordem no governo se institui (*Liji*, 19:2).

Como podemos notar, as artes faziam parte do projeto humanístico de Confúcio, e já eram percebidas como integrantes do projeto político que visava restaurar a ordem social. Essa perspectiva nos afasta da visão comumente difundida de que a doutrina do mestre era um programa rígido de leituras e repetição dogmática de conceitos antigos; nada está mais distante da realidade do que esta ideia. Confúcio acreditava que todas as pessoas deveriam praticar algum tipo de arte (nisso ele também incluía as artes marciais) para que pudessem aprender a manifestar suas aspirações por meio imagens e sons, e também, que isso levasse a um conhecimento de suas questões interiores. Sem pessoas equilibradas, a sociedade corre o risco de desagregar-se; assim, do soberano aos cidadãos mais simples, todos precisariam de arte e cultura em suas vidas, trazendo equilíbrio e felicidade para si mesmos.

Dimensões religiosas

Voltemos agora aos aspectos sagrados do confucionismo. São dois os elementos fundamentais no pensamento de Confúcio, e que poderíamos classificar como religiosos. O primeiro deles era a ênfase nos costumes e no estudo das tradições, *Li*. Os primeiros tradutores ocidentais entenderam que esse conceito poderia significar, mais apropriadamente, o conjunto dos rituais religiosos que os chineses praticavam. No entanto, quando examinamos o principal compêndio organizado por Confúcio sobre os costumes da China antiga, o *Liji*, notaremos que aquilo que se pode chamar de *Li* representa muito mais do que apenas os rituais de cunho religioso. O mestre estava preocupado em salvaguardar não apenas as cerimônias e as crenças antigas, mas também todo o conjunto de expressões culturais de sua sociedade: vestimentas, alimentação, arte de governo, importância da educação, regras de cortesia, estudo sobre o passado, música, poesia e pensamento antigo. Por esta razão, talvez o mais correto fosse traduzir *Li* como "cultura", e não apenas "ritos". Mesmo assim, o *Liji* mostra que Confúcio acreditava que os rituais poderiam garantir a coesão social, tornando o tecido social uma rede de relações litúrgicas. Aprender a respeitar o próximo, cumprir com as obrigações religiosas, buscar agradar tanto as divindades quanto os seres humanos e conduzir--se de forma adequada e harmônica na sociedade eram elementos cruciais para restaurar a ordem perdida e conservá-la. Tão ou mais importante do que explicar a origem histórica das práticas rituais, era mantê-las vivas pelo seu exercício pleno e contínuo. O ritual em si não traria a harmonia, e Confúcio estava ciente disso; era a devoção, a carga espiritual e moral depositada pelas pessoas nos atos cotidianos que imprimia força a esses ritos. Numa passagem do *Lunyu*, o Mestre You dizia: "Ao praticar o ritual, o que mais importa é a harmonia. Foi isso que deu beleza ao caminho dos antigos reis" (1:12). Por esta razão, Confúcio não economizou palavras na construção do *Liji* (cujo formato atual, contudo, é datado do Período Han, em torno dos séculos II e I AEC), assim como provavelmente discutiu e ajudou a editar o *Zhouli* (Ritos de Zhou) e o *Yili* (*Ritos e cerimônias*), enciclopédias que explicavam pormenorizadamente como desempenhar os rituais. Mas lembremos: esses livros não tratavam apenas de cerimônias religiosas, mas de aspectos diversos do cotidiano; melhor seria dizer que esses livros buscavam ritualizar as práticas culturais, conservan-do-as e pondo-as em ação na organização da sociedade. Por isso, esses compêndios cobriam as passagens fundamentais da vida humana, tais como: rituais de nascimento e recepção na família; cerimônias de passagem para a fase adulta; matrimônio; funções sociais organizadas por gênero e classe; cerimônias e festividades anuais; sacrifícios propiciatórios; respeito aos anciãos; luto; rituais ligados aos ancestrais, entre outras. Essas práticas eram comuns a toda sociedade chinesa tradicional, embora sofressem variações (e adições) entre famílias assumidamente daoistas, budistas ou de outras religiosidades. Do mesmo modo, podemos compreender então por que Confúcio associava temas como educação, vesti-mentas, culinária, ranque de oficiais, política e arte de governar ao chamados *Li*; em sua visão sociológica, todos estes fatores estavam conectados, formando um conjunto interligado, que dependia do funcionamento adequado de suas partes.

O humanismo confucionista

Como podemos ver, embora existissem crenças por trás de muitos *Li*, não existiam especulações metafísicas claras sobre as razões pelas quais essas regras e costumes deveriam ser praticados, senão fim último da harmonia entre os seres. As regras que Confúcio defendia parecem ter sido construídas a partir das experiências humanas, e que ele definiria pela palavra *Ren*. Este é outro conceito notável do pensamento confucionista: *Ren* é a ideia de um humanismo completo, baseado no altruísmo, na reciprocidade, na contemplação ética e na bondade, que devem ser praticadas e compartilhadas por todas as pessoas. Podemos dizer que não há uma inspiração religiosa na formulação do conceito de *Ren*, mas podemos afirmar, com certeza, que Confúcio acreditava, numa devoção praticamente religiosa, que essa forma de humanismo poderia contribuir decisivamente para estabelecer a harmonia entre os seres. Parece estranho, mas o próprio Confúcio tinha dificuldade em expressar *Ren* de maneira mais clara; o termo "humanismo" foi sugerido pelo sinólogo Chan Wing-Tsit (1979) ao constatar que várias vezes Confúcio circundou o conceito com um conjunto amplo de ideias, que poderíamos igualmente traduzir como "altruísmo", "benevolência", "compaixão", "empatia", entre outros. *Ren* estaria mais próximo, pois, de uma atitude de buscar "viver bem" com os outros, o que é um dos sentidos expressos pelo ideograma: duas pessoas juntas, em harmonia. Algumas passagens no capítulo 12 do *Lunyu* nos deixam entrever esta ideia: "*Ren* se resume nisso: domina teu eu e conhece os ritos" (12:1); "*Ren* começa em si mesmo, e não nos outros" (12:1; "a raiz de *Ren*: ama a todos sem distinção" (12:22); reúne amigos pela cultura, e assim alcança *Ren* (12:24). Ao longo do livro ainda encontramos diversas passagens, tais como: "praticar *Ren* não deixa ocasião para a maldade" (4:4) ou "O mestre disse: Firmeza, resolução, simplicidade, silêncio é o que nos aproxima de *Ren*" (13:27). Isso tanto mais fica evidente quando observamos o que se convencionou chamar de "Cinco grandes virtudes confucionistas" ou "Cinco valores fundamentais" que o ser humano deve cultivar para conduzir-se de forma apropriada e saudável; além de se exercitarem na vivência e compreensão de *Ren*, todas as pessoas deveriam conhecer os ritos *(Li)*, buscarem a sabedoria *(Zhi)*, praticarem a retidão moral *(Yi)* e serem sinceras e leais *(Xin)*. Estes valores mutuamente se sustentariam, servindo ao esclarecimento e à consolidação do caráter. Havia de fato, pois, o interesse em construir seres humanos melhores – e principalmente, a crença de que isso poderia ser feito. Uma nota deve ser adicionada nesse programa: Confúcio e seus continuadores nunca acreditaram em uma perfeição estática nem em sociedades continuamente perfeitas. A educação e a promoção das virtudes seria um processo contínuo, sem fim; do mesmo modo, as crises na sociedade seriam resultado dessa desconexão com as tradições e ausência de conhecimentos, provocando desarmonia cósmica. Não havia um apocalipse ou juízo final; as calamidades eram entendidas como resultado de um processo de abandono ou desrespeito às leis naturais e sociais, e após elas, o mundo ressurgia reconstruído e aperfeiçoado, graças, sempre, aos conhecimentos herdados pela Educação e pela história.

Dimensão cósmica dos seres

A criação e o cultivo de *Li* eram propriedades inerentes ao humano; mas elas estavam inseridas em um sistema ecológico universal que Confúcio denominava genericamente de "céu". Como já dissemos, Confúcio não negou qualquer uma das divindades existentes em sua época, e alguns dos sacrifícios previstos no *Liji* se voltavam para esses espíritos e divindades protetoras *(Shen)*. Mas precisamos retornar a um dos conceitos mais representativos do pensamento confucionista, o "céu" *(Tian)*. Confúcio entendia o céu como a natureza cósmica, ao qual pertencem as divindades, os seres humanos e todas as coisas. Ele determinava as leis, os ciclos, os movimentos naturais e o processo de integração entre eles, formando um conjunto ordenado. O céu estaria por trás do mundo da mutação, sinônimo da realidade física na qual nos vemos inseridos e que é explicada no *Yijing*. A suposição de que o céu seria responsável por essa ordem cósmica levou alguns pensadores (principalmente, ocidentais e cristãos) a acreditarem que ele poderia ser uma divindade, por ter como atributo central uma racionalidade organizativa. No entanto, Confúcio defendia que o atributo da razão estava contido na natureza humana, e por consequência, era herdado do céu; podíamos assim compreendê-lo, mas não explicá-lo, e todos os seres da criação estavam submetidos a essa ordem maior. Assim, o céu não tinha forma humana ou vontades particulares como tais; isso seria projetar nossa imagem no divino, o que se aplicava às divindades do panteão *Shenjiao* e do daoismo, mas não ao céu. Por esta razão, desde cedo os acadêmicos investiram em estudos cosmológicos e deixaram de lado especulações teogônicas ou cosmogônicas (HENDERSON, 1984). Há pouquíssimas menções na literatura acadêmica sobre divindades; a busca constante, ao longo da história, foi de compreender os mecanismos e forças da natureza. Os confucionistas não se preocuparam em explicar a origem do universo, mas propuseram que a criação e aniquilação dele se dava continuamente, como descrito no *Yijing*. Do mesmo modo, a questão central da alma (*hun*) iria ser analisada da perspectiva psicológica, inaugurando uma espécie de filosofia da mente. O fascínio que se desenvolveria pela física, matemática e astronomia nasceria a partir desse modo de olhar o mundo (HO, 1985).

Ancestralidade

Como admirador e cultivador do passado, Confúcio também não poderia deixar de lado a importância fundamental do culto aos ancestrais (*Jingzu*). O culto ao ancestral consistia em estabelecer um pequeno altar ou capela nas residências para homenagear as gerações anteriores de uma família. Com o passar dos séculos, passaram a existir também pequenos templos dedicados aos ancestrais de uma comunidade e a divindades locais, até que algumas figuras do passado mítico ganharam dimensão nacional, sendo construídos altares e templos dedicados à sua memória e culto. Há um debate não resolvido sobre como Confúcio compreendia o papel dos ancestrais na vida humana (KUBUYA, 2018). Alguns estudiosos acreditam que Confúcio realmente entendia os ancestrais como espíritos que auxiliavam a família e intervinham quando necessário. Por outro lado, como vimos anteriormente, ele também defendia que as questões humanas deveriam ser resolvidas pelas próprias pessoas. Assim, os grandes mestres do passado seriam os inspiradores para as respostas de hoje; foram aqueles que nos ajudaram a chegar até aqui, graças ao seu esforço e à sua inteligência, e por isso, o culto aos ancestrais significava o reconhecimento da dívida de existir que temos para com esses fundadores. Os ancestrais estariam, ainda, na base da formação familiar; lembremos que eles tinham um papel regulador na sociedade, e é possível que Confúcio estivesse pensando no papel moral que o culto aos ancestrais desempenhava na formação de uma consciência social mais equilibrada. Seja como for, Confúcio defendia que a devoção aos ancestrais era um dos elementos fundamentais da consciência familiar, em escala reduzida, e da noção de nação, num nível macrocósmico (COE; BEGLEY, 2016). Personagens históricos como Yu o Grande – que teria debelado as inundações chinesas ao longo de vinte anos de trabalho árduo, antes de tornar-se imperador (*Shiji*, cap. 2) – recebiam oferendas em determinadas ocasiões, relembrando seus papéis na sobrevivência da civilização e no exemplo inspirador de trabalho e sacrifício. Posteriormente, o próprio Confúcio se tornaria objeto de veneração ancestral. Do mesmo modo, ele nunca se colocou contra qualquer uma das cerimônias voltadas para a adoração do céu, dos sacríficos simbólicos pelas estações do ano ou das festividades populares. Neste sentido, certa vez, ao ser questionado sobre a licenciosidade dos camponeses nas festividades primaveris, Confúcio teria respondido que depois de um ano inteiro de labuta o povo tinha direito a divertir-se um pouco (*Liji*, 21:125). Ou seja: se por um lado Confúcio não deixava na mão das divindades a resolução dos problemas do mundo, não negava igualmente seu aspecto sagrado na existência – e mesmo, sua possível capacidade de intervir ou influenciar o pensamento humano. No *Zhong Yong*, ele afirma:

> O mestre disse: "Os poderes das forças invisíveis, como são evidentes! Eu as olho, mas não vejo; eu as escuto, mas não entendo; elas são a realidade e a tudo são inerentes!" São elas que fazem os seres do mundo inteiro se purificarem pela abstinência e vestirem suas melhores roupas para os sacrifícios. Em toda parte, elas estão presentes; às vezes sobre nós, às vezes ao nosso redor". Diz o Tratado das Poesias: "A atuação das forças invisíveis não pode ser suposta, como não pode ser ignorada. A manifestação daquilo que há de mais sutil e impossível de olhar em toda sua realidade, isto é o que ela é! (*Zhong Yong*, 16).

Esse temor respeitoso sobre o que é sagrado nos coloca em uma posição delicada. Temos aqui um desafio evidente para conceituar a doutrina de Confúcio como uma religião, tal como muitos autores ocidentais fizeram. O problema fundamental é que Confúcio compartilhava dos valores religiosos da sua época, e sobre isso parece não restar dúvida. Contudo, ele não criou nenhum sistema novo nem fez questão de modificar o que existia. Ele apenas propôs que as pessoas deveriam ser melhores de acordo com a ética comum, apreendida através da Educação – e uma das práticas para isso seria justamente a devoção adequada ao sagrado. Essa consideração fica um tanto mais evidente quando observamos o desempenho das cerimônias oficiais. Como D. Smith assinala, elas estavam organizadas em três níveis:

> Primeiro havia as grandes cerimônias, realizadas pelo próprio imperador, para a adoração do céu, da terra, dos antepassados imperiais e dos deuses da terra e das sementes. Em segundo lugar, estavam os sacrifícios

médios, para o culto do sol e da lua, dos governantes e dos grandes homens das dinastias anteriores, o patrono da agricultura e os patronos dos bichos da seda, e os numerosos espíritos da terra e do céu. Finalmente, os sacrifícios menores que consistiam nuns trinta "pequenos" sacrifícios a deuses menores, tais como o patrono da medicina, o deus do fogo, o deus da literatura, os deuses das montanhas, dos lagos, dos rios e das fontes, da estrela polar e os deuses das cidades. Muitos dos espíritos representados nos sacrifícios imperiais eram adorados também, em menor escala, em nome dos monarcas, por funcionários, em templos especiais nas províncias, prefeituras e distritos do reino (1973, p. 191).

Como podemos observar, as cerimônias e rituais estavam disseminados pela sociedade e compunham um conjunto de atividades que podemos classificar como sagradas ou religiosas. De todas elas, porém, Smith destaca o culto de veneração a Shangdi, ou soberano do alto, e imperador de todos os deuses:

O ato mais alto do culto nacional e central do culto imperial era o grande sacrifício anual a Shangdi, que tinha lugar no altar do céu no solstício de inverno. Só o imperador, o alto padre do "mundo", o filho do céu, podia realizar esse grande sacrifício. Tinha lugar cedo, antes da madrugada, à luz de archotes flamejantes, num altar descoberto, feito de mármore branco brilhante que se elevava em três terraços circulares de impressionante simplicidade, situado em campo aberto, para o sul, dos antigos muros da cidade. [...] Perto do altar está o magnífico Templo do Ano Próspero, com o seu telhado triplo de azulejos azuis, a Sala da Abstinência, onde o imperador reverentemente se preparava para a sua suprema tarefa religiosa, e um complexo de outros edifícios. [...] Tudo era primeiramente preparado com cuidado meticuloso sob a orientação do Conselho dos Ritos, e o programa e as orações eram submetidos ao imperador para a sua aprovação, vários dias antes do acontecimento. Era obrigatória uma vigília de jejum de três dias, para o imperador, para os príncipes e para os funcionários que tomassem parte. O terceiro dia da vigília era observado pelo imperador na Sala da Abstinência situada perto do grande altar.

Depois do imperador ter visitado o altar e as tabuinhas sagradas nos templos adjacentes e inspecionado os sacrifícios para ver se eram perfeitos, purificava-se, seguindo depois para o grande altar. Entretanto, as tabuinhas do Supremo Deus e de todos os seus satélites eram colocadas com o maior cuidado e reverência nos pedestais de mármore e sob tendas de seda azul na bancada superior do altar, enquanto por baixo estavam os bois castrados sobre mesas de madeira e as viandas espalhadas diante dos seus santuários. Quando toda a gente tinha tomado o seu lugar apropriado, o Filho do Céu subia ao altar e começava, por meio dos sacrifícios e da oração, a adorar a Divindade Suprema, assegurando assim para si e para o seu povo todas as graças espirituais. Todo o serviço era uma ação de graças a Shangdi e aos grandes antepassados dinásticos, e à hoste do céu, pelas graças concedidas do alto durante o ano, tal como o sacrifício para a terra era uma ação de graças semelhante pelos favores concedidos por ela. O sacrifício a Shangdi distinguia-o entre todos os outros seres espirituais e significava que todo o poder e autoridade lhe pertenciam (SMITH, 1971, p. 191-193).

Não resta dúvida de que os cultos oficiais englobavam, portanto, as divindades da religiosidade tradicional chinesa, e o próprio imperador se dirigia ao Deus dos deuses: mas qual o papel do céu nessa história? E esse culto pretendia venerar a ancestralidade, e/ou manter uma conexão viva com as divindades? Mais relevante ainda é pensar que essa cerimônia englobava simbolicamente todos os que estivessem presentes nas fronteiras do Império Chinês – mesmo aqueles que não compartilhavam dessas crenças. Por fim, o próprio entendimento de muitos acadêmicos era de que o céu estruturava tudo e, portanto, sacrificar a Shangdi era uma obrigação ritual imperial, mas não uma verdade transcendental para os indivíduos. Essa característica marcante no confucionismo fez com que, séculos depois, encontrássemos acadêmicos que seguiam as ideias de Confúcio e, ao mesmo tempo, não tinham receio de adotar crenças, práticas ou mesmo se confessarem budistas, daoistas, cristãos ou islâmicos. Aparentemente, os continuadores da *Rujia* separaram o projeto político e educacional do velho mestre das questões que envolviam problemas teológicos e metafísicos, delegando-as ao foro íntimo. A doutrina de Confúcio se destinava a ser um instrumento de uso público e governamental, garantindo a existência da ordem cósmica que abraçava a diversidade dos tipos humanos em um todo harmônico. Mais recentemente, o pensador Tang Yijie definiu bem a ideia confucionista quando afirmou que "precisamos ser harmônicos sem sermos idênticos" (TANG, 1999, p. 102).

Manifestações institucionais

Podemos afirmar, com certeza, que o pensamento ético confucionista e sua valorização das tradições calaram fundo no imaginário chinês, tornando-se parte crucial de seus valores e um sistema de compreensão de mundo. Contudo, essa grande capacidade de influenciar a sociedade só foi alcançada graças a uma íntima relação que se desenvolveu entre os acadêmicos e o Estado chinês. O primeiro aspecto a ser destacado foi a adoção das teorias acadêmicas como a principal doutrina política do império durante o Período Han (CHENG, 1985). Embora daoistas e legalistas não tivessem sumido do mapa – na verdade, muitos continuavam a frequentar a corte e aconselhar os soberanos –, as ideias de Confúcio se tornaram o principal pilar da ideologia de governo, principalmente depois da intepretação feita por Dong Zhongshu (como veremos adiante), que identificava o soberano chinês como o sustentáculo fundamental da ordem entre o céu e a terra. As teorias confucionistas buscavam determinar corretamente os papéis de cada indivíduo na sociedade, suas funções, e as escalas hierárquicas estabelecidas entre eles. Esse projeto não era novo, mas o Estado imperial Han era bastante diferente da Dinastia Zhou, e precisava ordenar corretamente títulos, cargos e funções, garantindo a continuidade do governo. Isso paulatinamente transformou os acadêmicos na nova classe burocrática chinesa, fazendo com que eles ocupassem postos no funcionalismo público (BIELESTEIN, 1980). Esperava-se que, graças aos seus conhecimentos éticos e nos ritos eles fossem capazes de representar e gerenciar o governo nos mais diversos níveis. Como vimos, a formação de um acadêmico envolvia, além de história e literatura, o domínio de matemática e de artes marciais, o que os permitiria, em teoria, ter capacidades para lidar com problemas legais, militares e econômicos. Muitos funcionários tinham que desempenhar todas essas funções quando se tornavam magistrados locais, o que sobrecarregava suas atribuições. Com o aparelho do Estado sendo assumido pelos acadêmicos, isso despertou a oposição de vários setores da sociedade. Latifundiários e comerciantes ricos consideravam seu direito de expressar opiniões e intervir na condução de questões políticas, em função de seus interesses particulares; do mesmo modo, militares profissionais (que não necessariamente tinham uma formação escolar mais aprofundada) questionavam o poder dos funcionários, já que o império requisitava constantemente seus serviços na defesa das fronteiras e no combate a rebeliões; por fim, desde a Época Han, os eunucos se tornaram cada vez mais presentes nas cortes, interferindo nas relações internas do poder (ANDERSON, 1990). Essas forças paralelas ao organograma administrativo do império viam seu prestígio aumentar ou diminuir segundo a vontade dos soberanos, mas estiveram sempre presentes nas altas esferas políticas. A falta de uma formação acadêmica completa desses personagens era compensada por necessidades práticas, como no caso da defesa ou das crises econômicas. Quanto aos eunucos, eles agiam nas tramas íntimas da família real, junto a intrigas palacianas e criando canais alternativos (e diretos) de acesso ao poder. Não bastasse isso, os acadêmicos tinham que enfrentar a concorrência de outras filosofias e religiões; como comentamos há pouco, além de daoistas e legalistas, os governantes chineses receberiam também em suas cortes budistas, cristãos, muçulmanos, entre muitos outros, que não compartilhavam dos valores culturais tradicionais, mas que estavam dispostos a participar do governo. Como veremos mais à frente, isso causou diversos choques entre a burocracia e os grupos fora dela, que disputavam espaços de poder. Olhando assim, parece que o projeto confucionista fora muito bem-sucedido em criar um corpo de funcionários públicos eficientes e zelosos, mas a realidade não era bem esta; ao longo da história, há milhares de relatos de funcionários corruptos que se aproveitavam de seus cargos para explorar o povo, angariar benefícios pessoais e tirar proveito econômico. Em muitos casos, o suborno – travestido de "presente" ou "oferenda" – era quase uma instituição, e a sociedade sofria com as ingerências desses burocratas. Ocasionalmente, o governo deflagrava campanhas e investigações contra esses abusos; mas após algumas execuções, a poeira baixava e os corruptos voltavam a agir. Esses abusos levaram os chineses a desenvolver uma tradição bastante peculiar, o sistema de petições (*Yuanmin*). Se alguém desejava fazer uma reclamação ou pedido, dirigia-se ao funcionário local; mas quando percebia que essa não seria atendida – ou ainda, que o problema era o próprio funcionário –, os chineses faziam petições aos superiores regionais. Em alguns casos, quando havia recursos e o problema interessava a toda a comunidade, a petição era levada diretamente ao imperador por algum representante. As petições eram escritas, mas caso os reclamantes não soubessem fazê-lo, os pedidos podiam ser feitos em uma conversa franca com os funcionários superiores. Usualmente, havia um tambor ou gongo que ficava na porta das repartições, e que o reclamante tocava para convocar o funcionários – e atrair testemunhas. Isso também podia ser feito no palácio imperial, mas as punições eram severas para quem não conseguisse provar o teor de sua petição. O resultado desse sistema era variado, mas aparentemente havia um satisfatório índice de resolução, que levou os chineses a manterem o sistema até os nossos dias; o atual governo da República Popular mantém um serviço especialmente voltado para atender a essas demandas públicas.

Sistema educacional chinês

A fé na promoção da ética e da moralidade ajudou os acadêmicos a sustentarem sua crença na reforma contínua da sociedade. Para isso, contudo, um verdadeiro programa educacional foi pensado e posto em prática, principalmente a partir do Período Han. As linhas gerais já haviam sido delineadas por Confúcio, como mostra o *Liji*:

> De acordo com o sistema de ensino antigo, para as famílias de uma aldeia havia a escola da aldeia; para um bairro havia uma primária; para os distritos maiores havia uma secundária; e nas capitais havia uma universidade. Todos os anos alguns entravam na faculdade, e a cada dois anos havia um exame comparativo. No primeiro ano, verificavam se conseguiam ler os textos de forma inteligente e qual era o significado de cada um; no terceiro ano, se eles estavam reverentemente atentos ao seu trabalho, e qual companhia era mais agradável para eles; no quinto ano, como ampliaram seus estudos e buscaram a companhia de seus professores; no sétimo ano, como poderiam discutir os assuntos de seus estudos e selecionar seus amigos. Dizia-se agora que eles haviam feito algumas pequenas conquistas. No nono ano, quando eles conheciam as diferentes ordens de assuntos e haviam adquirido uma inteligência geral, estavam firmemente estabelecidos e não recuavam. Dizia-se que haviam feito grandes realizações. Depois disso, julgava-se o preparo suficiente para transformar as pessoas e mudar qualquer coisa ruim em seus modos e costumes. Aqueles que vivenciaram isso se submeteram com prazer, e aqueles que estavam longe desejavam aprender da mesma maneira (*Liji*, 18).

Muito provavelmente isso era uma idealização, mas séculos depois os soberanos Han começaram a orientar os funcionários locais a organizarem esses centros de ensino, garantindo uma revolução no acesso à escola. Não raro, alguns desses funcionários podiam ser professores ou contratavam acadêmicos que não haviam conseguido entrar para o serviço público. O currículo das escolas seguia estruturado na prática das artes confucionistas, com ênfase na história, em rituais e na escrita. O método educacional principal era baseado no exercício e na repetição, tanto da escrita quanto das leituras (LEE, 1990). Por ser o chinês uma escrita logográfica, era necessário anos de estudo para guardar alguns milhares de ideogramas, as fórmulas de redação e os estilos de escrita. Os alunos eram introduzidos à leitura dos cinco clássicos antigos (a essa altura, o *Livro da música* fora perdido), e eram estimulados a escrever poemas e músicas para se exercitarem constantemente na técnica de composição. No século VI EC, surgiu o *Qianziwen*, ou *Clássico das mil palavras*, poema organizado em estrofes de quatro palavras, cujo objetivo era introduzir as crianças na arte da declamação e aquisição das palavras. Nas 250 linhas, as frases apresentavam novas e diferentes palavras, todas em rima, que ajudava a gravá-las de memória. No século XIII EC, Wang Yinglin iria aperfeiçoar esse método com o lançamento do livro *Sanzijing*, ou *Tratado das três palavras*, no qual apresentava 2 mil palavras em frases curtas de três ideogramas. Wang teve ainda o cuidado de selecionar as palavras mais usadas na língua chinesa, e quem conseguisse decorar todas elas poderia ler a maior parte dos livros (ou ao menos, consultar dicionários) e escrever com desenvoltura. Nas universidades imperiais, os estudos avançavam para os temas e as demandas do serviço burocrático, mas diversos tipos de outros conhecimentos eram compartilhados. Alguns notáveis acadêmicos, como Zhang Heng (78-139 EC) destacaram-se por dominar ciências diversas. Zhang era astrônomo, geólogo (coube a ele a criação do sismógrafo), matemático e cartógrafo, entre outras habilidades, tendo uma lista notável de invenções atribuídas a ele. Cai Lun (50-121 EC) foi outro notável cientista desse período, que propôs a fórmula do papel. De fato, o impulso educacional dado no Período Han contribuiu decisivamente para que o império se tornasse um celeiro de invenções e ideias, transformando esse período numa época dourada da história chinesa. A questões que surgiam, porém, eram estas: Como aproveitar todo esse potencial? Como garantir que os funcionários seriam realmente qualificados? Ainda na época Han começaram a ser feitas convocações sazonais para que acadêmicos que se considerassem qualificados se apresentassem na corte e fossem submetidos a provas de conhecimento. Caso fossem aprovados, eram convocados a trabalhar na burocracia do império, aumentando a qualificação dos servidores e estendendo a capacidade do governo em supervisionar as províncias. Esse mecanismo também enfraquecia a prática de indicações diretas e de clientelismo, priorizando o conhecimento como referência de competência. Aos poucos, essa prática se tornaria o embrião de uma outra revolução na história da China, o sistema de concurso público.

Keju, o sistema de exames

Se hoje realizamos provas de vestibular para entrar em uma universidade ou se fazemos concursos públicos para trabalhar no governo, devemos agradecer aos chineses. O sistema de avaliação por conhecimento e mérito – *Keju* – tornou-se o centro da vida chinesa por séculos, fortalecendo continuamente o papel da educação e da burocracia junto à sociedade (BASTO, 1988). Os primeiros ensaios desses exames foram feitos no Período Han, como vimos. Após o fim dessa dinastia, processos seletivos similares foram realizados pelos reinos subsequentes, até que a China fosse reunificada no Período Sui (581-618 EC). Os Sui estavam dispostos a constituir um sistema administrativo eficiente e organizaram o *Keju* em linhas institucionais claras com um programa definido e um sistema de avaliação unificado. Os conteúdos principais consistiam nos cinco clássicos antigos, e os candidatos deviam elaborar redações e poemas sobre temas propostos no dia das provas. Havia cinco tipos de exame diferentes: os três primeiros garantiam acesso às universidades imperiais e ao direito de lecionar; eles eram pré-condição para os dois últimos, o exame regional e o exame feito na capital, que garantiam o acesso aos cargos públicos e políticos e o título de *Jinshi*, grau máximo de conhecimento. O Imperador Tang Taizu instituiu ainda um exame palaciano, pelo qual poderia selecionar candidatos para atuarem diretamente junto à corte. As provas eram realizadas a cada três anos, com periodicidade intercalada, para que os candidatos seguissem sem parar os estudos e pudessem participar quantas vezes desejassem. No Período Song (960-1279 EC), os quatro principais livros acadêmicos – *Lunyu, Daxue, Zhong Yong* e *Mengzi* – foram incluídos nos conteúdos a serem estudados nas provas. O certame era exaustivo e durava dias. Um tema era sorteado e os candidatos iam para cubículos ou celas exclusivas redigirem suas redações. Comissões antifraude vistoriavam todos, para que eles não levassem consigo colas de livros – um dos requisitos fundamentais era a memorização dos textos. Os avaliadores eram funcionários qualificados que se dirigiam aos locais de provas nas datas convencionadas para corrigi-las e depois voltavam para seus ofícios habituais. A avaliação era feita segundo critérios como: objetividade, criatividade, estilo e coerência. Os erros de escrita eram marcados com círculos vermelhos, sendo considerados graves. Por fim, a lista dos aprovados era publicada nas paredes do local do certame e causava apreensão e ansiedade, numa sensação similar a que muitos vestibulandos vivenciaram antes do advento da internet. O *Keju* acabou exercendo grande impacto sobre o sistema educacional, que buscou se adaptar a essa demanda. A China testemunhou uma quantidade notável de pessoas que tiveram acesso à educação; e mesmo que não tenham conseguido passar nos concursos mais avançados, elas se transformaram em professores ou profissionais que dominavam as letras e conhecimentos diversos. Do mesmo modo, apesar de todos os problemas, a formação dos quadros burocráticos foi realizada com pessoas em certa medida qualificadas. Por fim, os exames eram abertos a todas as camadas da população, gerando um fator de mobilidade social importantíssimo. A carreira no funcionalismo podia ser cansativa ou perigosa pela proximidade com as instâncias políticas; contudo, a certeza do retorno financeiro e da estabilidade ajudaram milhares de chineses a melhorarem de vida através dos séculos. O *Keju* era um fenômeno nacional e causou tanto impacto que, ao longo dos séculos XVI e XVII, os jesuítas importaram o sistema e começaram a aplicá-lo em suas instituições de ensino, o que se transformaria aos poucos nos sistemas de avaliação e admissão que conhecemos hoje nas instituições brasileiras. Mesmo os acadêmicos, porém, perceberam alguns problemas no sistema *Keju*. Um destacado pensador e político, Wang Anshi (1021-1086 EC), criticava os exames por acreditar que eles não estimulavam o pensamento crítico, mas a avaliação a partir de orientações canônicas preestabelecidas, o que poderia influenciar na capacitação dos candidatos. Para ele, a educação deveria servir aos indivíduos e à sua formação moral, e não somente para fins de concurso – uma crítica bastante atual. Percepções como estas seriam retomadas continuamente até o Período Qing (1644-1912), quando o formato dos concursos foi consolidado claramente em função dos interesses dinásticos, fazendo com que o sistema caísse em decadência, formasse burocratas cada vez menos capazes e, por fim, fosse encerrado em 1905. Mesmo assim, a ideia nunca foi abandonada totalmente; Sun Yat-sen a retomaria na fundação da República Chinesa em 1912, e ainda hoje, os concursos públicos e exames admissionais são uma realidade no mundo chinês.

Templos

Como podemos notar, o domínio dos confucionistas era a escola e a burocracia, mas isso não impediu que alguns governantes dedicassem templos à memória de Confúcio e dos grandes nomes da *Rujia*. Podemos dizer que essas construções se transformaram em espaços singulares no imaginário chinês, pois seu perfil era diferente de templos daoistas e budistas. Alguns soberanos chineses pretenderam elevar Confúcio ao *status* de pequena divindade, mas não obtiveram sucesso. Ninguém rezava para Confúcio nem esperava que ele intervisse em questões humanas como harmonizar a família ou passar em concurso público. Por outro lado, era mais do que justificável criar espaços onde sua memória fosse lembrada, como acontecia nos recintos dedicados aos ancestrais – e sua veneração como tal foi autorizada desde o Período Han. A casa onde Confúcio teria vivido em Qufu, por exemplo, foi se transformando em um complexo de vários prédios e construções, que efetivamente abrigavam seus descendentes mas também serviam de museu, biblioteca e escola local. Os *wenmiao* (ou templos das letras), como se convencionou chamar os templos dedicados a Confúcio e a seus seguidores, recebiam pequenas cerimônias oficiais, mas serviam principalmente como centros educacionais. O próprio nome, templo das letras, indica que o objetivo fundamental era o de ser um espaço de diálogo, um salão de leitura e estudo. Usualmente, eles continham bibliotecas e poucos altares. Havia espaços para orações e placas votivas, segundo costume comum aos outros templos, e uma ou mais placas votivas dedicadas ao ancestral – no caso, Confúcio e outros possíveis acadêmicos, como Mêncio. Por ocasião dos concursos públicos, eles modificavam o local, onde a comissão organizadora se abrigava e corrigia as provas. Visto assim, esses templos estavam longe de representar espaços absolutamente sagrados, embora fossem respeitados como instituições sociais e culturais. Essa compreensão sobre os *wenmiao* imprimiu mais uma característica especial ao confucionismo, deslocando seu território de exercício dos templos para o ambiente caseiro, escolar e político. Por isso, encontramos poucos lugares onde os templos confucionistas realmente adquiririam um caráter especificamente religioso. Atualmente, eles são pouquíssimos e estão espalhados por Taiwan, Hong Kong, Japão, Coreia e Vietnã, em pequenas comunidades que ainda praticam alguns rituais tradicionais chineses. Não raro, Confúcio é venerado junto com várias outras divindades chinesas, reintegrando-se a uma perspectiva da religiosidade popular.

Ramificações

Podemos afirmar que a *Rujia* se manteve coesa em relação aos seus fundamentos, como a ideia de que a harmonia social só poderia acontecer por meio da Educação e da promoção de valores éticos e morais, e os seguidores de Confúcio nunca se envolveram em conflitos internos violentos ou disputas hegemônicas. Ao longo da história surgiram vertentes que privilegiavam o diálogo com questões e conceitos diferentes, tornando o confucionismo uma doutrina de expressões multifacetadas, mas sem perda de coerência ou fundamentos. A partir de um conjunto comum de ideias, os continuadores de Confúcio se defrontaram com problemas pontuais, para os quais buscaram soluções e intepretações possíveis dentro de um ponto de vista acadêmico.

Mêncio

Um dos primeiros e mais conhecidos continuadores de Confúcio foi Mêncio (Mengzi, 385-304 AEC), aluno de Zisi (o neto de Confúcio), que reforçou as ideias de Confúcio sobre educação e se destacou pelas suas teorias políticas e estudos sobre a natureza humana. Mêncio defendia que o mandato do céu era um atributo destinado a pessoas virtuosas, mas seu objetivo era atender aos desejos do povo. Por isso, o soberano que não fosse capaz de sustentar a harmonia com a natureza deveria ser derrubado – e o povo teria autorização para fazê-lo. Essa era uma questão revolucionária na época, inclusive dentro da escola confucionista acadêmica, que pregava o respeito às instituições e à hierarquia social. No entendimento de Mêncio, devemos respeitar o governo; mas se o governo não respeita o povo, então para que ele existiria? A preservação do próprio sistema dependeria de sua renovação (NUYEN, 2013). Da mesma maneira, para explicar que o projeto de Confúcio poderia ser bem-sucedido, Mêncio se dedicou a explanar sobre a natureza humana (*Xing*), buscando os seus fundamentos, e de como isso poderia ser explorado pela Educação. Ele afirmava que a natureza do ser humano seria essencialmente boa, e buscava a harmonia na sociedade tal como ocorreria com os demais seres na natureza (BLOOM, 1997). Um belíssimo debate com o filósofo Gaozi acerca dessa questão ficou registrado no livro *Mengzi*, no qual a natureza humana é comparada metaforicamente à água:

> O filósofo Gao disse: "A natureza do homem é como água redemoinhando em um canto. Abra uma passagem para o leste e ela fluirá para o leste; abra uma passagem para o oeste, e ela fluirá para o oeste. A natureza do homem é indiferente ao bem e ao mal, assim como a água é indiferente ao leste e ao oeste". Mêncio respondeu: "A água, de fato, fluirá indiferentemente para o leste ou oeste, mas fluirá indiferentemente para cima ou para baixo? A tendência da natureza do homem para o bem é como a tendência da água de fluir para baixo. Não há ninguém que não tenha essa tendência para o bem, assim como toda a água flui para baixo. Agora, golpeando a água e fazendo-a saltar, você pode fazê-la passar por cima de sua testa, e, represando e conduzindo-a, você pode forçá-la a subir uma colina – mas esses movimentos estão de acordo com a natureza da água? É a força aplicada que os causa. Quando os homens são obrigados a fazer o que não é bom, sua natureza é tratada dessa maneira" (*Mengzi*, 11:1).

> É isso que quero mostrar ao dizer que a natureza é boa. Se os homens fazem o que não é bom, a culpa não pode ser imputada à sua natureza. O sentimento de comiseração pertence a todos os homens; o mesmo acontece com a vergonha e a aversão; e o de reverência e respeito; e o de aprovar e desaprovar. O sentimento de comiseração implica o princípio da benevolência; o da vergonha e aversão, o princípio da justiça; o da reverência e do respeito, o princípio da propriedade; e o de aprovar e desaprovar, o princípio do conhecimento. Benevolência, retidão, propriedade e conhecimento não são infundidos em nós de fora. Estamos certamente imbuídos com eles. Uma visão diferente é simplesmente devido à falta de reflexão. Daí se diz, "Procure, e você vai encontrar. Negligencie, e

você vai perder". Os homens diferem uns dos outros – alguns tanto quanto outros, cerca de cinco vezes mais, e alguns em quantidade incalculável – porque eles não podem realizar plenamente seus poderes naturais. É dito no *Livro da poesia*: "O céu, ao produzir a humanidade, deu-lhe suas várias faculdades e relações com as leis naturais. Estas são as regras invariáveis da natureza para todos manterem, e todos amam esta admirável virtude". Confúcio disse: "O autor desta ode conhecia de fato o princípio de nossa natureza!" Podemos ver assim que cada faculdade e relação deve ter sua lei, e como há regras invariáveis para todos manterem, eles consequentemente amam essa admirável virtude" (*Mengzi*, 1:6).

É notável perceber que Mêncio defendia pré-disposições, mas não acreditava em destino, racialidade ou em caracteres negativos; todos os seres nasceriam com condições de se desenvolverem e caminharem em direção à autorrealização. Nesse sentido, ele propunha que a Educação visava nosso desenvolvimento íntimo, a individualidade salutar em meio ao todo, o que o sinólogo francês François Jullien (2001) chamou de "autenticidade realizante". Ela poderia corrigir nossos desvios e equívocos e, principalmente, permitir que desenvolvêssemos e expressássemos nossas virtudes, de modo a construir uma sociedade mais saudável.

Xunzi

O grande opositor intelectual de Mêncio foi Xunzi (313-238 AEC), que se preocupou igualmente com a vida política, mas adotou um outro ponto de vista sobre a questão da natureza humana. Para Xunzi, a natureza humana seria essencialmente má; nascemos selvagens, e a Educação seria o único recurso para o ser humano desenvolver algum nível de civilidade e viver em harmonia. Era a cultura que transformava os seres brutos em humanos, e por causa disso, a política deveria se organizar por uma forte ênfase na Educação, na aplicação dos rituais e na instituição de leis rigorosas (HUTTON, 2016). É interessante notar que o debate sobre a natureza humana, estabelecida entre esses dois autores, continuaria a se desenrolar por séculos entre os pensadores chineses. No entanto, a escola acadêmica acabou preferindo a visão de Mêncio, por acreditar que somente seres naturalmente benévolos poderiam construir leis boas e buscar a harmonia entre si, o que não ocorreria se fôssemos naturalmente selvagens e maus. Xunzi acabou inspirando muitos pensadores de outra escola, o Legalismo (*Fajia*), que acreditava ser necessário impor um *Dao* artificial (o *Dao* da Lei – *Fa*) para corrigir o mundo. A visão pessimista era necessária na defesa de um projeto político autoritário e centralizador, que se concretizaria em um Estado totalitário dominado pelo soberano e por uma elite burocrática. Essas ideias encontraram um desfecho importante no século III AEC, como veremos a seguir.

Perseguições no Período Qin (221-206 AEC)

A escola acadêmica enfrentou a concorrência das outras *Cem escolas de pensamento*, que existiram nesse longo período da história chinesa entre os séculos VI e III AEC; contudo, o processo de unificação política da China promovido pela Dinastia Qin, alicerçada nos intelectuais da *Escola das Leis* (*Fajia*), fez com que o panorama de debate intelectual mudasse radicalmente depois de 221. Pensadores legistas como Hanfeizi (280-233 AEC) foram se instalar em Qin, buscando um espaço onde a concorrência com os acadêmicos fosse menor. Qin era considerado o Estado menos "achinesado" de todos, com uma estrutura política e cultural tida como rudimentar e brutal até mesmo para os padrões da época. Os legistas foram bem recebidos e encontraram uma administração receptiva às suas ideias; eles eram muito bons em organizar exércitos e serviços de espionagem (algo mais do que necessário na época), mas eram péssimos para treinar funcionários qualificados e com algum senso crítico – a tendência dos burocratas de Qin era obedecer cegamente e repetir as ordens superiores, sem discernimento ou adequação ao contexto. A criação de uma máquina militar eficiente fez Qin submeter seus adversários um a um, por meio de força; governar, porém, era outra história. A Escola das Leis estava preocupada em centralizar o poder, criando leis duras e estabelecendo uma perseguição sistemática de intelectuais e políticos que pensassem de forma diferente do sistema autoritário criado para embasar o poder do primeiro novo imperador, Qinshi Huangdi (GOLDIN, 2014). "Punir a discordância e proibir a diferença" eram os principais objetivos do novo Estado Chinês unificado, o que levou à repressão das demais escolas, principalmente a dos acadêmicos (BUENO, 2015). Um dos ministros de Qin, Lisi (280-208 AEC), determinou que os livros da escola acadêmica fossem recolhidos e destruídos – a primeira queima de livros oficial e planejada da história mundial. Não satisfeito, mandou enterrar vivos todos os acadêmicos que discordavam do novo regime (*Shiji*, cap. 6). Tanta violência e intolerância acabou gerando uma grande insatisfação contra a Dinastia Qin, que teve pouco tempo de duração; após uma série de revoltas, ela se encerrou abruptamente em 206, dando lugar à nova Dinastia Han. Essa terrível experiência mostrou aos chineses que o medo e a violência eram capazes de impor uma ordem, mas não de mantê-la; e somente a Educação poderia ser capaz de conservar a sociedade em ordem e paz.

A redenção dos acadêmicos na Dinastia Han

A dinastia seguinte, Han (206 AEC-220 EC), empreendeu uma mudança significativa nas orientações ideológicas no governo. Cansados do extremismo do Período Qin, os soberanos Han entenderam que para administrar a sociedade de uma forma mais coesa e pacífica, preservando os laços construídos pela unificação do país, valia apostar no projeto acadêmico de criar uma nação chinesa por meio da Educação. Foi o que Lujia (?-170 AEC) propôs já no início da nova dinastia. Em seu livro *Xinyu* (*Novos discursos*), Lujia afirmava que o governo deveria deixar a sociedade agir de forma mais livre e espontânea, e que cabia ao Estado contribuir para o bem-estar da população, dando-lhe Educação e meios de sustento econômico (LUJIA, 2012). Estava claro para esse pensador que Educação era muito melhor do que a repressão, para construir laços políticos e culturais duradouros, entre os diversos territórios chineses. Esse período marca uma grande renovação da escola acadêmica que, patrocinada pelo governo, iria alcançar todas as camadas da população chinesa. Gradualmente, milhares de escolas seriam abertas, começando a preparar as pessoas para o serviço público ou para simplesmente serem mais educadas. Um outro acadêmico, Dong Zhongshu (179-104 AEC), foi um dos responsáveis por transformar a doutrina de Confúcio em ideologia principal da Dinastia Han. Se com Lujia o ensino das ideias de Confúcio havia se transformado em um caminho para resgatar a ordem, após a publicação das teorias de Dong Zhongshu, a escola acadêmica se transformaria na principal ideologia estatal da dinastia. Dong escreveu um livro, o *Chunqiu Fanlu*, em que comentava diversas passagens das *Primaveras e outonos* de Confúcio (DONG, 2015). Em seu entendimento, o texto de Confúcio defendia uma articulação entre a ideia de governo político e o sistema ecológico de administração do mundo. Isso não era novidade, mas Dong aperfeiçoou essa teoria afirmando que estrutura política no Império Chinês estava organicamente organizada em um sistema hierárquico e funcional análogo ao da natureza (QUEEN, 1996; LOEWE, 2011). Esta proposta colocava a figura do imperador como centro do poder político e social, não por meio de uma imposição violenta (como ocorrera no caso de Qin), mas como grande ordenador do mundo cósmico, de acordo com o antigo projeto de Confúcio. Cabia ao imperador realizar a conexão entre o céu e a humanidade, fazendo com que todas as partes funcionassem harmonicamente: "O céu estabelece soberanos não em nome dos governantes, mas em nome do povo; portanto, se sua virtude é suficiente para trazer segurança e felicidade ao povo, o céu lhe confere o mandato; se seus defeitos são suficientes para ferir e prejudicar as pessoas, o céu o retira dele" (*Chunqiu Fanlu*, 17). Uma mudança sutil se insere entre a visão de Mêncio e Dong; enquanto o primeiro assumia que o povo poderia derrubar os governantes, Dong argumentava que isso só ocorreria se o céu assim o permitisse, encarregando-se ele próprio de fazê-lo. Os dinastas Han abraçaram a ideia com zelo e entusiasmo, proclamando-a como um discurso oficial. A adoção das teorias acadêmicas como doutrina imperial fez com que os estudiosos dessa escola formassem o núcleo da administração burocrática, que passaria a existir ao longo de toda a história da China. O governo buscaria nas escolas acadêmicas seus futuros funcionários, e na Dinastia Han o protótipo do sistema de concurso público começou a se desenvolver. Isso fez com que a escola acadêmica se tornasse a base de toda a mentalidade ética, educacional e política da civilização chinesa, independentemente de quaisquer crenças religiosas que viessem a existir no país.

A era dos historiadores

A influência dessas novas leituras sobre as ideias de Confúcio na Dinastia Han se consolidou, influenciando o campo da historiografia. Esse foi um período fértil para produção de escritos históricos, tornando a história a forma literária mais criativa e poderosa da cultura chinesa. Havia um ambiente de grande debate sobre as narrativas do passado após o eclipse de Qin. O *Shujing* fora resgatado e reeditado pela escola acadêmica, mas um descendente de Confúcio, Kong Anguo (156-74 AEC) afirmara que, ao demolir uma parede de uma casa que teria pertencido a Confúcio, encontrou uma outra versão do livro, que seria chamada de "versão antiga", com mais capítulos e algumas diferenças textuais. Uma grande discussão se instalou nos círculos intelectuais sobre qual versão seria a mais válida (a reconstituída ou a antiga), até que os defensores de Anguo conseguiram legitimar sua versão, que acabou prevalecendo como a oficial pelos séculos seguintes. Já o *Chunqiu* se tornara um livro distante, e diversos comentários surgiram para explicar copiosamente as passagens dele, destacando-se o *Zuozhuan*, o *Gongyangzhuan* e o *Guliangzhuan*, com focos, descrições e interpretações sobre cada uma das passagens discutidas em *Primaveras e outonos*. Com o tempo, o *Zuozhuan* acabaria sendo escolhido como a "interpretação ideal" do *Chunqiu*, mas sem a exclusão dos outros comentários, mostrando que essas diferenças se situavam mais no plano do debate do que em aversões pessoais ou partidarismos violentos. Ainda no Período Qin, Lu Buwei (291-235 AEC), inspirado no livro de Confúcio, escreveu o *Lushi Chunqiu* (KNOBLOCK; RIEGEL, 2001), uma enciclopédia de conhecimentos e episódios históricos selecionados do período dos estados combatentes; na Era Han, Dong Zhongshu escreveu o já comentado *Chunqiu Fanlu*, inspiradora obra que analisava as passagens confucionistas associando história e cosmologia, construindo a visão política que os soberanos Han abraçaram. Mas a renovação da história teve como grande iniciador Sima Qian (146-86 AEC), principal discípulo de Dong. Ao entender o papel que história desempenhava no projeto de Confúcio, ele decidiu levar adiante a ideia de escrever uma nova obra, que narrasse o surgimento e o desenvolvimento da China, construindo uma narrativa que culminaria com a vitória do confucionismo e a consolidação da Dinastia Han. É possível que Sima Qian desejasse ser visto como um dos grandes continuadores de Confúcio, o que ele conseguiu graças ao seu *Shiji* (*Recordações históricas*). O livro cobria desde o início das primeiras dinastias chinesas até a história presente de Han, apresentava eventos, biografias, tratados de ciência e genealogias, e buscava narrar a história dentro de critérios textuais válidos e comprováveis. Ele utilizou os recursos da astronomia e de uma arqueologia principiante para corroborar seus dados, construindo uma narrativa segura e relativamente confiável, usada até hoje como referência pelos historiadores (WATSON, 1993; CHAVANNES, 2015; NIENHAUSER, 2020). Sima, porém, cometeu alguns deslizes: Confúcio, por exemplo, que no *Lunyu* é uma figura totalmente humana e normal, transforma-se em um sábio predestinado pela aparição de um unicórnio em seu nascimento e em sua morte! (cf. *Shiji*, 47). Esta passagem não aparece em nenhum dos documentos antigos, e é possível que Sima quisesse dar um caráter especial ou sagrado para a figura de Confúcio. Por causa disso, o *Shiji*, embora confiável em muitos aspectos, foi alvo de críticas pelos próprios pensadores acadêmicos. Um de seus continuadores foi Bangu (32-92 EC), autor da *História da Dinastia Han (Hanshu)* e que, muito cauteloso com as fontes, escreveu uma narrativa mais cética e objetiva do que Sima Qian (CLARK, 2008). Ele também redigiu o *Baihutong (O pavilhão do Tigre Branco)*, coletânea de ensaios sobre os mais diversos temas, variando de ciências a costumes e política. Após sua morte, sua irmã, Banzhao (45-117 EC), concluiu o empreendimento de escrever a história da Dinastia Han e se tornou também uma grande intelectual; escreveu *Nujie*, um pequeno tratado sobre o papel da mulher na civilização chinesa (ROBIN, 2003). As obras de Sima Qian, Bangu e Banzhao se tornaram referências para produção das histórias oficiais, que seriam realizadas pelos governos chineses até o século XX. Estes também fizeram surgir o gênero da crítica histórica, feita por pensadores independentes, todos eles acadêmicos, que criticavam as histórias oficiais, analisavam as questões culturais e propunham visões próprias sobre as ideias políticas correntes em sua época. Para termos uma ideia, até o final do século XIX, algo em torno de um quarto dos livros produzidos na China eram de histórias, oficiais ou não.

Ceticismo acadêmico

Os acadêmicos produziram escritos com as mais diversas perspectivas nesse período. Wang Chong (27-97 EC) foi um desses pensadores que se destacaram por fazer uma abordagem epistemológica cética da produção de conhecimento. Seu livro *Lunheng (Discursos críticos)* ficou conhecido por se tornar um tratado de investigação analítica sobre os mais diversos temas, desde fantasmas até o movimento das ondas do mar. Ele havia proposto que o uso crítico do sistema dedutivo na classificação das coisas e na análise dos fenômenos poderia desconstruir a maior parte teorias existentes e redimensionar o entendimento sobre suas causas e efeitos (CHALIER, 2000). Wang Chong criticava minuciosamente e sem tréguas as crenças do senso comum. Por ser um pensador capaz de empreender uma crítica radical das ideias e costumes de sua época, ele foi muito apreciado, mas utilizado com muito receio no desenvolvimento das ideias acadêmicas posteriores. Um dos elementos cruciais em sua crítica era a reafirmação da dúvida sobre a devoção às divindades, questionando o seu papel na existência humana. Em uma demonstração clara de que, como Confúcio, ele relacionava a ação do céu e a existência humana ao sistema ecológico, e indo mais além, Wang Chong defendia que os movimentos da natureza eram espontâneos e o céu não era uma entidade pessoal preocupada com os destinos humanos:

> Quando os céus estão mudando eles não desejam produzir coisas por meio disso; as coisas são produzidas por si mesmas. Isso é espontaneidade. Liberando matéria e energia, os céus não desejam criar coisas, mas as coisas são criadas por si mesmas. Essa é uma ação espontânea sem intenção ou desejo. Pela fusão da matéria e energia dos céus e da terra, todas as coisas do mundo são produzidas espontaneamente – assim como pela mistura de matéria e energia de marido e mulher os filhos nascem espontaneamente. [...] Entre as muitas coisas deste mundo, os grãos dissipam a fome e a seda e o cânhamo protegem do frio. Por isso, o homem come grãos e usa seda e cânhamo. Os céus não produzem grãos, seda e cânhamo propositalmente, a fim de alimentar e vestir a humanidade, assim como por mudanças calamitosas eles não pretendem reprovar o homem. As coisas são produzidas espontaneamente, e o homem as usa e as come; as forças naturais mudam espontaneamente, e o homem tem medo delas. A teoria usual é desanimadora. Onde estaria a espontaneidade, se as mudanças nos céus fossem intencionais, e onde estaria a ação espontânea, sem objetivo ou propósito? (*Luheng*, 3).

Wang Chong revelava o quanto a escola acadêmica se mantinha relativamente afastada de problemas metafísicos e teológicos, priorizando um conhecimento da realidade imanente como forma de organizar o mundo.

Tempos de crise

Como todas as dinastias chinesas, o Período Han também acabou se encerrando, tendo durado praticamente quatro séculos. Mesmo com todo o projeto educacional e político da escola dos acadêmicos, a ambição humana e as disputas entre os governantes jogaram novamente a China em um período violento de crises e desagregação. Ficava evidente para os acadêmicos que toda e qualquer crise estava sempre ligada a uma decadência das estruturas de governo e à insuficiência do papel do ensino na formação dos quadros políticos. No início do século III EC, os sinais de que a dinastia estava prestes a acabar ficavam cada vez mais claros. Um dos intelectuais acadêmicos que denunciou esse panorama foi Wang Fu (83-170 EC) em seu livro *Qianfulun* (*Discurso de um ermitão*). Wang Fu reuniu uma série de ensaios sobre os mais diversos temas, mas o cerne de seu livro era a crítica à política e a situação de decadência da sociedade. Ele analisava a corrupção de sua época de forma análoga ao enfraquecimento de um organismo vivo, em função dos malcuidados administrativos do governo. Mesclando ideias cosmológicas e sociológicas, Wang entendia que os soberanos haviam falhado em manter o ensino e a moral funcionando, e consequentemente, uma classe política corrupta e ignorante iria destruir o império (KINNEY, 1990). Suas previsões iriam se confirmar em breve, e a Dinastia Han iria se desmembrar em 220. Os acadêmicos ainda fizeram algumas tentativas de impedir o colapso da ordem – os pensadores desse período costumavam flertar com as ideias de outras escolas, propondo novos arranjos criativos. Assim como Dong Zhongshu e Lujia, Xunyue (148-209 EC) foi um desses autores políticos que resolveram utilizar conceitos de outros pensadores para aperfeiçoar as ideias acadêmicas. Em seu livro *Shenjian* (*Espelho dos exemplos*) ele defendia que leis fortes eram um excelente mecanismo para sustentar o Estado e controlar a sociedade, podendo ser eficazes como um complemento da Educação. Xunyue resgatava algumas das ideias legistas do antigo Estado de Qin, misturadas com as propostas acadêmicas, para criar uma nova teoria política (CHEN, 1980). As ideias de Xunyue repercutiram em sua época; afinal, a proposta do *Shenjian* de usar um pulso firme para impor ordem parecia soar novamente como adequada. Nada disso impediu, porém, que o país se lançasse em um novo período de divisão, a famosa Época dos Três Reinos (221-280 EC), que se destacou na história chinesa por seus heróis guerreiros e pelo uso de estratégias. Era a glorificação da violência, um desastre na visão dos continuadores de Confúcio.

O Período Tang e os novos desafios para os acadêmicos

No longo período de confiitos ocorridos na China até uma nova unificação, ocorrida no século VI EC, os acadêmicos continuaram a cumprir o seu papel de ensinar, escrever histórias, auxiliar os governantes e definir as estratégias de continuidade política de seus estados. Esse papel foi crucial para continuidade da escola, que se mostrava como principal meio organizativo dos poderes públicos. Não importava quem governava e se a China estava unificada ou não, mas todos os burocratas, professores, funcionários e pensadores eram formados nas escolas acadêmicas, o que definiu um espaço importantíssimo para os ensinamentos de Confúcio na cultura e no imaginário chinês. A Dinastia Sui (581-618) conseguiu promover a reunificação do país, apesar de sua duração extremamente efêmera. Um de suas contribuições indeléveis para a história chinesa foi consolidar, de forma oficial, o sistema de exames públicos para a entrada na burocracia estatal. Como vimos, esse modelo de incorporação de acadêmicos nos quadros públicos se tornaria uma marca do Estado chinês. Até o século VIII EC, não houve nomes de destaque entre os letrados seguidores de Confúcio, que continuaram a fazer o seu trabalho silenciosamente. Nesse meio-tempo, o maior desafio que a cultura chinesa viu surgir foi a entrada do budismo no país (ZURCHER, 1958). O budismo pode ser caracterizado como uma doutrina de caráter religioso que apresenta um corpo sistematizado de teorias bastante conflitantes com as ideias chinesas vigentes até então. Essencialmente, as preocupações dos acadêmicos com o budismo não se tratava de qualquer tipo de intolerância religiosa direta, mas de como as crenças budistas se projetavam na estrutura da sociedade. Os acadêmicos não questionavam os budistas por acreditarem em reencarnação ou em divindades que não eram chinesas. Eles também não discordavam frontalmente do desejo de alcançar algum tipo de perfeição espiritual, caracterizado pela crença no nirvana. Os problemas centrais, na visão dos acadêmicos, eram: se alguém, para alcançar a libertação espiritual, passava a meditar, e muitas vezes abandonava a sua família, quem trabalharia para o seu sustento, e quem cumpriria a função fundamental de dar continuidade à sociedade? Se havia reencarnação, como ficava o rito de devoção aos ancestrais, já que o ancestral poderia estar reencarnado? (BUENO, 2013). Assim, a preocupação dos acadêmicos era de como o budismo afetava a ordem social, desorganizando a ideia de família, de valorização do trabalho e do estudo, não se submetendo ao governo e colocando-se fora da estrutura de organização do poder político. Contudo, os budistas traziam um discurso bastante otimista de vida após a morte e de aperfeiçoamento pessoal que levaria à libertação espiritual dos indivíduos. Esses fatores se transformaram em um grande atrativo para vastas parcelas da população chinesa, e com o tempo, um grande número de templos e comunidades budistas se desenvolveu na China. Em torno do século VIII, o budismo era provavelmente a religião com mais adeptos na China, contando com uma vasta rede institucional que arrecadava vultosas quantidades de donativos das comunidades locais. A nova dinastia governante desse período, Tang (618-907), praticava uma política de inclusão de todas as filosofias e religiões estrangeiras, constituindo-se em um porto seguro para a sobrevivência dessas comunidades. Não apenas budistas, mas também cristãos, judeus, maniqueus, mazdeístas, entre outros grupos religiosos, refugiaram-se na China, encontrando um espaço de desenvolvimento bastante fértil. Como vimos anteriormente, Confúcio não era contra a religião, mas se preocupava como as crenças poderiam afetar o poder público. Era justamente isso que estava acontecendo no Período Tang. Budistas, cristãos e maniqueus construíram templos e igrejas que acumularam uma grande quantidade de recursos financeiros, hauridos de doações. Como não pagavam impostos, algumas dessas agremiações religiosas estavam se transformando em verdadeiros bancos, com fortunas acumuladas em dinheiro e propriedades, gradualmente enfraquecendo as finanças públicas. Além disso, o grande número de religiosos que não trabalhavam não constituíam família nem estudaram os clássicos chineses já se destacava nos meios sociais, e buscava participar na administração pública, adquirindo um poder representativo cada vez maior (CH'EN, 1956; GONG, 1984). Vale ressaltar que nem todos os budistas, cristãos ou maniqueus estavam envolvidos nessas disputas de poder político e econômico; de fato, esta foi a época na qual profundos movimentos espirituais surgiram no seio dessas religiões, muitas vezes combatendo a própria ideia materialista. A doutrina budista Chan (em japonês, *Zen*), por exemplo, que surgira antes dos Tang, alcançava agora grande expressividade, propondo que refutar a acumulação de bens materiais, levar uma vida simples e praticar meditação constituíam o principal meio para alcançar uma autêntica libertação espiritual – algo muito diferente de seus congêneres da época. Contudo, foi a preocupação com os evidentes excessos que levou os acadêmicos a iniciarem o movimento de crítica contra abusos religiosos. O mais destacado deles foi Hanyu (768-824), pensador que criticou fortemente a expansão do budismo no país. Ele denunciou aquilo que considerava ser um acúmulo ilegal de bens, e ainda a prática de uma crença que interferia nas estruturas sociais tradicionais. Hanyu é famoso por um discurso dirigido ao imperador contra a instalação de uma relíquia budista no palácio, alegando que aquela peça iria não apenas desequilibrar a harmonia entre as crenças na sociedade, mas também, que ela seria absolutamente ineficaz em termos práticos; afinal, não seria um pedaço de osso que poderia auxiliar o governo em suas tarefas. Esse ceticismo não era bem recebido pelos grupos religiosos, mas era compartilhado pelos acadêmicos, que começavam a desenhar a ideia do que seria um governo civil em meio à diversidade religiosa. O que se pretendia era construir uma administração que fosse capaz de aceitar todas as religiões, mas não permitir que qualquer uma delas assumisse o poder, impondo a sua presença contra as outras (HARTMAN, 1986). Liu Zongyuan (773-819), fazendo frente com Hanyu, apoiou fortemente essas ideias, lançando uma série de críticas ao governo, por entender que este estava deixando se levar por intrigas políticas e por interesses escusos, não considerando as opiniões dos acadêmicos sobre como governar o país. De fato, o Período Tang se mostrou bastante importante para o desenvolvimento na escola acadêmica, e parecia envolvido em construir uma burocracia sólida e eficiente. No entanto, as opções nesse sentido foram controversas. Uma das primeiras iniciativas do governante Tang Taizong (598-649) foi sacralizar Confúcio, tentando transformá-lo em um santo. Em um decreto de 630, ele ordenou a abertura de templos em nome de Confúcio. Mesmo assim, a iniciativa não pareceu ter sido completamente bem-sucedida. Confúcio e Mêncio eram venerados, mas ninguém rezava pedindo-lhes favores; os templos eram utilizados para debates, ensinar e reunir os acadêmicos em determinados rituais e sacrifícios em memória a Confúcio, e apenas isso. Embora cabível, dentro da ideia antiga da religião dos espíritos, a ideia da transformação de Confúcio em um santo pode ser considerada uma manobra malsucedida do governo em tentar fazer com que os ensinamentos acadêmicos se transformassem em um cânone dogmático, o que ia totalmente contra a ideia de um aprendizado sapiencial proposto por essa escola.

A crise de 842-845

Essas reformas em direção à consolidação das ideias acadêmicas junto ao governo não foram suficientes, porém, para impedirem a formação de um cenário político extremamente problemático na China. Os funcionários viviam em conflito direto com membros da família imperial, nobres, eunucos, religiosos, militares e comerciantes ricos que transitavam na corte, tratando de seus interesses e que, muitas vezes, causavam embates com a concepção de uma administração pública ideal. Nesse contexto, as questões religiosas que se desenvolveram na Dinastia Tang passaram por um longo processo de amadurecimento, que envolveu a disputa entre o papel intervencionista do Estado e o direito à liberdade ampla e total das crenças religiosas. De acordo com os acadêmicos, estava claro que o problema da leniência total do império havia construído um cenário social complexo e desigual, no qual os grupos religiosos dispunham de imensos recursos, em detrimento de um Estado cada vez mais empobrecido. Entre 842 e 845, em uma atitude incomum (e talvez incitado por praticantes taoistas, concorrentes diretos do budismo), o Imperador Wuzong (814-846) decretou o fechamento de vários templos, a taxação dos grupos religiosos e a desapropriação de terras e recursos financeiros que estavam na mão de budistas, cristãos e maniqueus (CH'EN, 1956). A medida surpreendeu as comunidades religiosas instaladas no país, que até então acreditavam poder operar de forma absolutamente livre e independente. Após a morte do imperador em 846, as leis de tolerância e integração das religiosidades no país tornaram-se novamente mais brandas e flexíveis, mas o temor em como as religiões poderiam interferir no Estado tornou-se uma preocupação arraigada no pensamento político chinês. Vale ressaltar como a escola acadêmica atuou nas estâncias políticas, reclamando para o Estado a soberania imperial frente às ideias filosóficas e religiosas, o que dificulta bastante nossas possibilidades em classificar o pensamento de Confúcio e seus seguidores como uma religião, tal como concebemos nas mais diversas vertentes possíveis.

O "neoconfucionismo" em Song

Como veremos mais adiante, a denominação "neoconfucionismo" também foi uma criação ocidental que pretendia classificar o movimento de renovação da escola acadêmica que ocorreu durante as dinastias Song e Ming. Após o budismo consolidar sua posição religiosa perante a sociedade chinesa e diante dos desafios filosóficos lançados por essa religiosidade durante a Dinastia Tang, os acadêmicos viram-se instigados a propor respostas às questões metafísicas e conceituais que os budistas haviam importado da filosofia indiana. O pensamento budista possuía sofisticados sistemas de argumentação, conectados com suas propostas de interpretação teológica; eles também inauguraram os princípios de uma filosofia da mente, através de um exame sistemático do fenômeno do pensamento e de sua ação no mundo físico. Isso fez com que os acadêmicos, interessados em compreender melhor esse sistema de pensamento, passassem a desenvolver novas teorias para dar uma resposta intelectual aos problemas levantados pelo budismo. Essas questões impulsionaram a formação de um novo contexto de debate, que se consagraria na formação das escolas do princípio e da razão (*Li*) e da escola da mente (*Xin*) dentro da doutrina acadêmica durante os períodos Song e Ming (TIWALD, 2020). Essas duas escolas não chegaram a constituir divisões cismáticas dentro do mundo dos acadêmicos; elas se ocuparam em dar respostas diferentes às questões filosóficas de sua época, mas continuaram a apoiar o sistema civil burocrático que sustentava o império por meio da educação e da burocracia.

A escola do princípio e da razão (Li)

A primeira dessas escolas se originou no Período Song, a Escola do Conhecimento e da Razão, também conhecida como sistema Cheng-Zhu, por causa dos Irmãos Cheng e de Zhu Xi, principais autores dessa vertente (MAKEHAM, 2010). O princípio fundamental defendido por eles se baseava no uso e na primazia da razão na investigação dos fenômenos e das coisas. De acordo com os primeiros autores dessa visão, os Irmãos Cheng (Cheng Hao (1032-1085) e Cheng Yi (1033-1107)), o problema central no entendimento dos fenômenos físicos era o desconhecimento sobre as causas e os efeitos da estrutura de desenvolvimento das coisas. Compreender esse sistema orientava o entendimento dos princípios de ordem que subjazem na matéria, a qual conceito, denominado *Li*, expressava o sentido dessa busca (não devemos confundir com *Li* (cultura, ritos); as palavras são homófonas)). Dentro dessa linha de raciocínio, a trajetória histórica do mundo material (o mundo da mutação) começava na investigação do processo cosmológico criativo. Se pudéssemos compreender as origens e o desenvolvimento do universo através do sistema de oposição complementar, o *Yin-Yang*, das leis da natureza e dos ciclos de desenvolvimento e desagregação de todos os seres e elementos naturais, então poderíamos conhecer o fenômeno da vida, do pensamento e o sentido de existir. Para isso, o recurso principal de que dispomos é o instrumento da razão, capaz de dar sentido e explicar os princípios (*Li*) dos objetos investigados. Se o sistema de uma "história do universo" pela cosmologia, defendido pelos Irmãos Cheng, pode ser discutido como uma representação simbólica da natureza, sua metodologia de pensamento se aproximou bastante de um método científico dedutivo, tal como concebemos. Essa primazia da razão na observação visava afastar a possibilidade de considerar eventos e fenômenos, até então inexplicáveis, como manifestação de forças divinas. O trabalho dos Irmãos Cheng foi acompanhado de um renovado interesse pelas discussões acadêmicas, promovendo outros grandes autores como Zhou Dunyi (estudioso de cosmologia, e mestre dos Irmãos Cheng), Zhang Zai, Shao Yong e Sima Guang – este último, um grande crítico das narrativas históricas oficiais, destacando-se na defesa de uma produção historiográfica independente e atuante. Todavia, seria um outro autor que levaria a cabo a tarefa de desmontar e reconstruir por completo a escola acadêmica: Zhu Xi.

A reinvenção do confucionismo com Zhu Xi

Se há um personagem central na renovação do pensamento acadêmico, esse foi Zhu Xi (1130-1200). Ele concordava com os Irmãos Cheng e trabalhou assiduamente ao longo de toda a sua vida para estabelecer a razão como prumo fundamental e instrumento de trabalho da escola acadêmica. Zhu Xi resgatou as ideias cosmológicas presentes no *Livro das mutações* e renovou sua compreensão por meio de novos esquemas interpretativos que justificavam a existência do universo como um sistema ecológico. Para Zhu Xi, o fundamento da natureza humana vinha da estrutura cosmológica, e por isso, a ordenação do mundo por leis e ritos era uma propriedade natural dos seres humanos:

> A natureza humana compreende a substância do último supremo (Taiji), e em sua essência é indefinível; mas dentro dele existem inúmeros princípios que são resumidos em quatro princípios abrangentes principais. A estes, então, são dados os nomes de amor, justiça, reverência e sabedoria. O céu, ao dar à luz as multidões de povos, assim ordenou que inerente a cada coisa deve haver uma regra de existência. Isso significa que no exato momento em que um homem em particular nasce, o céu já decretou para ele sua natureza; esta natureza é simplesmente lei, e como é recebida pelo homem, é chamada de natureza humana. Pois o céu e o homem são um, o subjetivo e o objetivo são uma lei, fluindo e penetrando em união orgânica, de modo que não há barreira de separação. Não perceber isso significa que, embora vivendo no universo, ignoramos a lei da existência desse universo; embora possuamos a forma e o semblante de um homem, ignoramos os princípios que nos fazem ser homens. A lei moral é a natureza humana, e a natureza humana é a lei moral. É verdade, esses dois são uma e a mesma coisa; mas precisamos entender por que o termo natureza é usado e por que o termo lei moral é usado. "A natureza humana é lei." Subjetivamente é a natureza humana, objetivamente é lei.

O princípio da vida é denominado natureza humana. A natureza humana consiste em inúmeros princípios produzidos pelo céu. A natureza humana consiste em princípios substantivos; amor, retidão, reverência e sabedoria estão todos incluídos nela (BRUCE, 1922, p. 404).

Apesar de inseridos nessa estrutura ecológica, o exame da natureza humana compreenderia a investigação de sua relação cosmológica com o desenvolvimento histórico da humanidade, pela qual se poderia compreender e acompanhar o nascimento da cultura. Zhu Xi conectou esses elementos, mostrando que o desconhecimento sobre as origens, as omissões, as interrupções e as fissuras na formação histórica eram responsáveis pela ignorância sobre a cultura, e consequentemente, pelas falhas no ensino moral e na prática da ética. Por essa razão, Zhu Xi escreveu um vasto corpo de ensaios históricos (o *Tongjian Gangmu*, ou *Esboços e anotações sobre espelho para o governo*), no qual comentava o *Primaveras e Outonos* (Chunqiu) de Confúcio, adicionando uma cronologia histórica que ia desde a Dinastia Zhou até a fundação de Song em 960, e realizava uma série de análises de cunho ético dos eventos históricos, divergindo do trabalho de seu colega Sima Guang. Esse trabalho de Zhu Xi visava trazer, para o campo dos fenômenos sociais, o uso instrumental da razão como fundamento básico das relações humanas e políticas. Consciente de que o estudo histórico se daria pela educação, Zhu Xi, numa demonstração impressionante e profícua de suas capacidades de trabalho, debruçou-se igualmente sobre as questões pedagógicas, escrevendo um dos primeiros manuais de ensino da história mundial, chamado o *Xiao Xue* (*O pequeno estudo*). Secundando a construção desse programa, Zhu Xi adotou um método de meditação (*Jingzuo*), que consistia em um simples relaxamento mental destinado a estimular reflexões sobre os problemas filosóficos. Provavelmente isso era efeito das influências budistas e daoistas, mas esse exercício era entendido como um processo mental e físico, sem propriedades metafísicas. Foi ele também quem definiu o corpo básico de leituras para alguém compreender os fundamentos da escola acadêmica: o *Lunyu* (*Analectos*), o *Daxue* (*Grande Estudo*), o *Zhong Yong* (o *Justo Meio*) e a obra de Mêncio. Por fim, um largo conjunto de correspondências com outros mestres da época foi salvo para a posteridade, constituindo uma fonte riquíssima sobre suas ideias (CHAN, 1967). O impacto das teorias de Zhu Xi foi tremendo para a sociedade chinesa. Os intelectuais compreendiam que suas ideias formavam novamente um sistema completo, capaz de proporcionar uma resposta adequada às questões levantadas pelos movimentos budistas e renovar a intepretação sobre Confúcio. A reforma empreendida por Zhu Xi foi tão importante, que a escola acadêmica passou a utilizar seus pensamentos e textos como uma parte praticamente canônica da produção literária dessa escola. Por esta razão é que ainda hoje encontramos versões dos *Analectos* ou de outros textos acadêmicos que vêm acompanhadas nos comentários e anotações de Zhu Xi, consideradas explicações adequadas para orientar o leitor na interpretação das passagens de Confúcio. Nesse mesmo período, o pensamento acadêmico se espalhou pelo Japão, pela Coreia e pelo Vietnã, tornando-se a principal doutrina ética, política e administrativa desses países – mas em todos, convivendo lado a lado com o budismo como a religiosidade principal.

Nos tempos de Gengis Khan

Esse fértil movimento de ideias sofreu uma abrupta interrupção com a invasão mongol e a derrubada da Dinastia Song. Gengis Khan (1162-1217) dominou a China e estava disposto a destruí-la, lançando o país novamente no caos e na desordem, se não fosse a interferência de um acadêmico notável, chamado Yelu Chucai (1190-1244). Além de acadêmico e de conhecer bem a burocracia imperial, ele tinha uma visão cultural e religiosa aberta, sabendo dialogar com a multidão de estrangeiros que retornavam ao mundo chinês. Diante do conquistador mongol, Yelu convenceu-o de que ele poderia ganhar muito mais com um império rico e organizado do que com saques, destruição e violência. Gengis Khan ficou bastante impressionado com as ideias de Yelu, e ao invés de destruir a China, fez o contrário: adotou o sistema imperial e o modelo de burocracia chinesa, estendendo-o para todos os territórios que havia conquistado. Yelu ainda serviu ao filho e sucessor de Gengis, Ogodai, e organizou o eficiente sistema de tributação imposto aos povos conquistados. Obviamente, os mongóis sabiam estar lidando com uma grande diversidade de povos e souberam explorar isso transformando a burocracia em um imenso caldo de culturas, na qual integravam membros de todos os povos conquistados. Isso fez com que a máquina burocrática mongol funcionasse de maneira ainda mais ágil e eficiente. Após a morte de Ogodai, em 1241, e a subsequente divisão do Império Mongol, uma nova dinastia se formou na China, os Yuan (1271-1368). O grande soberano e fundador dessa dinastia foi Kublai Khan (1215-1294), que manteve os mongóis no controle do império e reforçou sua base de poder, continuando a incorporar estrangeiros na administração pública – mas quanto a Marco Polo, o viajante veneziano que se gabava de ter sido um dos mais importantes funcionários do Khan, nenhum registro chinês confirma essa informação (WOOD, 1997). No entanto, a Dinastia Yuan habitava quase exclusivamente o território chinês, e com o tempo, a presença de estrangeiros e as reivindicações nacionalistas fizeram com que uma série de revoltas estourassem no país, expulsando os mongóis e permitindo a criação de uma nova dinastia e de um novo período de ouro para história chinesa, a Dinastia Ming (*Luz* em chinês).

Novas visões de mundo

A Dinastia Ming (1368-1644) foi marcada por um grande crescimento econômico e uma expansão das fronteiras, mas também por um receio endógeno de contato com civilizações estrangeiras. De certa forma, as invasões mongóis criaram um receio constante entre os chineses sobre a presença maciça de estrangeiros em seu território. Durante mais de um século eles se sentiram seguros; mas no século XVI, os povos da Europa começaram a se fazer presentes nas costas chinesas, reacendendo a paranoia de novas invasões. Os portugueses, primeiros a chegar, pareciam confirmar essas impressões quando pleitearam sua fixação no território através da colônia de Macau (1557). Isso representou um grande desafio para a sociedade Ming, que percebia cada vez mais a impossibilidade de um isolamento total e perene. Os chineses começaram a imaginar por quais meios poderiam controlar as influências estrangeiras em sua sociedade, o que levou alguns soberanos dessa dinastia a buscarem mecanismos de controle de suas fronteiras e a supervisão de estrangeiros no país. Por fim, Macau não se instalou sem conflitos e negociações de ambas as partes; mas permaneceu, até o século XIX, como uma concessão das dinastias à presença estrangeira, impondo toda sorte de dificuldades aos forasteiros interessados em sair dos limites da cidade. Foi nessa época que os primeiros missionários cristãos jesuítas aportaram na China e buscaram estabelecer um contato mais profundo com a sociedade e a cultura. Os jesuítas eram adeptos do diálogo cultural e compreendiam que o respeito às tradições e aos rituais de outras civilizações poderia favorecer o processo de conversão ao cristianismo. Eles ficaram encantados com a doutrina acadêmica, pelos vários pontos comuns que havia entre os discursos de Confúcio e as ideias de Jesus. A valorização da reciprocidade, a benevolência, a condução de uma vida ética e moral, a obediência a hierarquias, tudo isso parecia contribuir para um diálogo extremamente rico entre os acadêmicos e os cristãos. Naquela época, não se fazia distinção entre ideias filosóficas e religiosas; afinal, todos os grandes filósofos europeus eram cristãos, e não colocavam a existência de Deus em dúvida. Para os jesuítas, a escola dos letrados parecia igualmente uma forma de religiosidade. Por esta razão eles criaram o termo "confucionismo" (ou seja, a "doutrina de Confúcio") em analogia à ideia de cristianismo. Eles cunharam igualmente a ideia de "neoconfucionismo" para definir temporalmente os movimentos de renovação Song-Ming. Essa construção ficaria tão marcada no imaginário europeu, que o termo "confucionismo" se popularizou, tornando-se um dos sinônimos de religiosidade chinesa (JENSEN, 1998). Um fator que colaborava ainda mais para o diálogo entre acadêmicos e cristãos era o conceito *céu*, que os missionários jesuítas interpretaram como uma visão incompleta da concepção monoteísta. Assim, com as devidas adaptações, seria possível estabelecer um rápido processo de tradução dos conceitos cristãos para a mentalidade chinesa. Matteo Ricci (1551-1610), um dos mais destacados missionários jesuítas na China, trabalhou na tradução destes conceitos, produzindo textos cristãos para o chinês e ajudando a traduzir, junto com seus confrades, textos de Confúcio para o latim (SPENCE, 1986). Devemos lembrar que nessa época os portugueses estavam à frente das navegações no mundo asiático, e os primeiros livros de história sobre a China, bem como o primeiro dicionário de chinês para uma língua ocidental, foram feitos em português. Coube a eles também cunhar o indefectível apelido de "mandarins" (aquele que manda) aos funcionários do império celeste. Apesar da aversão na Dinastia Ming à presença de estrangeiros dentro do país e da corte, as iniciativas jesuítas foram muito bem recebidas e parecem ter conseguido alcançar quase meio milhão de convertidos ao cristianismo, antes que brigas internas dentro da própria Igreja Católica sabotassem seus esforços. O pensamento cristão pareceu, para alguns pensadores chineses, uma alternativa teológica capaz de ser conciliada com as tradições de Confúcio, já que propunha uma intepretação coerente e intercambiável do conceito de céu com Deus e pretendia que uma vida moral adequada propiciasse uma vida feliz após a morte, valorizando a prática dos costumes e respeitando a ordem pública. No entanto, os embates de outras ordens religiosas cristãs com os jesuítas provocaram a famosa querela dos ritos, na qual dominicanos e franciscanos acusavam os ritos chineses de serem idolatria e heresia, exigindo dos soberanos chineses sua obediência religiosa ao papa em questões religiosas (MUNGELLO, 1994). Obviamente, isso colocou mais uma vez o cristianismo em rota de colisão com o Império Chinês, e depois de um longo processo, que se arrastou por décadas, o catolicismo foi finalmente proscrito em 1717, quando outra dinastia (Qing, que veremos adiante) já reinava no país (GERNET, 1982). Em sentido inverso, as informações levadas pelos jesuítas para Europa construiriam no imaginário europeu a ideia de um império chinês rico, poderoso e avançado, inspiração para as monarquias absolutistas que se desenvolviam nesse período. O encanto para com a cultura chinesa foi tão grande, que ela inspirou a *Chinoiserie* (Chinesice), movimento que buscava imitar a arte chinesa em roupas, móveis e na arquitetura.

A Escola da mente

Independente da chegada dos europeus, a Dinastia Ming testemunhou a retomada do "neoconfucionismo", expresso pela formação da "Escola da mente" (*xin*), ou ainda, "Escola Lu-Wang", em função de seus dois principais pensadores. Lu Xiangshan (1139-1193) havia iniciado, ainda no Período Song, uma nova teoria sobre o problema do pensamento. De acordo com Lu, o pensamento seria uma expressão do universo, o que o permitiria supor que seres humanos poderiam ser capazes de compreender todo universo dentro de sua própria mente, e por isso podiam concebê-lo a partir de suas próprias ideias e pensamentos. Lu acreditava, portanto, que não necessariamente existiria o mundo divino, mas que o universo como um todo era classificado e denominado como tal porque cada ser, como integrante deste mesmo universo, continha-o dentro de si. Parece evidente que a teoria de Lu se destinava a responder às teorias sobre a função do pensamento defendidas pelos budistas. Outra consideração importante sobre as ideias de Lu é que elas se confrontavam diretamente com as teorias propostas pela "Escola da razão", de Zhu Xi e outros. Por isso, embora suas ideias tenham ficado famosas, não encontraram grande desenvolvimento até que três séculos depois elas foram retomadas por outro grande pensador chinês, mas agora na Dinastia Ming, chamado Wang Yangming (1473-1529), que examinou a ortodoxia de Zhu Xi e as ideias de Lu Xiangshan, chegando a uma conclusão inovadora e conciliadora para os acadêmicos chineses: para ele, os princípios que fundamentam a razão (*Li*) e a mente (*Xin*) eram a mesma coisa. Para conciliar os dois conceitos aparentemente tão diferentes, Wang argumentou que o processo de raciocínio se realizava no espaço mental, e que a mente era o principal motor da compreensão estrutural e racional do universo. Ora, se alguém se baseia no real para pensar e projeta seu pensamento sobre o real classificando as coisas por palavras e conceitos que surgem das ideias, então, ambas – mente e razão – funcionam de forma sinonímica:

> A mente do filósofo considera o céu, a terra e todas as coisas como uma substância. Ele não faz distinções entre as pessoas do império. Quem tem sangue e vida é seu irmão e filho. Não há ninguém que ele não queira ver perfeitamente em paz, e a quem ele não queira nutrir. Isso está de acordo com sua ideia de que todas as coisas são uma substância. Mente, natureza e céu são uma unidade que tudo permeia. Assim, quando se trata de conhecê-los completamente, tudo dá no mesmo. Mas em relação a esses três, as ações dos homens e sua força têm graus, e devemos ter cuidado em não ultrapassar seus limites. Os princípios dados pelo céu são os princípios da força vital. Esta representa o funcionamento dos princípios dados pelo céu. Sem estes princípios não poderia haver funcionamento da força vital, e sem este funcionamento não seria possível ver as coisas que se chamam princípios. A devoção à essência das coisas (discriminação) implica energia mental e inclui a manifestação da virtude. Significa ser indiviso. É energia mental e sinceridade de propósito. Ser indiviso é devoção à essência. Implica manifestar virtude ilustre. É o que se chama ser transformado. É ser sincero no propósito. Eles não são originalmente duas coisas. Os ouvidos, olhos, boca, nariz e quatro membros constituem o corpo, mas sem a mente como o corpo pode ver, ouvir, falar ou se mover? Por outro lado, se a mente deseja ver, ouvir, falar ou mover-se, é incapaz de fazê-lo sem o uso dos ouvidos, olhos, boca, nariz e os quatro membros. Disso segue-se que

se não há mente, não há corpo, e se não há corpo, não há mente. Se nos referirmos apenas ao lugar que ocupa, chama-se corpo; se alguém se refere à questão do controle, chama-se mente; se alguém se refere às atividades da mente, isso é chamado de propósito; se alguém se refere à inteligência do propósito, chama-se entendimento; se nos referimos às relações do propósito, chamam-se coisas. No entanto, é tudo um. O propósito não está suspenso no espaço vazio, mas é colocado em alguma coisa. [...] Um amigo apontou para as flores e perguntou que relação elas tinham com sua mente, já que elas desabrocham e caem por si mesmas. Wang Yang-ming disse: "Quando você deixa de olhar para essas flores, elas se acalmam em sua mente. Quando você as vê, suas cores imediatamente se tornam claras. A partir disso, você pode saber que essas flores não são externas à sua mente" (HENKE, 1916, p. 447).

Esta proposta revolucionária conseguia ao mesmo tempo afastar o pensamento do domínio da metafísica e levar o processo de racionalização para um patamar além do material (a mente). Wang se diferenciava de Zhu Xi por não privilegiar os estudos históricos, mas por acreditar que o autocultivo dependia única e exclusivamente do processo de individuação. Os estudos acadêmicos serviriam de auxiliar para um processo de reflexão maiêutico, mas em última instância, não eram decisivos: era necessário privilegiar a intuição e a meditação. Os críticos de Wang entenderam que sua proposta poderia ser considerada idealista, partindo do pressuposto de que ele pretendia definir a mente pela razão, e vice-versa. Em seu sistema, Wang defendia que todos os instrumentos para estabelecermos um processo harmônico com a natureza já estavam, de certa forma, inseridos na programação humana, e cabia à interiorização e à análise crítica o processo de associação dos fenômenos para perceber a distinção das coisas e compreender seus espaços e interação na ordem cósmica. Assim, *Xin* e *Li* se tornavam apenas manifestações diferentes de uma mesma coisa, que seriam identificadas e compreendidas de acordo com o seu espaço ou função. As ideias de Wang se tornaram famosas por buscarem conciliar as maiores escolas do pensamento acadêmico em um só sistema. Isso não quer dizer, porém, que elas tenham sido amplamente aceitas. No final da Dinastia Ming, quando novamente a sociedade chinesa se viu pressionada pela desagregação de suas estruturas políticas e sociais, pensadores como Wang Fuzhi (1619-1692) contestaram as "idealizações" de Wang Yangming e propuseram retomar uma leitura de caráter materialista das ideias de Confúcio. Wang Fuzhi afirmava que a mente apreendia o conhecimento a partir das suas experiências sensórias e intelectuais, e que o processo de racionalização era feito gradualmente pela educação e pelo desenvolvimento da capacidade de reconhecer conceitos e objetos. Dessa forma, as leituras sobre cosmologia, história, cultura, educação e artes estavam diretamente ligadas às experiências de cunho material, e não a experiências de cunho transcendental. Fuzhi achava importante retomar esse ponto de vista, para que os acadêmicos pudessem reconhecer objetivamente os problemas que o país enfrentava, abandonando aspirações idealizadas e voltando-se para um pensamento pragmático (JULLIEN, 2019). Da mesma maneira, Fuzhi estava consciente de que estrangeiros, como os mongóis ou os europeus, não pensavam de acordo com os mesmos parâmetros culturais que os chineses pensavam; logo, como esperar que eles pudessem agir de acordo com os ritos e os costumes chineses? As ideias de Wang Yangming poderiam fazer os chineses suporem que os estrangeiros agiriam conforme suas suposições, baseadas em seus critérios culturais de ordem e moral. Fuzhi não negava que os seres humanos pudessem identificar, entre si, os fatores universais que os tornavam humanos, mas sabia, por meio de uma consciência histórica, que as diferenças culturais, econômicas e políticas deveriam ser tratadas de forma objetiva, por meio da arte do governo e de uma visão racional e materialista. Fuzhi não estava sendo xenofóbico; ele simplesmente percebera que as maiores ameaças para a China viriam do norte (mongóis e manchus) ou pelo mar (os europeus), interessados em aproveitar as crises que se avizinhavam. A visão de Wang Fuzhi foi importante para a escola acadêmica, representando o último suspiro de uma consciência vigilante sobre a destruição da derradeira dinastia chinesa. Ele pôde acompanhar a derrocada de Ming e a vinda de novos soberanos de origem manchu, os Qing. Todos os piores receios dos Ming se tornavam reais, e mais uma vez a China perdia sua independência para viver em um império no qual os soberanos eram de outra cultura.

O confucionismo arcaizante de Qing

Os Qing (1644-1912) já conviviam com chineses há bastante tempo e conheciam bem a estrutura burocrática do império, bem como a eficiência dos seus funcionários. Diferentemente dos mongóis, eles não precisaram ser convencidos de que para administrar melhor o vasto território chinês era necessário um grande corpo de funcionários, que fosse capaz de controlar e vigiar a sociedade. No entanto, a maior parte desses funcionários era de acadêmicos e chineses, o que significava que a colaboração poderia ser bastante limitada ou mesmo se voltar em breve contra a nova dinastia reinante. Esse receio fez com que os novos governantes adotassem vários padrões da cultura chinesa no que diz respeito à representação do poder e sua inserção no sistema governamental. Por outro lado, bem cedo os Qing perceberam que era necessário empreender uma reforma na estrutura burocrática, para que ela atendesse aos interesses de uma elite essencialmente estrangeira. Não bastava trocar funcionários ou mandar trazê-los de fora; era preciso um programa mais profundo, capaz de adequar e inserir melhor os chineses em um sistema de submissão e colaboração. Foi com os Qing que começou, então, um longo processo de decadência da escola acadêmica. Eles começam a propagar uma concepção arcaizante dos ensinamentos de Confúcio, voltada excessivamente para a adoração do passado, para a submissão à hierarquia governamental e social e um esvaziamento crítico do sistema de concursos públicos. Este último item foi responsável pelo mais duro golpe contra o dinamismo e a atuação crítica dos acadêmicos. Os concursos públicos começaram a focar excessivamente na repetição de conteúdos, priorizando a demonstração das capacidades de memorizar e reproduzir passagens textuais antigas sem uma interpretação mais profunda. Os temas escolhidos para as provas exigiam que os candidatos respondessem de maneira relativamente apropriada, dentro de critérios previamente definidos e filtrados de forma ideológica. Gradualmente, aqueles considerados aptos passaram a ser os concurseiros, e os intelectuais, quando não eram reprovados, foram ficando em número cada vez menor (o grande receio que motivou as críticas de Wang Anshi). Dessa forma, os concursos públicos se transformaram em uma referência de como e do que deveria ser estudado, privilegiando o ato de decorar certas matérias e repeti-las de acordo com as perguntas feitas, sem estimular qualquer avaliação crítica ou qualquer tipo de discordância. Essas mudanças impactaram profundamente a maneira como milhares de acadêmicos passariam a estudar e se formar em suas escolas. O novo perfil da escola acadêmica não enfatizava a descoberta de coisas novas ou o desenvolvimento de senso crítico sobre os clássicos, bem como deixava de lado o debate intelectual. Funcionários da burocracia imperial foram gradualmente se transformando em meros acólitos inoperantes, que repetiam passagens antigas e conteúdos superados de forma superficial e pedante para justificar decisões políticas equivocadas. O nível de corrupção aumentou incrivelmente – como comentamos, ela já existia em todas as outras dinastias, mas na época Qing a obediência era muito mais valorizada do que a probidade. São famosos os relatos dos europeus que foram para China negociar e que tinham que distribuir uma quantidade enorme de subornos, se quisessem conseguir qualquer coisa dos funcionários. Ficava claro que destruir a educação era o melhor método para submeter a sociedade. Um povo ignorante, com reduzido acesso ao ensino e uma elite de funcionários, que havia conseguido seus postos muito mais pelo seu compromisso com os governantes do que propriamente por seu mérito, conseguiram fazer com que, aos poucos, a sociedade ficasse cada vez mais submissa e enfraquecida em sua capacidade de resistir ao domínio estrangeiro. O outro lado da destruição do programa acadêmico de Educação foi o atraso tecnológico e industrial da China, que aos poucos foi perdendo o seu papel de predominância no mundo. Até o final do século XVIII, o país conseguia se manter como uma das maiores economias do mundo, mas sua capacidade técnica estava sendo rapidamente superada pela Europa industrial. O evento trágico das Guerras do Ópio (1839-1842 e 1856-1860) contra Inglaterra revelou que a Dinastia Qing havia se tornado um gigante com pés de barro, o que permitiu uma sequência de agressões estrangeiras contra o país, culminando, em todas as ocasiões, com a derrota do império. Mesmo assim, a preocupação fundamental dos Qing continuou sendo em como manter a população submetida. Garantir acesso à educação ou a novas tecnologias poderia fornecer os instrumentos necessários a uma sublevação. A Revolta Taiping (1851-1864), promovida por Hong Xiuquan – um convertido ao cristianismo que acreditava ser irmão de Jesus – mostrou o grande nível de insatisfação da sociedade contra os dominadores estrangeiros (SPENCE, 1998). A Dinastia Manchu esteve prestes a cair, e só conseguiu se sustentar recorrendo à ajuda de tropas europeias, que auxiliaram na derrota dos revoltosos, mas também saquearam cidades e vilarejos por todo o país. Em 1880, o diplomata Henrique Lisboa esteve na China, recolhendo as experiências que resultariam no primeiro trabalho sinológico brasileiro, o livro *A China e os chins* (1888). Sua impressão sobre a sociedade chinesa foi bastante marcante: ele viu um povo trabalhador, paciente, dedicado e inteligente, mas submetido à dominação de uma elite ignorante, violenta e repressiva. A situação dos acadêmicos era tão decadente, que Lisboa os chamou de "seita materialista", pois eles apenas se apegavam a ritos superficiais e ao trabalho burocrático, sem demonstrar qualquer tipo de fé em especial. Ele conseguiu compreender que os ideais de Confúcio e seu seguidores foram desbaratados, mas ainda estavam vivos em alguns poucos intelectuais independentes. Em 1900, uma última revolta, mas dessa vez contra a presença dos estrangeiros, mostrou a incapacidade da sociedade chinesa em compreender a disparidade entre as tecnologias europeias e as obsoletas forças Qing. Um exército de praticantes de artes marciais, chamados pela mídia de *boxers*, tentou atacar as legações diplomáticas estrangeiras instaladas em Beijing, sendo humilhantemente derrotado por um exército moderno formado pela combinação de tropas europeias, americanas e japonesas. Estava claro que a Dinastia Qing não poderia mais se sustentar, e precisavam buscar algum tipo de modernização. A primeira iniciativa, realizada em 1887, foi a de enviar acadêmicos selecionados para missões em países da Europa e América (inclusive Brasil) para aprenderem novas tecnologias, conhecerem modelos de governo e de administração pública que pudessem colaborar na reformulação das estruturas imperiais Qing. No entanto, grande parte dessas experiências e aprendizados não foi aproveitada pela corte, que insistia em manter-se alheia à maioria dos problemas do império (DAY, 2018). Alguns poucos acadêmicos se destacaram nesse período, propondo uma renovação da doutrina acadêmica através da abertura de escolas, da reformulação do currículo (incluindo o ensino de ciências e tecnologias), uma reforma total e completa nas instituições burocráticas e militares, e ainda, uma renovação na interpretação das ideias de Confúcio, de maneira que elas continuassem a inspirar, no plano ético e cultural, o processo de modernização e reconstrução da China. Kang Youwei (1858-1927), Liang Qichao (1873-1929) e Wang Guowei (1877-1927) formaram uma importante escola de acadêmicos modernizadores que trabalhou duramente para que alguma dessas reformas fossem levadas à frente (CHANG, 1987; NG, 2019). Kang Youwei, em especial, propunha a renovação do confucionismo em dois sentidos; se necessário fosse, que ele se transformasse em uma religião oficial de Estado; e o pilar fundamental dessa fé confucionista seria uma revolução na educação, voltada ao aprendizado de novas tecnologias (em geral, ocidentais) e para a construção de uma nova sociedade na China (HSIAO, 1975; GOOSSAERT, 2021). Realinhada com a geopolítica do poder mundial e restaurada em sua importância econômica e política, a China voltaria a ocupar um papel de relevo, e Kang imaginava que, nesse contexto, poderia existir uma nova era de paz e prosperidade no mundo, sem agressões coloniais, mas de equilíbrio – e mesmo, de hibridização – entre as sociedades, que ele consagrou em seu livro *Da Tong shu* ou *O livro da Grande Paz* (THOMPSON, 1958). Com projetos como este em mente, os intelectuais acadêmicos conseguiram influenciar o jovem Imperador Guangxu (1873-1908), que tentou empreender um amplo programa de reformas conhecido como "reforma de cem dias", em 1898. Contudo, a quebra de privilégios das camadas mais altas da sociedade e o receio de armar a população com recursos tecnológicos atualizados, tornaram o projeto inviável. A reação de uma corrompida classe política foi afastar Guangxu do poder no mesmo ano e retomar as ideias arcaizantes que, em seu limitado ponto de vista, continuavam mantendo a precária estrutura de administração imperial. Com o fracasso da Revolta dos Boxers e o estado de prostração que a dinastia se encontrava frente às potências estrangeiras, o resultado final desse processo foi que as forças modernizantes chinesas começaram a investir na revolucionária ideia de acabar com o império e adotar um novo modelo político, a república. Mesmo assim, essa nova república teria características chinesas próprias, como preconizado por seu grande idealizador, Sun Yat-sen (1866-1925). Ele conseguiu agregar em torno de si a sociedade, políticos e acadêmicos insatisfeitos com o domínio manchu e sua ineficácia no governo. Em 1912, o aparelho repressivo de Qing estava desmantelado, e as forças republicanas conseguiram dominar o governo, proclamando a nova república chinesa. Sun Yat-sen foi, talvez, um dos últimos grandes pensadores confucionistas desse período – embora não se afirmasse como tal. Ao pensar um novo país pós-imperial, seu projeto contemplava o estabelecimento do *San Min Zhuyi* – ou Três princípios do povo (nacionalismo, democracia e bem-estar social), um modelo de sistema republicano que conjugava teorias e experiências europeias e norte-americanas com a sabedoria tradicional confucionista (KAO, 1953). Confúcio era o contraponto chinês de autores como Montesquieu e George Washington, compondo um quadro de referências para elaborar um sistema político novo, mas não totalmente. Sun imaginou que esses três princípios seriam regulados por cinco poderes: legislativo, judiciário e executivo (como conhecemos) e mais dois, a censura e os exames públicos. A censura destinava-se a exercer vigilância sobre a retidão e a conduta das instituições públicas, enquanto os exames constituiriam os meios pelos quais seriam compostos os quadros do serviço público. Podemos notar, portanto, que esses dois poderes são diretamente herdados das tradições confucionistas e eram entendidos como uma adaptação necessária a modelos ocidentais importados. Naquele momento, as ideias de Sun Yat-sen serviram como um importante catalisador para a sociedade chinesa, que passou a lidar com as influências estrangeiras como algo necessário ao seu próprio desenvolvimento, aprofundando-se no estudo de suas teorias e ideias. A participação dos acadêmicos nesse contexto e a maneira como essa escola estava buscando se readaptar ao mundo moderno pode ser muito bem expressa pelo relato de Lewis Hodus, missionário cristão que esteve na China e que visitou um templo dedicado a Confúcio. Ele nos deixou a seguinte descrição:

> A China parece tender para uma síntese, de, pelo menos, três influências. A ilustração desse processo podia ser verificada no templo de Confúcio, em Nanjing, em 1937, antes da guerra. No lugar mais alto do templo estava uma placa consagrada ao mestre. Um pouco abaixo, havia um busto de mármore de Sun Yat-sen, pai da China moderna. Em colunas dispostas à volta havia retratos de Newton, Lavoisier, Pasteur, Lord Kelvin, Galileu, James Watt, Dalton e Benjamin Franklin. Confúcio representa os valores tradicionais; Sun Yat-sen, o nacionalismo de hoje, e os retratos das

colunas, a ciência moderna. Desse modo, do caos religioso e social está surgindo uma síntese do Oriente e do Ocidente (apud JURJI, 1956, p. 36).

Esta imagem representa bem o espírito de renovação educacional e tecnológica que esses pensadores pretendiam para a China. No entanto, a história do país seguiria conturbada por mais três décadas, até que finalmente pudesse encontrar um novo período de estável crescimento.

Situação atual e perspectivas para o futuro

Em 2010, uma grande polêmica estourou em Qufu, cidade natal de Confúcio, e mobilizou a opinião pública chinesa. Os cristãos de Qufu queriam construir uma igreja gigantesca, mais alta do que a cúpula do Vaticano, para abrigar pouco mais de três mil praticantes. O principal problema, porém, é que a igreja ficaria praticamente ao lado do atual monumento de Confúcio – o complexo de casas, habitações e salas onde teriam vivido o velho mestre e seus descendentes por séculos – e projetaria sobre ela uma longa e permanente sombra na maior parte do dia. Para piorar ainda mais a situação, os responsáveis pelo projeto da igreja anunciaram suas intenções justamente no ano em que a China comemorava o 2.560º aniversário de Confúcio, com uma série de festividades e o lançamento do filme *Confucius*, estrelado por Chow Yun-fat, que acabou sendo um estrondoso sucesso no país – nunca é demais lembrar que ele desbancou completamente outro grande sucesso do cinema, *Avatar*. Uma onda de protestos e indignação varreu o país, e muitos intelectuais se puseram contra o projeto. Um manifesto, capitaneado por Jiang Qing (de quem falaremos mais à frente) foi enviado às autoridades, exigindo uma providência urgente. É notável que o manifesto não se colocava contra a construção da igreja, mas que ela ficasse longe do complexo de Confúcio e tivesse uma altura menor, respeitando as regras e dimensões da arquitetura local, quase todas feitas de plantas baixas. A concepção de patrimônio da humanidade também foi invocada; afinal, ninguém pretenderia fazer uma igreja daquelas dimensões ao lado de uma pirâmide ou do coliseu romano.

A polêmica criou constrangimento para o governo, que cancelou a autorização para a construção e engavetou o projeto (BUENO, 2015). Os cristãos de Qufu (e principalmente os missionários do Ocidente que atuam na China) se colocaram como mártires, vítimas de repressão brutal, e três anos depois inauguraram uma igreja bem mais modesta a 3km do complexo confucionista. Mesmo assim, em 2016, eles tentaram retomar o plano de uma construção megalômana com torres góticas ao estilo de Notre-Dame. Novamente, o projeto foi recusado, e jornais como o *Times* e o *Christina China Daily* noticiaram o impedimento como mais uma perseguição, uma tentativa de expulsar os cristãos de Qufu. Como podemos perceber, há um problema significativo no diálogo entre governo, confucionistas e cristãos. Esse episódio é um bom exemplo de como uma série de tensões religiosas tem atravessado a China Continental nos últimos anos. O número de praticantes das mais diversas religiosidades aumentou bastante em função de um clima recente de mais liberdade individual, e isso tem criado uma série de pressões sobre as leis e o governo, que busca se manter laico. Os cristãos de Qufu, com apoio de entidades ocidentais, entenderam que impedir suas iniciativas era mais uma tentativa de repressão; e nisso, eles parecem não compreender o que pode ser a ideia de patrimônio da humanidade ou governo laico. O governo chinês, por outro lado, busca exercer controle sobre as comunidades religiosas para que elas não interfiram diretamente na política, como ocorreu no Período Tang ou na Rebelião Taiping. Por esta razão, fazer uma leitura sobre as questões religiosas na China atual é sempre uma tarefa delicada, que envolve um olhar cauteloso e ao mesmo tempo despido de preconceitos e equívocos que permeiam o nosso conhecimento sobre essa civilização.

Pensar o confucionismo

Como vimos, no início do período republicano, os acadêmicos estavam buscando renovar as ideias confucionistas, empreendendo reformas em seus aspectos educacionais e políticos. Iniciativas como a de Kang Youwei – de propor o confucionismo como uma religiosidade nacional – caíram no vazio por conterem problemas cruciais; afinal, no que um confucionista acreditaria? Quem seriam seus sacerdotes? Como filosofia, os ideais de Confúcio eram mais facilmente assimiláveis; como religião, no entanto, eles apresentavam certas dúvidas e problemas que precisavam ser discutidos. Quando discutimos se o confucionismo é ou não uma religião, a questão remonta ao contato com os missionários cristãos que chegaram ao país a partir do século XVI. Foram esses religiosos que classificaram a Rujia como mais um "ismo", e assim como Cristo tinha o cristianismo, Confúcio tinha o seu confucionismo, termo que se consolidou no imaginário ocidental para denotar a doutrina do mestre chinês. Contudo, cumpre salientar mais uma vez que para esses missionários não havia uma distinção clara entre religião e filosofia, e sua grade de leitura enquadrava qualquer fenômeno ligado ao sagrado como religião. Herdeiros que somos dessas percepções, passamos séculos chamando o confucionismo de religião, sem saber bem por qual razão; e quando nos convencemos do contrário, vamos ao outro extremo, acreditando que as ideias de Confúcio não continham qualquer traço do sagrado. A visão chinesa ia em outro sentido; as *Jia* (escolas) ou *Jiao* (ensinamentos, educação) compunham sistemas de ideias que envolviam diversos aspectos da vida, e por isso lidavam com problemas diferentes. Daoistas e budistas, por exemplo, tiveram uma preocupação maior com problemas transcendentes, como a vida após a morte e o contato com o mundo espiritual; enquanto isso, os seguidores de Confúcio se atinham às regras de convivência social e à formulação de uma ética teleológica, independentemente de como se acreditava no além. Essas perspectivas se encontravam nos tópicos que ganhavam uma dimensão extragrupo e se tornavam uma discussão comum. Foi o caso, como vimos, de como os confucionistas ficaram preocupados com a questão da família e do trabalho com a chegada das ideias budistas. De certa forma, essa não distinção entre o que chamamos de filosofia, religião etc., praticada pelos chineses, contemplava o fato de que somos seres de múltiplas expressões, com crenças individuais que transitam entre várias teorias e sistemas diferentes. Por isso, equiparar doutrinas distintas em um espaço comum de discussão não era um problema; a questão, em si, foi de como discutir estes mesmos problemas e suas possíveis soluções. Isso levou a uma tendência muito comum no pensamento chinês, a ideia de síntese. No Período Han encontramos autores como Lujia, que misturava confucionismo e daoismo, ou Dong Zhongshu, que conciliava confucionismo e cosmologia. Wang Chong usou as mesmas fontes de Dong com resultados muito diferentes, e Zhu Xi estudou as ideias budistas para respondê-las. Por isso, a ideia de classificar escolas e doutrinas de forma arbitrária, embora fosse absolutamente possível, não era precisa, e os chineses compreendiam essa condição. Neste sentido, definir o confucionismo como uma religião, numa percepção essencialmente ocidentalizada, tem se constituído em um desafio relevante para compreender o futuro desse movimento e seus encontros com o mundo contemporâneo.

O que o tornaria uma religião?

Podemos começar pela clássica busca de uma definição sobre o que seria religião. Vincent Goossaert apontou que uma religião, para ser assim classificada (numa forma tradicional e essencialmente ocidental) deve conter um clero, um cânone e uma liturgia, tal como se apresenta a Igreja Católica, instituição que é o marco fundador dessa definição. No caso chinês, esta classificação tipológica poderia ser aplicada ao daoismo; mas apenas, e com certa dificuldade, deveria ser utilizada para o confucionismo e o budismo (GOOSSAERT, 2006). Os confucionistas não formaram um clero, com funções especificamente sagradas, e a chamada classe letrada – embora comportasse grande parte dos acadêmicos da Rujia –, era um estamento social aberto àqueles que possuíam algum tipo de saber cultural. Os confucionistas eram professores, intelectuais, críticos e pensadores. Grande parte deles serviu como funcionários do governo ou lecionava. Quanto ao cânone, podemos dizer que existia um grupo básico de obras confucionistas tidas como fundamentais para a compreensão da doutrina e para a prática de seus aspectos morais (os cinco Clássicos e os quatro livros de Confúcio), mas ainda assim, o aspecto litúrgico torna-se outro fator de descontinuidade nesta análise. Os acadêmicos eram praticantes e defensores de um conjunto de rituais que julgavam ser fundamentais para a administração da ordem cósmica e natural da sociedade. No entanto, tais rituais sempre tiveram um caráter complexo, posto que envolviam atitudes que podemos classificar como religiosas mas, ao mesmo tempo, abrigavam em si próprias a possibilidade de serem interpretadas como uma prática eminentemente social. Uma tentativa clássica de definição, que tem norteado muitas leituras brasileiras sobre o assunto, foi aquela dada por Mircea Eliade, um dos grandes cientistas da religião, explanando a própria dificuldade em classificar o confucionismo:

> Confúcio não é propriamente um líder religioso. As suas ideias, e sobretudo as dos neoconfucionistas, são estudadas, em geral, nos compêndios de história da filosofia. Mas, direta ou indiretamente, Confúcio teve profunda influência na religião chinesa. Na verdade, a própria fonte da sua reforma moral e política é religiosa. Por outro lado, ele não rejeita nenhuma ideia tradicional importante, nem o Dao, nem o deus do céu, nem o culto dos antepassados. Além disso, exalta e revaloriza o papel religioso dos ritos e comportamentos costumeiros. [...] Entretanto, a prática [dos ritos] não é alcançada com facilidade. Não se trata, em absoluto, de um ritualismo exclusivamente exterior, nem tampouco de uma exaltação emotiva, intencionalmente provocada quando se efetua o ritual. Todo comportamento cerimonial correto deflagra uma força mágico-religiosa temível. [...] Porque o cosmo e a sociedade

são regidos pelas mesmas forças mágico-religiosas ativas no homem. [...] Uma disciplina que busca a "transmutação" dos gestos e dos comportamentos em rituais, conservando-lhes, ao mesmo tempo, a espontaneidade, possui, sem dúvida, uma intenção e uma estrutura religiosa. Sob esse prisma pode-se comparar o método de Confúcio com os ensinamentos e as técnicas pelas quais Laozi e os daoistas julgavam poder recuperar a espontaneidade inicial. A originalidade de Confúcio é ter buscado a "transmutação" em rituais espontâneos dos gestos e condutas indispensáveis numa sociedade complexa e altamente hierarquizada (ELIADE, 1986, p. 35-37).

Embora antigo, o texto de Eliade continua sendo a referência em muitos estudos sobre religião em nosso país. Contudo, é necessário problematizá-lo. Se o confucionismo é, em essência, religioso, então por que o próprio Confúcio tinha receio em declarar-se sobre o outro mundo, sobre o além? (BUENO, 2014). Se deslocarmos o problema da crença num mundo além como um determinante para o confucionismo transformar-se numa religião, então veremos que os confucionistas posteriores trataram o problema da transcendência e da alma com uma naturalidade típica de não religiosos:

Aos que afirmam e argumentam que a tradição chinesa não conheceu uma dimensão de "transcendência religiosa", esta fórmula apresenta uma resposta em linguagem paradoxal. Ilustra a necessidade de uma compreensão "dialética" da China – uma compreensão que vai além das afirmações e negações, sem negar a utilidade de algumas afirmações e de algumas negações. A orientação do chinês "para este mundo", a harmonia chinesa entre homem e natureza, entre homem e mundo, a preferência dos chineses pelo humano e pelo ético acusam uma espécie de "imanência divina", de presença do absoluto no relativo, nas relações humanas, no domínio do natural. Mas não se exclui o transcendente. Na verdade, este vem realçado, uma vez que dá sentido ao ordinário e ao natural, ao secular e ao moral. O senso religioso peculiar dos chineses visa de fato a um harmonioso equilíbrio entre dois mundos, o visível e o invisível, o temporal e o supratemporal. Mas orienta a pessoa humana a procurar sua salvação, ou mesmo sua perfeição, no aqui e agora, particularmente na moralidade das relações humanas, como quer o confucionismo, mas também na beleza da natureza, como querem os sábios daoistas (CHING, 1979, p. 32).

Tais opiniões demonstram o quão problemático é tentar definir em termos específicos o caráter do confucionismo. Durante a Dinastia Han, os ensinamentos de Confúcio foram promovidos à doutrina oficial do Estado, e sua figura foi reconhecida como o grande sábio ancestral; assim, como podemos afirmar que os confucionistas não seriam essencialmente religiosos? Mas podemos modificar a pergunta: Cabe ao confucionismo ou ao senso religioso dos chineses a maneira como se pode interpretar, pessoalmente, a figura de Confúcio? Esse espaço da intepretação pessoal e as dimensões político educacionais tornaram a doutrina confucionista uma escola de atuação específica no mundo chinês – com seus aspectos sagrados, mas não necessariamente sacra. Na verdade, o esforço de alguns religiosos cristãos em estabelecer este confronto – entre a sua verdade e "as outras", o que seria religioso ou não – é que afastou muitos chineses do processo de conversão ao cristianismo (GERNET, 1982). Talvez por isso sejam válidas definições que busquem não fechar o pensamento confucionista em proporções restritas. Um exemplo disso é a apresentação do sinólogo Ricardo Joppert sobre o que seria o confucionismo como um movimento intelectual:

> A doutrina que pregou dava grande importância aos exercícios de atitude ritual, bases de um aperfeiçoamento individual capaz de permitir o controle absoluto dos gestos, das ações e dos sentimentos. A moral confuciana é fruto de uma reflexão permanente sobre os homens. Ela é prática e dinâmica, e as qualidades de um homem realizado (a primeira delas, a virtude

"Ren", que supõe uma disposição afetuosa em relação ao próximo) não se definem de modo absolutamente igual para todos, mas admitem uma grande maleabilidade, segundo o caso e o indivíduo. A sabedoria adquire-se pelo esforço de toda uma vida, através do governo dos mínimos pormenores da conduta, pela observação das regras de agir em sociedade (Li), pelo respeito ao próximo – enfim, pela absoluta compreensão do princípio da reciprocidade. A virtude é um valor incorporado, e não uma qualidade intrínseca do nascimento nobre (JOPPERT, 1979, p. 90).

Como podemos notar, Joppert classificava as ideias de Confúcio como algo muito mais próximo de um sistema filosófico ético do que propriamente uma espécie de profetismo ou de religiosidade. Tais visões, embora bem aceitas, não conseguiram, porém, mudar a perspectiva geral sobre o confucionismo. Anne Cheng, em sua obra *História do pensamento chinês* (1998; no Brasil, 2008), preferiu abandonar a polêmica em torno da definição filosófico-religiosa para analisar o pensamento chinês como um corpo de características próprias, que deve ser respeitado por sua profundidade, produtividade e criatividade. Uma análise de textos mais recentes sobre religiosidades chinesas, como o de Adler (2002) ou Poceski (2013) revelam que o paradigma jesuítico continua a valer: o confucionismo é entendido como religião, e como tal é apresentado. Na literatura em língua portuguesa, somente Matheus Costa (2019) conseguiu superar esses paradigmas, propondo que o confucionismo pode ser entendido como um sistema cultural, com características religiosas, que requisita uma abordagem multifacetada.

Em busca da religiosidade confucionista

Quando buscamos uma "religião de Confúcio", vemos que apenas um pequeno número de comunidades espalhadas pela Ásia pratica algum tipo de devoção religiosa ao mestre chinês. Esses grupos estão muito próximos da *Shenjiao* tradicional, venerando a figura ancestral de Confúcio junto com outras deidades. Alguns dos rituais – sejam cerimônias, músicas litúrgicas ou práticas funerais – se dizem inspirados nos clássicos antigos, mas não raro incluem também elementos diversos do Fengshui ou de outras religiosidades. Em Taiwan, encontramos uma *Confucius Church*, cujos altares mantêm as figuras de Confúcio, Sun Yat-sen e George Washington.

Essas pequenas comunidades religiosas contam com menos de um milhão de adeptos e derivam de duas trajetórias distintas. Algumas são vestígios históricos da presença do confucionismo como parte da ideologia estatal dos antigos reinos na Coreia, Vietnã e Japão, e a entrada no século XX fez com que alguns poucos templos e praticantes se formassem em torno da prática dessa sabedoria. Cumpre notar que os textos sapienciais de Confúcio não são muito lidos, dando-se preferência aos textos rituais. Outras surgiram na esteira da derrocada da república e a ascensão do regime comunista a partir de 1949. Esse episódio foi importantíssimo para a continuidade do confucionismo. Consideradas como uma praga e uma herança de atraso cultural, as ideias de Confúcio foram duramente combatidas pelo líder comunista Mao Zedong e pelos ideólogos que o acompanhavam. Os defensores restantes da doutrina de Confúcio tiveram que se refugiar em Taiwan, Macau, Hong Kong, alguns se transferindo para países próximos ou para a Europa e os Estados Unidos. Alguns desses personagens perseveraram no culto a Confúcio, fundando parte dessas comunidades que acabamos de descrever. Contudo, o conflito e a expulsão de muitos intelectuais da China Continental forçaram a uma inédita renovação do confucionismo como filosofia.

Um novo confucionismo (Xin Rujia)

Em 1958, no dealbar dos discursos pós e decoloniais, um grupo de destacados intelectuais chineses de Taiwan (Tang Junyi, Zhang Junmai, Mou Zongsan e Xu Fuguan) lançou um importante Manifesto pela Cultura Chinesa, no qual clamava por uma nova leitura da civilização chinesa a partir de suas próprias epistemologias. As principais orientações do Manifesto se pautavam nos trabalhos de Xiong Shili (1885-1968), notável confucionista que permaneceu lecionando no continente – ele sofreu diversos ataques, foi preso, e ao final faleceu desgostoso, em meio aos rumos da Revolução Cultural Maoista. Xiong pretendia uma renovação do pensamento acadêmico frente aos desafios da contemporaneidade, mas mantendo uma distância salutar da excessiva ocidentalização da filosofia chinesa. Muitos dos seus alunos abraçaram a ideia e começaram a delinear os rumos do que seria um *novo confucionismo* ou *Xin Rujia*. O manifesto tinha como ponto de partida: Como repensar a China e o mundo a partir das dimensões intelectuais da obra confucionista? O movimento do novo confucionismo se espalhou em Hong Kong, Macau e Estados Unidos, onde diversos autores começaram a repensar a história e as tradições chinesas com contrapontos a um logocentrismo europeu. Como movimento intelectual, ele não teve uma abordagem unificada, mas desdobrou-se em campos variados, como a reavaliação crítica da historiografia chinesa, o estudo do *Yijing* em perspectiva ecológica e metafísica, Li como fundamento antropológico, a Filosofia da mente dos neoconfucionistas de Song, a unidade mente-universo na obra de Wang Yangming, entre outros. A presença desses intelectuais em universidades do Ocidente foi responsável por um grande impulso nas escolas de sinologia, promovendo uma renovação teórica e um aprofundamento nas mentalidades chinesas. No campo político, o novo confucionismo passou a se destacar na experiência de Cingapura, onde o General Lee Kwan Yew (1923-2015) empreendeu uma série de reformas modernizadoras que conciliavam as tecnologias ocidentais com um discurso ético e moral inspirado no confucionismo. Valorizando os preceitos de conduta correta, com ênfase na educação, no trabalho e na família, Lee conseguiu conduzir Cingapura de um pequeno entreposto comercial colonial a um Estado moderno e rico nos anos de 1980-1990, que serviria de inspiração e modelo para outras iniciativas econômicas ao redor do mundo. Enquanto isso, na China Continental, o pensamento confucionista foi proscrito até o início da década de 1980, quando uma série de reformas lideradas por Deng Xiaoping (1904-1997) permitiram uma nova abertura nos campos da economia e da política. Deng observava com atenção o desenvolvimento de Cingapura e concebeu as Zonas Econômicas Especiais, que deveriam catapultar a economia chinesa, inspiradas nesse modelo. Relaxou também as tensões com Taiwan e Estados Unidos, o que ensejou um novo ambiente de diálogo intelectual. A partir daí, o novo confucionismo conheceu uma grande divulgação no país, nos anos de 1990 ocorreram os primeiros eventos sobre pensamento confucionista nas universidades. Confúcio voltou gradualmente a se tornar uma figura popular, e seus livros passaram a ser lidos tanto nos cursos de Filosofia e História como formas de autoajuda. Não demoraria para que o governo chinês voltasse sua atenção para essa retomada cultural, buscando meios de supervisioná-la e haurir ganhos com isso. O resultado é que em 2004 fundou-se o Instituto Confucius, cujo objetivo é disseminar a língua chinesa no mundo, nos mais diversos níveis, tornando-a acessível fora dos ambientes especializados. A escolha de Confúcio como frente dessa iniciativa nos informa bastante sobre como seu papel foi reavaliado dentro da sociedade chinesa, principalmente como educador. Como vimos no início dessa seção, o filme *Confucius* foi apenas um dos exemplos dos interesses do Estado chinês em promover um novo confucionismo que atenda às novas perspectivas políticas e culturais do país. Autores de destaque como Li Zehou, Fan Ruiping, Li Ling e Jiang Qing representam uma geração de pensadores novo-confucionistas que surgiram no continente, e que abordam questões tão variadas como estética, história e política.

Esta última questão é crucial no futuro do Movimento Xin Rujia. Os dilemas enfrentados pelo comunismo chinês, frente a uma sociedade de mercado que se afasta cada vez mais dos ideais marxistas, tem estabelecido um fértil diálogo com os pensadores do novo confucionismo em torno das opções políticas do futuro. O vocabulário político dos governos mais recentes tem recuperado diversas expressões tradicionais do confucionismo, como chamar o mundo de "Tudo-abaixo-do-céu", promover a "Harmonia entre céu e terra" e criar "A grande prosperidade", entre outras. Essas iniciativas são consoantes à pretensão de aproximar o sentido prático da doutrina confucionista a uma inspiração de cunho tradicionalista. Wang Keping (2014), por exemplo, relaciona a busca por uma "nova unidade entre o céu, a terra e o ser humano" com a construção de uma orientação para a futura sociedade chinesa:

> O confucionismo presta mais atenção à interação recíproca entre o caminho celestial e o caminho humano. Esta tradição foi levada avante por confucionistas do passado para o presente. Entre os neoconfucionistas na Dinastia Song há um acordo geral sobre anular a distinção entre o caminho celestial e a caminho humano. Isto quer dizer que eles tendem a identificar o primeiro com o segundo e verificar a unidade entre os dois. [...] O caminho é um só. Ele é compartilhado pelo céu, a terra e a humanidade por completo. [...] Em linguagem simples, a vida individual da humanidade (aqui embaixo) subirá para atender ao caminho celestial (acima) através da práxis moral, ao passo que o caminho celestial descerá para atender à vida individual do ser humano através do movimento constante. Eles criam a conciliação ou a unidade céu-humano, em que o caminho celestial vai se transformar em uma "realidade metafísica", enquanto a vida individual se transformará em um ser moral ou "verdadeiro eu". A chave para este resultado idealizado encontra-se na práxis sincera e persistente de virtudes como a bondade e a verdade. Caso contrário, não há nenhuma chance para o caminho celestial se tornar uma "realidade metafísica", mas se manterá como uma visão abstrata pairando no ar, e da mesma forma, a vida individual não será capaz de se tornar uma pessoa moral, mas se manterá como um ser físico para a terra (KEPING, 2014, p. 294-296).

Como vimos, Wang Keping entrelaça a necessidade de uma reformulação moral e ecológica para a verdadeira renovação dos seres, o que significa o caminho para a construção de uma nova ordem harmônica na China e no mundo. Essa concepção abarca uma percepção geopolítica global, na qual todos os indivíduos são chamados a participar do movimento de harmonização entre o céu, a terra e o humano. A simbologia dos termos aqui presentes é poderosa e implica metáforas que podem ser traduzidas conceitualmente, atraindo os leitores ao vocabulário da gramática novo-confucionista. É necessário também ressaltar as implicâncias que esse discurso tem nas instâncias políticas – da teoria para a prática, há ainda um salto importante a realizar. Yi-Huah Jiang (2018) define a teoria política tradicional de governança confucionista em cinco pontos principais:

> Primeiro, a visão de comunidade (*datong*), que é a vida política e social ideal para o confucionismo; segundo, o princípio do governo benevolente, que ilustra como um rei benevolente deve governar seu país; terceiro, a regra da virtude, que delineia as virtudes de um cavalheiro (*junzi*) e a passagem de um cavalheiro bem comportado a um excelente governante; quarto, a prática da meritocracia, pela qual as pessoas mais virtuosas e competentes podem ser eleitas para servir ao público; e quinto, o mecanismo de transição do poder político.

Tanto o atual governo quanto os pensadores confucionistas teriam que bolar meios para atender a esses cinco pontos, transferindo para a estrutura burocrática e para os indivíduos uma nova gama de ideias e responsabilidades capazes de realizar essa transição possível. Apenas para exemplificar, alguns autores propõem a formação de uma nova república confucionista, em que o regime de partido único seria substituído por um parlamento de funcionários-sábios escolhidos por meio de um novo tipo de *Keju*... As gradações políticas seriam feitas por exames internos até atingir os postos mais altos, sendo os ministros e presidentes escolhidos entre eles. Isso não difere muito da estrutura atual, mas estabelece paradigmas diferentes para sua concretização; desde os currículos educacionais até a construção de uma ideologia nacional que promova a conservação desse sistema, há muito trabalho a fazer até que possa ser construído um "novo cidadão chinês", diferente daquele pretendido pelo regime maoista. No entanto, dentre muitas opções possíveis, uma que tem ganhado bastante destaque é a de Jiang Qing, como veremos a seguir. Sua intenção em viabilizar o confucionismo como uma opção religiosa é que nos interessa aqui.

Reinterpretação moderna

Jiang Qing (nascido em 1953), é um dos mais atuantes pensadores da Xin Rujia na China Continental, e suas ideias têm atraído cada vez mais atenção, tanto no país quanto no Ocidente – Daniel Bell, um destacado sinólogo americano, tem traduzido suas obras para o inglês, noticiando-as como o "futuro político da China". Desiludido com o marxismo e apaixonado pela antiga literatura chinesa, Jiang abraçou a essência do novo confucionismo e passou a negar sistematicamente a crença de que as influências ocidentais poderiam contribuir para aperfeiçoar a China, ética e moralmente. Contrário aos pensadores que buscam inspiração nas filosofias e teorias europeias e norte-americanas, Jiang busca resgatar a concepção idealista que teria transformado a China numa das maiores civilizações do mundo. Para ele, essa resposta estaria contida nas obras de Confúcio e precisaria – como foi no passado – ser renovada dentro de nosso contexto histórico. Por isso, o que torna Jiang polêmico é sua defesa de que a reconstrução de uma China pós-comunista dependerá de um confucionismo capaz de fazer frente aos desafios da sobrevivência da cultura chinesa. Para isso, o confucionismo deve se transformar em uma espécie de religião, nos moldes da Igreja Anglicana ou das associações budistas. Tendo em vista a longa tradição de intelectuais confucionistas em escapar desse tipo de controvérsia, a proposta poderia parecer incomum – mas lembremos, Kang Youwei já havia proposto isso antes, mesmo sem saber exatamente como. Segundo

Jiang, a transformação do confucionismo não seria um processo puramente arbitrário. Ele estaria calcado historicamente em alguns elementos factíveis, como: a) o confucionismo é o cerne da moral chinesa, e a moral é dada pela religião; b) o sucesso da moralidade confucionista poder ser explicado por sua conexão com o céu (*Tian*), promovendo a harmonia universal; c) a aprovação do céu à moralidade confucionista caracteriza uma intervenção celeste, prova cabal de sua divindade; d) a transição da figura de Confúcio para um sábio-profeta não seria estranha ao pensamento religioso chinês (BUENO, 2007). Jiang aceita que a concepção de religião é uma construção ocidental; desta forma, seu emprego corresponde à percepção de um novo papel para o confucionismo na sociedade atual:

> Sobre se o confucionismo é uma questão de religião, em primeiro lugar devemos entender o significado da palavra religião. Ela foi introduzida do Ocidente através do Japão. Quando falamos sobre religião já temos um padrão ocidental de religião no subconsciente. Quando discutimos se o confucionismo é uma religião já estamos discutindo isso de acordo com os padrões religiosos ocidentais. No século passado, no processo chinês de aprendizagem sobre o Ocidente, a palavra gradualmente se firmou, e, finalmente, corresponde ao um termo consolidado, de modo que o que estamos discutindo hoje, em quaisquer questões acadêmicas, é que precisamos primeiramente resolver o "nome" da questão. Ao discutir se o confucionismo é uma religião ou não, devemos primeiro entender o que é religião. A palavra estrangeira de religião é definida e interpretada de acordo com a compreensão da religião na cultura ocidental. Mesmo se pudermos entender com precisão os conceitos religiosos populares na China, ainda entendemos a religião de acordo com os padrões da cultura ocidental, de modo que o confucionismo não é uma religião. Desta forma, encontraremos um problema: não temos conceito de religião; ou seja, não há conceito religioso que seja entendido a partir da estrutura cultural chinesa. Como não

há conceito de religião, é necessário usar os conceitos religiosos de outros povos para participar da discussão, enquanto o conceito religioso dos outros é costumeiro na cultura de outros povos, expressando o valor da justiça na cultura deles. Então, estamos realmente falando sobre os problemas dos outros e da arquitetura da argumentação cultural na discussão dos problemas da China. [...] Na China de hoje, parece que não podemos entender nossa cultura sem a ajuda de conceitos ocidentais, e não podemos discutir os problemas que encontramos. Nós, chineses, perdemos a capacidade de pensar e discutir questões de acordo com nossa própria cultura. [...] Portanto, independentemente de falarmos de filosofia, antropologia, folclore ou teologia, se a religião confucionista é ou não é uma religião, embora suas justificativas específicas sejam diferentes, os critérios são os mesmos, são baseados na compreensão da cultura ocidental, e são julgados por padrões que vieram primeiro do Ocidente (QING, 2002).

Jiang inverte a questão sobre se o confucionismo é ou não religião, simplesmente deixando subentender que se os ocidentais o chamaram de religião todo esse tempo, não deveria ser agora que deveriam deixá-lo de fazer. Os aspectos sagrados do confucionismo o qualificariam como uma forma de religiosidade. Em seu texto *O confucionismo como eu entendo* (2006) ele desenvolve a aplicação desse conceito em relação à doutrina confucionista:

O confucionismo é uma religião que nos fornece uma maneira de conduzir a mente e a vida, estabelecendo-se como uma forma de refúgio para as pessoas através de fé, numa abordagem individual e na educação social. As pessoas, movidas pelas crenças confucianas reveladas pelo céu, podem fazer com que suas mentes possam alcançar maior preocupação com o céu, o destino, o corpo, a consciência, a busca por uma perfeição na vida como objetivo final. [...] Como um grupo social, através dos hábitos estabelecidos em todos os níveis sociais, poderemos resolver a questão de uma vida natural limitada e superar o sem sentido e o sem valor de uma vida secular (QING, 2006).

Por fim, ele conclui a concepção de seu projeto afirmando claramente que o confucionismo pode – e deve – ser institucionalizado como um sistema religioso:

> Como uma religião de Estado, o confucionismo tem definido a natureza da civilização chinesa, moldado a identidade cultural da nação chinesa e formado o consenso axiológico e as convicções espirituais do povo chinês. Na história, a religião de Confúcio tem realizado três funções. Primeiramente, ela estabelece a legitimidade política para o governo chinês, por uma fundamentação transcendental e sagrada para a política. Em segundo lugar, ela provê as normas éticas para regulamentar a conduta social do povo chinês com base em ritos. Em terceiro lugar, ela provê a fé religiosa para o povo, com base em valores transcendentais e sagrados, como interpretado pelos sábios confucionistas. Estas três funções não estão obsoletas no mundo contemporâneo (apud RUICHANG, 2005, p. 41).

No entanto, ainda há alguns problemas a resolver. Embora defenda a retomada de alguns ritos sociais clássicos confucionistas, nem mesmo Jiang tem respondido aos problemas fundamentais ligados à questão de como se estruturaria essa religiosidade confucionista, tal como seria o seu sistema de crenças, a questão da vida após a morte, divindades etc. Mesmo Confúcio, em sua visão, é um sábio abençoado pelo céu, a ser venerado como ancestral, mas não necessariamente uma divindade (portanto, não se poderia esperar um milagre ou intervenção dele). Outro ponto polêmico de sua obra é a proposta de a república chinesa ser organizada em três câmaras ou parlamentos, sendo um deles representado por um descendente de Confúcio e sábios escolhidos dentre a sociedade. Obviamente, isso cria inúmeras dificuldades em especular como seria esse processo de escolha, ou o equilíbrio de forças dentro da sociedade. Fato é que Jiang montou uma escola para promover seus estudos, o que mostra que a organização de certos aspectos de sua proposta continua em desenvolvimento. Porém, ainda que a proposta de Jiang seja criticada pela maioria dos pensadores no novo confucionismo, é inegável que ela possui um forte apelo popular, expresso na preocupação do atual regime chinês em observar sua difusão. Isso irá se refletir igualmente no relacionamento que a sociedade chinesa tem com outras formas de religiosidade. Atualmente, a China Continental é o maior país budista do mundo em termos numéricos, mantém-se o berço das tradições daoistas e é um dos lugares onde o cristianismo mais tem crescido no mundo. Esses movimentos estão convergindo em direção à política, buscando espaço, representatividade e legitimidade frente ao governo. O desafio futuro reside, portanto, em como ficará a posição laica do governo frente à diversidade de religiões e o possível estabelecimento de um "confucionismo religioso". O comunismo ateísta tem estabelecido equilíbrio entre as forças religiosas, mas a conversão para um país confucionista poderia desequilibrar esse cenário. Jiang tem sido acusado, por exemplo, de que o seu confucionismo também é nacionalista, desprezando possíveis influências estrangeiras na China e excluindo grupos e religiosidades minoritárias. Porém, como um movimento multifacetado e diverso, a Xin Rujia é herdeira de uma visão de abertura ao conhecimento, e a visão de Jiang está longe de representar a diversidade de ideias que existem entre seus pensadores. Confúcio pode estar mais próximo de ser sagrado, mas ainda parece estar longe de ser uma divindade. Enquanto isso, com certeza, ele permanecerá como o professor que ajudou a transformar uma das maiores civilizações do mundo.

Referências

As referências aos textos chineses citados (salvo as indicadas) podem ser encontradas nos sites Chinese texts project (https://ctext.org/) em inglês ou Textos clássicos chineses (https://chines-classico.blogspot.com/) em português. As traduções foram realizadas pelo autor.

ADLER, J. *As religiões da China*. Lisboa: Ed. 70, 2002.

ALONSO, N. *Rectificar los nombres (Xun Zi/Zheng Ming): Un capítulo fundamental en el pensamiento confuciano*. Madri: Miraguano, 2019.

ANDERSON, M. *Hidden Power: The Palace Eunuchs of Imperial China*. Michigan: Prometheus Books, 1990.

BASTO, A. *Os exames na China Imperial*. Macau: Fundação Macau, 1998.

BERTHRONG, J.; TUCKER, M.E. *Confucianism and Ecology*. Harvard: Harvard University Press, 1998.

BIELENSTEIN, H. The bureaucracy of Han times. Nova York: Cambridge University Press, 1980.

BLOOM, I. Human Nature and Biological Nature in Mencius. *Philosophy East and West*, v. 47, n. 1, 1997, p. 21-32.

BRUCE, P. *The philosophy of human nature by Chu Hsi*. Londres: Probsthain, 1922.

BUENO, A. Buda, discípulo de Laozi: a controvérsia da "conversão dos bárbaros" e a recepção do budismo na China. *Revista Brasileira de História das Religiões*, v. 6, n. 17, 2013, p. 53-73.

BUENO, A. Tian (Céu): um conceito primitivo de ecologia na China antiga. *Mundo Antigo*, ano III, v. III, n. 6, 2014. Disponível em http://www.nehmaat.uff.br/revista/2014-2/artigo02-2014-2.pdf

BUENO, A. Confucionismo e cristianismo em Qufu: embate ou diversidade cultural? *Jiexi Zhongguo*, v. 17, 2015, p. 4-10.

BUENO, A. "Não invento, apenas transmito": Re-interpretando a escrita historiográfica de Confúcio. *Anais da X Semana de História Política da Uerj*. Rio de janeiro: Uerj, 2015, p. 251-260.

BUENO, A. Abolir o passado, reinventar a história: a escrita histórica de Hanfeizi na China do século III a.C. *International Journal of Theory and History of Historiography*, v. 8, n. 18, 2015, p. 29-42.

BUENO, A. *A arte da guerra chinesa: uma história da estratégia na China, de Sunzi a Mao Zedong*. São Paulo: Madras, 2019.

CHALIER, A. *Des idées critiques en Chine ancienne*. Paris: Harmattan, 2000.

CHAN, W.-T. *Reflections on Things at Hand: The Neo-Confucian anthology compiled by Chu Hsi and Lü Tsu-Ch'ien*. Colúmbia: Columbia University Press, 1967.

CHAN, W.-T. História da Filosofia Chinesa em Moore, C. In: CHAN, W.-T. (org.). *Filosofia: Oriente, Ocidente*. São Paulo: Edusp/Cultrix, 1978.

CHANG, H. *Chinese Intellectuals in Crisis. Search for Order and Meaning (1890-1911)*. Berkeley, 1987.

CHAVANNES, É.; KALTENMARK, M.; PIMPANEAU, J. (trads.). *Les mémoires historiques de Se-Ma Ts'ien*, 9 vol. Paris: You Feng, 2015.

CHEN, C.-Y. *Hsün Yüeh and the mind of Late Han China: a translation of the Shen-chien*. Princeton: Princeton University Press, 1980.

CH'EN, K. The Economic Background of The Hui-ch'ang Suppression of Buddhism. *Harvard Journal of Asiatic Studies*, v. 19, n. 1/2, 1956, p. 67-105.

CHENG, A. *Étude sur le confucianisme Han – L'élaboration d'une tradition exégétique sur les Classiques*. Paris: Institut des Hautes Etudes Chinoises, 1985.

CHENG, A. *História do pensamento chinês*. Petrópolis: Vozes, 2008.

CHING, J. O Senso religioso dos chineses. In: BOFF, L. (org.). *China e o cristianismo*. Petrópolis: Vozes, 1979.

CLARK, A.E. *Ban Gu's History of Early China*. Amherst: Cambria Press, 2008.

COE, K.; BEGLEY, R. Ancestor Worship and the Longevity of Chinese Civilization. *Review of Religion and Chinese Society*, 3 (1), 2016, p. 3-24.

CONFÚCIO. *Diálogos de Confúcio*. Tradução de Anne Cheng. São Paulo: Ibrasa, 1996.

COSTA, M. *Confucionismo: uma abordagem intercultural*. São Paulo: Intersaberes, 2019.

DAY, J.H. *Qing Travelers to the Far West: Diplomacy and the Information Order in Late Imperial China*. Cambridge: Cambridge University Press, 2018.

DONG, Z. *Luxuriant Gems of the Spring and Autumn*. Colúmbia: Columbia University Press, 2015.

ELIADE, M. *História das crenças e das ideias religiosas*. Tomo 2, vol. 1 Rio de Janeiro: Zahar, 1986.

GERNET, J. *Chine et christianisme, action et reaction*. Paris: Gallimard, 1982.

GOLDIN, P. *Dao Companion to the Philosophy of Hanfeizi*. Nova York: Springer, 2014.

GONG, S. A Discussion of the Anti-Buddhism Struggle in China Before the Mid-Tang Dynasty and the Path of Buddhism's Development in China. *Chinese Studies in Philosophy*, v. 14, n. 4, 1983, p. 3-102.

GOOSSAERT, V. *Les traits fondamentaux de la religion chinoise*. Paris: Clio, 2006. Disponível em http://www.clio.fr/BIBLIOTHE-QUE/pdf/pdf_les_traits_fondamentaux_de_la_religion_chinoise.pdf

GOOSSAERT, V. 1898: o início do fim para a religião chinesa? *Locus – Revista de História*, 27 (1) 2021, p. 23-60.

HARTMAN, C. *Han Yu and the T'ang Search for Unity*. Nova Jersey: Princeton University Press, 1986.

HENDERSON, J. *The Development and Decline of Chinese Cosmology* – Neo-Confucian Studies. Nova York: Columbia University Press, 1984.

HENKE, F. *The Philosophy of Wang Yang-Ming*. Londres: The Open Court Publishing, 1916.

HO, P.Y. *Li, Qi and Shu: An Introduction to Science and Civilization in China*. Hong Kong: Hong Kong University Press, 1985.

HSIAO, K.-C. *A Modern China and a New World – K'ang Yu-wei, Reformer and Utopian, 1858-1927*. Seattle/Londres: University of Washington Press, 1975.

HUTTON, E. (ed.). *Dao Companion to the philosophy of Xunzi*. Nova York: Springer, 2016.

JENSEN, L. *Manufacturing Confucianism*. Durham: Duke University Press, 1998.

JOPPERT, R. *O alicerce cultural da China*. Rio de Janeiro: Avenir, 1979.

JULLIEN, F. *Fundar a moral*. São Paulo: Discurso, 2001.

JULLIEN, F. *Processo ou criação*. São Paulo: Edusp, 2019.

JURJI, E. (ed.). *História das grandes religiões*. Rio de Janeiro: O Cruzeiro, 1956.

KAO, J.B.S.-T. *Confucianismo e tridemismo*. Rio de Janeiro: Ed. Rio, 1953.

KEPING, W. A redescoberta da unidade céu-homem. In: BUENO, A.; NETO, J. (orgs.). *Antigas leituras: visões da China antiga*. União da Vitória: Unespar, 2014, p. 251-276.

KINNEY, A.B. *The Art of the Han Essay: Wang Fu's Ch'ien-Fu Lun*. Phoenix: Arizona State University Center for Asian Research, 1990.

KNOBLOCK, J.; RIEGEL, J. *The Annals of Lü Buwei*. Stanford: Stanford University Press, 2001.

KUBUYA, P. *Meaning and Controversy within Chinese Ancestor Religion*. Londres: Palgrave Macmillan, 2018.

LEE, T. *Education in Traditional China: A History*. Leiden: Brill, 2000.

LISBOA, H.C.R. *A China e os chins – Recordações de viagem do ex-secretário da missão especial do Brasil à China*. Montevidéu: A Gobel, 1888.

LOEWE, M. *Dong Zhongshu, a "confucian" Heritage and the Chunqiu Fanlu*. Leiden: Brill, 2011.

LU, J. *Nouveaux discours*. Paris: Belles Lettres, 2012.

MAKEHAM, J. (ed.). *Dao Companion to Neo-Confucian Philosophy*. Dordrecht: Springer, 2010.

MUNGELLO, D.E. *The Chinese rites controversy: Its history and meaning*. Nettetal: Steyler, 1994.

NG, O. Qing Philosophy. *The Stanford Encyclopedia of Philosophy*. Org. de N. Zalta, 2019. Disponível em https://plato.stanford.edu/archives/sum2019/entries/qing-philosophy/

NIENHAUSER, W. (ed.). *The Grand Scribe's Records*. 9 vol. Bloomington: Indiana University Press, 1994-2020.

NUYEN, A. The "Mandate of Heaven": Mencius and the Divine Command Theory of Political Legitimacy. *Philosophy East and West*, v. 63, n. 2, 2013, p. 113-126.

POCESKI, M. *Introdução às religiões chinesas*. São Paulo: Unesp, 2013.

QUEEN, S.A. *From Chronicle to Canon: The Hermeneutics of the Spring and Autumn According to Tung Chung-Shu*. Cambridge: Cambridge University Press, 1996.

QING, J. 追求人类社会的最高理想：中和之魅, 2002. Disponível em http://www.confuchina.com/05%20zongjiao/jiangqing%20tan%20rujia.htm

QING, J. 我所理解的儒学. 深圳之心斋：中评网, 2006. Disponível em http://www.confuchina.com/01%20zong%20lun/wo%20lijie%20de%20ruxue.htm

RUICHANG, W. The Rise of Political Confucianism in Contemporary China. In: FAN, R.F. (org.). *The Renaissance of Confucianism in Contemporary China*. Londres: Springer, 2011, p. 33-45.

SMITH, D.H. *Religiões chinesas*. Lisboa: Arcádia, 1971.

SPENCE, J. *O palácio da memória de Matteo Ricci*. São Paulo: Companhia das Letras, 1986.

SPENCE, J. *O filho chinês de Deus*. São Paulo: Companhia das Letras, 1998.

TANG, Y. Être en harmonie sans être identique. *Revue Alliage*, n. 41-42, 1999, p. 95-102.

THOMPSON, L.G. *Ta t'ung shu: the one-world philosophy of K'ang Yu-wei*. Londres: George Allen and Unwin, 1958.

TIWALD, J. Song-Ming Confucianism. In: ZALTA, E.N. (ed.). *The Stanford Encyclopedia of Philosophy*. Disponível em https://plato.stanford.edu/archives/sum2020/entries/song-ming-confucianism/

WANG, R. *Images of women in Chinese thought and culture: writings from the pre-Qin*. Indianápolis/Cambridge: Hackett Publishing Company, 2003.

WATSON, B. *Records of the Grand Historian of China*. Nova York: Columbia University Press, 1993.

WOOD, F. *Marco Polo foi à China?* Rio de Janeiro: Record, 1997.

YU, D. *Confúcio com amor*. São Paulo: Best Seller, 2010.

ZURCHER, E. *The Buddhist conquest of China*. Leiden: Brill, 1958.

Xintoísmo

Rafael Shoji

Shintō (caminho dos deuses), cintô ou xintoísmo no português, é considerada a tradução espiritual, nativa do Japão. Xintoísmo é nesse sentido a religião tradicional do Japão baseada no cultivo de rituais e divindades locais, especialmente as relacionadas à família imperial, comunidades e natureza dentro do arquipélago japonês. Como tal, Shintō está genuinamente ligado à organização social do Japão e ao ambiente natural, muitas vezes promovendo rituais que ligam o Japão atual ao seu passado antigo, ou áreas mais periféricas a regiões mais centrais, funcionando como um elemento de unificação social. Uma das formas iniciais de se entender o xintoísmo é por meio da transliteração de seu nome em japonês Shintō (神道). O primeiro caractere 神 também pode ser lido como kami, que nesse contexto significa deus ou deuses (ou espírito em uma tradução mais alternativa), um conceito que será mais bem explorado em um item próprio a seguir. O caractere 道 significa "caminho", e também é o caractere usado para designar o Tao (ou Dao) mencionado em diversas religiões, em especial o taoismo. Esse caractere também pode ser lido como "dō", e nessa leitura compõe nomes diversos como as artes marciais judō, aikidō e kendō, mas também aparece em disciplinas como cerimônia do chá (chadō). O nome Shintō corresponde, nesse sentido, a um termo que já existia em chinês (shen-tao). Dessa forma, Shintō representa o caminho através de seu foco nos kami, o caminho espiritual a partir das divindades, que aqui são os espíritos primordiais e nativos do Japão. Ao contrário do budismo, outra religião bastante importante no contexto japonês, o xintoísmo não tem um fundador. Em muitos contextos combinado com o budismo, mas incorporando elementos taoistas, confucionistas e até hindus, o xintoísmo tem forte influência no cotidiano dos japoneses e pode ser observado em diversas expressões culturais e celebrações. O xintoísmo é especialmente importante nos rituais de limpeza, no relacionamento com a natureza, chegando aos dias atuais com uma peculiar influência animista na interação com máquinas e robôs, elementos esses muitas vezes difundidos através da cultura do *anime*. Apesar de não ter um código moral bem definido, a espiritualidade xintoísta está bastante presente nas artes japonesas, em especial na valorização da pureza, da sinceridade e de elementos naturais. Não há no xintoísmo uma doutrina, mitologia ou teologia bem definida, algo que é intencional e faz parte da religião. Talvez esse ponto possa ser ilustrado pelo impacto do animismo na vida dos japoneses; por exemplo, na arte da cerâmica ou a escultura de uma forma geral, mesmo que não haja um reconhecimento formal de uma doutrina. O nipo-americano Isamu Noguchi, por exemplo, foi um escultor contemporâneo bastante influenciado pela visão de que as coisas estão vivas e que o escultor precisa expor a vida presente nelas, "escutando as pedras"; a mesma ideia está bastante presente na cerâmica tradicional. Isso também se conecta com o imprevisível, que está além do humano. Quando um ceramista modela a sua peça e depois precisa queimá-la no forno, para depois ter uma segunda queima com esmalte, ele busca controlar o máximo possível as variáveis do forno, para que a peça não se quebre ou para que o efeito de cor obtido ao final seja o mais próximo possível do que foi imaginado. O ceramista sabe, no entanto, que não consegue controlar todos os parâmetros do forno, e que o resultado é dado ao final também pelo acaso e pelas cinzas, que entende como a participação do kama no kami, ou o "deus do forno". Oferendas de sal e saquê são muitas vezes feitas antes de qualquer queima, de forma a se trazer o efeito desejado.

Origem e expansão

As raízes do xintoísmo se estendem ao período da pré-história do Japão. Supõe-se que seu começo tenha ocorrido na chamada Cultura Jomon (cerca de 14.000 AEC até 300 AEC, ou até 1.000 AEC, segundo algumas correntes da historiografia japonesa). Durante esse extenso Período Jomon, o período pré-histórico mais antigo do Japão, desenvolveu-se uma das formas mais antigas de cerâmica, produzida por um povo sedentário com foco no matriarcado e em uma existência sobrenatural baseada no xamanismo e no animismo.

Figura 1 Cerâmica do Período Jomon, datada entre 100 AEC e 400 AEC.

A cultura do Período Yayoi (300 AEC até 300 EC) relembra alguns aspectos posteriormente adotados na formalização do xintoísmo, em especial a crença nos kami e a arquitetura dos santuários dedicados a deuses do arroz e do sol em Ise, que se tornou um dos principais santuários xintoístas do Japão por ser o centro do culto ao imperador.

De qualquer forma, muito desse xintoísmo antigo ainda é envolto em mistério e teorias que se contradizem por não haver fontes escritas, algo que pode ser exemplificado pelas diferentes interpretações de figuras arqueológicas chamadas de haniwa. Haniwa (埴輪) é um termo coletivo para os esculturas de barro ocas e não vidradas que decoravam a superfície das grandes tumbas (*kofun*) construídas para a elite japonesa durante os séculos IV e VII. As estátuas de Haniwa tinham até 1,5m de altura e eram feitas em uma variedade de formas: casas, figuras humanas, animais e uma infinidade de objetos militares, cerimoniais e domésticos.

A partir das referências aos haniwa supôs-se que eram realizados sacrifícios humanos nas práticas xintoístas antigas, algo que posteriormente teria sido substituído pela oferenda de esculturas de argila, de acordo com um relato lendário na crônica Nihon shoki (日本書紀 – *As crônicas do Japão*, 720 EC). Haniwa, dessa forma, teria se originado como substituto para vítimas sacrificiais, atendentes do falecido, que eram sepultadas vivas no túmulo. Entretanto, muito historiadores têm reconhecido que não há evidências dessas práticas. Apesar da escavação arqueológica moderna de milhares de túmulos, não há evidência de uma antiga prática de enterrar vítimas de sacrifício vivas ou mortas. Também foi demonstrado que os primeiros haniwa não eram figuras humanas, mas cilindros seguidos mais tarde por moradias, e estas por objetos militares e cerimoniais.

As crenças do xintoísmo antigo foram se formando e se desenvolvendo de forma mais sistemática especialmente a partir do início do Período Kofun (300-550 EC). O sistema de crenças estava estreitamente associado com o sistema de clã que se desenvolveu regionalmente, os deuses em geral representavam características naturais do ambiente natural, como, por exemplo, o mar, pedras em formatos especiais, rios e florestas. Também antepassados comuns do clã faziam parte dos deuses cultivados. Um clã que teve influência crescente no panteão xintoísta foi o Clã Yamato, incluindo a deusa do sol Amaterasu, que parece ter sido uma das principais bases para o culto ao imperador. Durante a Idade Média japonesa, o xintoísmo foi se institucionalizando como um culto aos kami, com pouca autonomia, tendo estado por muito tempo em simbiose com o budismo, como será detalhado posteriormente. A devoção ao imperador foi somente figurativa durante a regência dos generais militares denominados xogum, militares que governaram e buscaram unificar o Japão a partir do século XII até o século XIX.

Figura 2 Dança de Haniwa (Tokyo National Museum).

Nos tempos modernos o xintoísmo de Estado baseado no imperador teve um papel fundamental. O ano de 1868 pode ser considerado como o ano inicial do xintoísmo de Estado. Após mais de 250 anos do Xogunato Tokugawa, em 1868 foi promulgada a Restauração Meiji e a doutrina do imperador como um ser divino regente do Japão, tendo como base os rituais xintoístas e a defesa de uma origem comum de todos os japoneses, descendentes da deusa do sol Amaterasu. Em conjunto com o desenvolvimento do exército e da marinha japonesa desenvolveu-se a lealdade incondicional ao imperador, algo propagado pelo sistema educacional e pelos diversos santuários xintoístas, que eram supervisionados pelo governo imperial em Tóquio. Em paralelo, diversos movimentos xintoístas sectários e novas religiões se desenvolveram, que serão descritos adiante.

Após a Segunda Guerra Mundial o xintoísmo de Estado foi oficialmente extinto. O imperador publicamente abdicou de ser uma divindade e a separação entre religião e Estado japonês se tornou uma exigência das forças americanas de ocupação do Japão. Com isso, o xintoísmo retornou ao seu antigo papel de ser um eixo estrutural de santuários bastante heterogêneos espalhados pelo Japão, nos quais os inumeráveis kami são cultuados e festivais são organizados pela comunidade local. A maioria dos santuários é independente e liderada por sacerdotes atuando em tempo parcial. A força da comunidade e a crença nos kami ressurge especialmente em épocas determinadas pelo calendário, trazendo para a vida social uma ritualização e celebração dos eventos naturais e das estações.

Recentemente, muitos pesquisadores têm considerado que o xintoísmo teve seu estabelecimento como um culto ao kami mais consistente somente após o contato com o budismo, tendo se tornado uma religião independente somente após a Restauração Meiji, em 1868. O xintoísmo evoluiu como uma forma de se estruturar, de se diferenciar e também se mesclar ao budismo, que ainda é entendido como um estrangeiro ao Japão. Se para alguns o xintoísmo vem desde a pré-história, sendo base para uma orientação nacionalista na política japonesa e dando um sentido mítico para a identidade étnica, para outros o xintoísmo como conhecemos hoje é uma tradição que foi criada somente após 1868. Os estudiosos que defendem esta última apontam em especial que o nome Shintō era usado de forma bastante diferente antes da Época Meiji, não caracterizando uma tradição religiosa independente, mas sim como um termo chinês emprestado com o objetivo de designar práticas bem mais específicas e localizadas de um culto aos kami.

Em tempos mais recentes, o xintoísmo tem buscado um processo de internacionalização da sua divulgação e uma busca de renovação de sua imagem, em especial a partir de uma espiritualidade ecológica, baseada na observação e reverência para com a natureza. Essa recente evolução se dá a partir de muitas vias, mas as principais são uma busca de divulgação no exterior dos santuários xintoístas japoneses e florestas associadas, defendendo uma perspectiva de harmonia. O xintoísmo é na época contemporânea também uma presença bastante frequente nos desenhos (*anime*) japoneses. Isso se dá em muitos casos por uma reinterpretação e adaptação de conteúdos mitológicos, algo que atrai jovens de todo o mundo, que absorvem conceitos xintoístas sem associá-los a religião. Outra fonte importante de influência do xintoísmo se dá a partir das novas religiões japonesas, como Seichō-no-Ie e Igreja Messiânica, que têm uma presença bastante destacada no Brasil.

Doutrinas e práticas fundantes

Mitologia da Criação do Cosmos e do Japão

A mais alta divindade xintoísta é considerada como sendo a deusa do sol Amaterasu, que tem um papel de destaque como o antepassado primevo do povo japonês e é a divindade que deu início à família imperial. Ela é cultuada especialmente em Ise Jingu (Santuário de Ise), um dos lugares considerados mais sagrados do Japão.

As origens do culto a Amaterasu se confundem com o início do próprio xintoísmo. Inicialmente surgindo a partir de lendas relacionadas à família imperial, a mitologia associada foi inicialmente compilada por ordem do Imperador Tenzu (regente de 673 EC até 686 EC). É dessa época que surgem os dois clássicos principais da mitologia antiga do xintoísmo, o Kojiki (Relatos do tempo antigo, 712 EC) e o Nihongi (Crônicas do Japão, também conhecido como Nihon shoki, 720 EC). Ambos contêm uma seção com o título "Livro da época dos deuses" (*jindai no kan*), que detalha os acontecimentos da criação do céu e da terra até a fundação do Japão como nação a partir do lendário Imperador Jimmu.

Segundo as fontes do Kojiki e do Nihongi, Amaterasu é a filha do deus céu Izanagi e Izanami. O xintoísmo assume um universo como caos inicial e depois uma progressiva separação dos elementos, com o surgimento de deuses sem forma, para então o surgimento de deuses com forma humana. Izanagi e Izanami são deuses que emergiram em forma humana e criaram a partir de sua união as ilhas do Japão, além de seus deuses e deusas.

Segundo a mitologia, ao dar à luz ao deus do fogo Kagutsuchi, Izanami sofreu graves queimaduras e faleceu ("dar à luz" aqui é uma expressão em português que curiosamente se mostra bastante adequada ao contexto). Izanagi não conseguiu superar a perda de Izanami e buscou resgatá-la da terra dos mortos, que ficava no submundo. Para voltar com Izanagi, Izanami precisava da autorização do grande deus dos mortos e pediu para que Izanagi esperasse do lado de fora da caverna. Izanagi deveria aguardar a volta de sua amada, mas não aguentou e seguiu pela caverna que levava ao país dos mortos, vendo então Izanami com seu corpo decomposto e coberto de vermes. Izanami ficou furiosa e enviou demônios para perseguir Izanagi, que conseguiu fugir da caverna e afugentar os maus espíritos que o perseguiam com os frutos de um pessegueiro. Ao final, Izanagi foi fazer uma purificação com água corrente de um rio, de forma a se descontaminar de seu contato com os mortos.

O pano de fundo desse mito, que terá um grande impacto posterior nos rituais e visão de mundo xintoístas, diz respeito aos tabus associados à morte, bem como a batalha entre os humanos, que estão do lado da vida, e o submundo da morte. Izanagi promete amaldiçoar a terra de Izanagi, fazendo morrer 1.000 pessoas por dia. Izanagi, por sua vez, promete fazer nascer 1.500 pessoas por dia, iniciando-se assim o ciclo de vida e morte. Três características importantes do xintoísmo popular surgem com essa fuga: a proibição em geral de interação com os mortos, que são considerados impuros e não devem ser tocados, o papel simbólico dos pessegueiros e de outros elementos para afugentar maus espíritos (elemento bastante presente no folclore japonês a partir da figura de Momotaro) e a importância da purificação ritual com água, que é comumente realizada antes de se entrar nos santuários xintoístas.

Figura 3 Pintura de Eitaku Kobayashi mostrando Izanami e Izanagi, consolidando o arquipélago japonês com a lança "Ama-no-Nuboko".

Do banho purificador de Izanagi surgiram diversos deuses; os mais importantes são Amaterasu (deusa do sol, que nasceu do olho esquerdo de Izanagi), Tsukiyomi (deus da lua, que nasceu do olho direito de Izanagi) e Susano-o (deus da tempestade, que teve origem no nariz de Izanagi). Izanagi deu a Amaterasu a responsabilidade de reinar sobre o céu e a terra, enquanto Susano-o teria o mar como seu domínio. Susano-o, descontente por reinar somente sobre o mar, desafiou sua irmã Amaterasu e a assustou. Ela se recolheu em uma caverna localizada em Takachiho, na ilha de Kyushu, e com isso deixou a terra escura. Ela só saiu quando foi atraída e ficou curiosa devido a uma dança cômica e erótica, chamada kagura, que até hoje é importante no xintoísmo e faz parte das artes tradicionais japonesas.

Figura 4 Deusa do sol Amaterasu saindo da caverna. Xilogravura do século XIX, de Shunsai Toshimasa.

Atualmente, Amaterasu é importante não só por ser a deusa do sol e da fertilidade, mas também porque ela é a antepassada direta do primeiro imperador japonês, Jimmu (Jinmu Tennō), nascido em 660 AEC e falecido em 585 AEC, de acordo com o Kojiki no calendário tradicional japonês. Jimmu foi o fundador mítico do Japão e é o primeiro imperador mencionado nas listas tradicionais de imperadores da casa imperial, que por isso tradicionalmente baseia sua reivindicação ao trono a partir da descendência de Jimmu. Apesar de existirem questionamentos sobre a existência real de Jimmu, dado que o registro histórico só pode ser comprovado a partir do décimo imperador japonês, a casa imperial japonesa é considerada a mais antiga monarquia em funcionamento no mundo, e o Imperador Jimmu é tradicionalmente venerado em um mausoléu no Monte Unebi, na Prefeitura de Nara.

Kami

Kami é provavelmente o conceito mais importante do xintoísmo, podendo ser traduzido por "deus" ou "deusa", ou mesmo "deuses" ou "deusas" de uma forma geral, um termo que, entretanto, não pode ser confundido com o termo "Deus" das religiões monoteístas. Na língua japonesa não há distinção de gênero ou plural nas palavras, também não há maiúsculas ou minúsculas; por isso, o uso aqui da palavra kami em minúsculas não tem nenhuma conotação especial, servindo somente como uma forma de diferenciação. Uma tradução alternativa de kami poderia ser "espírito divino".

Talvez a forma mais resumida de mostrar a diferença dessa ideia de deuses no xintoísmo é ressaltar que da perspectiva das religiões monoteístas o xintoísmo é considerado um politeísmo animista. Como politeísmo ("vários deuses"), há no xintoísmo várias divindades, sem uma hierarquia clara e sem um princípio abstrato e único que represente onipotência, onisciência, onipresença e bondade, para citar alguns atributos mais comumente associados a Deus nas religiões de origem ocidental. Os kami inclusive podem morrer e se decompor como mortais, e alguns kami são humanos. Nessa tradição não há divisão fácil entre o que é animado e inanimado, cultural e natural, humano e divino. Em vez disso, o entendimento é que toda a criação é uma expressão de poderes espirituais. No xintoísmo todas as coisas estão ligadas espiritualmente, e é natural, portanto, tentar se relacionar com esse mundo espiritual da melhor forma possível. O poder espiritual não é distribuído igualmente, mas pode ser reconhecido como especialmente poderoso em alguns fenômenos particulares, que são os kami.

Como animismo, o xintoísmo tem muitas divindades associadas a lugares da natureza, fenômenos climáticos ou mesmo objetos. Essas divindades têm atributos da natureza e características humanas, inspirando admiração e devoção por seu formato raro ou diferente do comum. Isso se dá não só por sua beleza, mas também pelo seu aspecto terrível e assustador. Uma rocha de formato raro equilibrada no mar, uma árvore centenária, animais da floresta ou mesmo um tufão ou trovão são representados através de deuses. Diz-se ser incontável o número de kami existentes no xintoísmo.

Não há nenhuma doutrina específica e bem-demarcada no xintoísmo, havendo muitas variações locais e individuais no entendimento sobre os kami. Ao contrário de uma religião com um fundador histórico ou com base em um texto sagrado específico, o xintoísmo entende que os kami simplesmente existem, em geral associados a um fenômeno incomum entendido espiritualmente, muitas vezes relacionado a um local geográfico, antepassado do clã, figura histórica ou nacional. Outras forças espirituais menos importantes são reconhecidas como elementos perigosos, a exemplo dos espíritos de raposa (kitsune) e espíritos das árvores (tengu). Os kami podem ser levados a se comunicar conosco por meio de médiuns, de forma a explicar seu comportamento e receber oferendas. Em ocasiões especiais o kami também pode usar de outros meios para enviar uma mensagem importante aos humanos, tomando formas inteligíveis para nós e alimentando com os seres humanos através de uma rica mitologia de contos e lendas de fundo espiritual.

Como religião primordial nativa do Japão, um dos kami mais reverenciados é Amaterasu, que é a deusa do sol e ancestral mitológica da família imperial japonesa. Em termos de mitologia comparada, pode-se observar que em muitas culturas o sol, base em termos de fonte de energia (direta ou indiretamente) para todas as formas de vida na terra, é em geral representado por um princípio masculino, sendo a lua em geral um princípio feminino. No xintoísmo temos o contrário, talvez uma reminiscência da época em que o matriarcado parecia prevalecente no Japão (Era Jomon).

Figura 5 Máscara de raposa, usada em apresentações de Kagura. Coleção do Museu de Quai Branly, Paris.

A mitologia associada a Amaterasu será descrita com mais detalhes em itens a seguir, mas aqui vale ressaltar o importante papel do sol como símbolo do Japão, que em sua forma antropomórfica é representado pela kami Amaterasu. Em japonês, Japão é Nihon (ou Nippon), que escrito em caracteres japoneses é 日本, significando "sol nascente" ou "base, fundamento do sol". Daqui se deriva o termo "terra do sol nascente", que foi historicamente adotado na China para o nome das ilhas ao leste. O Japão era a terra de onde o sol nascia a partir da perspectiva da China Continental, mas também o sol sempre representou uma base mitológica importante para o povo japonês e para a família imperial. O sol também aparece em destaque na bandeira japonesa.

Além dos deuses principais do xintoísmo, de origem mitológica, continuamente são adicionados novos kami ao panteão, derivados da sacralização de lugares geográficos e de figuras históricas. Dessa forma, por exemplo, o Imperador Meiji (1868-1912), que foi bastante importante na modernização do Japão e em sua abertura para o mundo, é a divindade principal de um grande santuário em Tóquio, o Meiji Jingu. O mesmo ocorreu com Ieyasu, o primeiro xogum Tokugawa (1543-1616), que é cultuado na cidade de Nikko, província de Tochigi.

Além de fenômenos da natureza e regentes do Japão, outras personalidades locais e figuras históricas também podem se tornar kami, algumas vezes com uma história por trás, associada à pacificação de um espírito, através do culto. O famoso kami Tenjin, por exemplo, é o espírito do erudito Sugawara Michizane do século IX, que teve um reconhecimento público bastante elevado, mas foi vítima de uma intriga política. Ao final, ele foi banido para a ilha de Kyushu e lá faleceu. Pouco depois, catástrofes acometeram o Imperador Heian em Kyoto e supôs-se que o espírito de Michizane estivesse por trás desses acontecimentos inóspitos, como uma forma de vingança do mundo espiritual. Para que seu espírito fosse pacificado, o imperador ergueu um santuário para o espírito de Michizane, que logo foi reconhecido como o protetor do aprendizado e da erudição. Seu culto se espalhou por todo o Japão, em especial porque estudantes visitam regularmente os santuários Tenjin para que sejam bem-sucedidos nas provas.

Os kami no Japão podem ser altamente sincréticos. Um dos melhores exemplos é a deusa da água Benzaiten, uma das divindades mais complexas do Japão, tendo sido fundida e associada a outras divindades dos panteões hindu e budista. Sua adoração no Japão é difundida especialmente entre os budistas esotéricos e os santuários xintoístas associados a essa linhagem budista. Suas muitas formas variam de uma bela deidade tocando música a uma divindade marcial de oito braços segurando armas, uma monstruosa cobra de três cabeças e uma representação divina de Amaterasu. Dragões e serpentes são seus mensageiros e avatares. Hoje, Benzaiten é uma das divindades mais populares do Japão e continua desempenhando vários papéis, como a musa dos artistas japoneses e uma divindade agrícola invocada para chuvas e colheitas abundantes. Benzaiten também exemplifica uma forma única de apropriação japonesa do hinduísmo, além da associação com o budismo de muitas maneiras. Originalmente, uma deusa hindu chamada Sarasvatī, representando um rio, foi apresentada ao Japão (via China) em meados do século VII como uma defensora do budismo e da organização estatal. Em tempos posteriores ela foi associada a seu significado original relacionado com a água e apropriada nos cultos aos kami, tornando-se a divindade nativa da riqueza e da boa fortuna, estando especialmente associada às artes.

Figura 6 Detalhe de xilogravura japonesa no estilo ukiyo-e retratando Sugawara Michizane.

Benzaiten é a única mulher dos chamados Sete Deuses da Boa Fortuna do Japão, encontrados no xintoísmo popular, que são também um exemplo de sincretismo e especificidade em sua ação, atendendo a grupos específicos. Essas sete divindades têm suas origens principalmente como antigos deuses da sorte de religiões populares no Japão, três tendo sua origem no Budismo Mahayana (Benzaiten, Bishamonten, Daikokuten), que foi da China para o Japão, mas se originou na Índia. Três desses deuses da sorte derivam do taoismo (Fukurokuju, Hotei, Jurojin) e somente em um caso (Ebisu), pode ser identificada uma ascendência japonesa nativa. Muitos kami têm uma relação com prosperidade em relação a uma atividade específica, e nessa classificação os sete deuses são separadamente entendidos como patrono dos negócios (Ebisu e Daikokuten), ciência (Fukurokuju) e artes (Benzaiten), entre outras atividades.

Figura 7 Sete deuses da Boa Fortuna, início do século XIX (por volta de 1810). Fukurokuju (canto superior esquerdo), Hotei (com grande saco e leque), Ebisu (peixe), Jurōjin (centro com pergaminho), Bishamonten (lança), Benzaiten (mulher com biwa), Daikokuten (fardo de arroz). Pintura colaborativa de Hokusai Katsushika (1760-1849), Utagawa Kunisada (1786-1865), Utagawa Toyokuni (1769-1825), Torii Kiyonaga (1752-1815), entre outros. A imagem de Hotei segurando uma enorme bolsa branca é de Hokusai Katsushika.

Um outro ponto importante de diferenciação em comparação com as religiões monoteístas é que os kami não são sempre moralmente benévolos, como também não são benéficos (da perspectiva humana) alguns fenômenos naturais como terremotos, tufões ou tsunami. Uma deidade ambígua, nesse aspecto, é o kami chamado Inari, que é um kami da prosperidade, especialmente relacionado com o cultivo do arroz e do chá. Uma divindade complexa e multifacetada amplamente adorada em todo o Japão há mais de mil anos, Inari é retratada de várias maneiras como masculino, feminino e andrógino. Embora o papel de Inari tenha mudado com o tempo, é talvez mais conhecido devido à sua associação com raposas, chamadas kitsune, que agem como mensageiros de Inari e recebem proteção em troca.

Festivais comunitários e cerimônias imperiais

Especialmente em estudos de religião, é muitas vezes mais importante observar o que as pessoas fazem do que aquilo que elas dizem acreditar. Isso é especialmente relevante para uma religião como o xintoísmo, que se coloca como uma religião sem doutrina, estando fortemente baseada no ritual. Nesse sentido, o conceito de pureza é fundamental para a tradição xintoísta, e o principal meio de purificação nessa tradição é a prática ritual. Como se poderia esperar, o tipo mais comum de ritual envolve limpeza física ou simbólica de si mesmo ou de um objeto que vai interagir com os kami. Muitos rituais têm a ver com manter uma relação pacífica e harmônica com os kami, para que se possa evitar consequência de má sorte ou infortúnio, que ocorre em casos de negligência ou desrespeito para com os kami. A purificação é feita em geral com água a partir de lavagem, enxague e banho, lembrando a mitologia da purificação de Izanagi depois de ir ao mundo dos mortos. Isso pode ser visto já na entrada de um santuário xintoísta, onde uma das preliminares é a purificação das mãos e da boca, representando a busca de limpeza do corpo e a sinceridade nas palavras, para que só então se possa iniciar a relação com os kami. Outros rituais comuns incluem a leitura formal de orações e fazer oferendas de alimentos e bebida aos kami, que não são desperdiçadas, sendo mais tarde compartilhadas em uma refeição comunitária.

Os rituais xintoístas são um componente central da maioria dos festivais nacionais no Japão, bem como são os eventos mais esperados em santuários e outros locais sagrados. Os maiores rituais são, geralmente, uma parte de um tipo de grande festival público chamado matsuri, que é o principal tipo de celebração coletiva no xintoísmo. Matsuri são festivais voltados para a comunidade que marcam estações na natureza, o ano-novo, florada de crisântemos e de cerejeiras, eventos das mitologias xintoístas, acontecimentos da história japonesa, tradições agrícolas e muito mais. Os kami são convidados a permanecerem junto aos seres humanos durante os matsuri; por isso esses festivais em geral começam com um convite dos sacerdotes, de costas para o povo, em direção aos kami, convidando-os a comparecer; ao término do festival ocorrem as despedidas sacerdotais e a partida dos kami.

Na maioria das vezes, esses e outros rituais são executados por sacerdotes que são assistidos por uma auxiliar do santuário chamada miko, que geralmente são jovens do sexo feminino e que podem ter uma aproximação com o xamanismo. Os rituais em geral são projetados para comunicação com os kami. Às vezes, essa comunicação é unilateral (do humano para o kami), em que as pessoas agradecem, fazem pedidos e elogiam os kami. Em outras ocasiões, essa comunicação é bidirecional (de humano para os kami e dos kami para os seres humanos). Neste último caso as pessoas costumam usar os sacerdotes ou as miko como mediadores na comunicação com os kami, de forma a obter respostas a questões importantes ou para buscar soluções para problemas da vida.

Outros rituais xintoístas são realizados durante festivais menores, mais locais ou mesmo privados. Eles marcam estágios da vida como casamento, nascimentos e ritos de passagem nos primeiros anos de vida de uma criança. Funerais são em geral praticados como uma cerimônia budista pelos japoneses. A morte é considerada por alguns textos xintoístas como algo impuro, a exemplo do mito de Izanagi e Izanami.

Também existem rituais comuns individuais, quando por ocasião da visita a um santuário. A visita em geral consiste em uma lavagem ritual prévia, realização de oferendas e um chamado aos kami a partir do batimento de palmas e reverências. Os kami são geralmente convocados puxando-se uma corda que faz soar um sino do lado de fora do santuário. Faz-se uma pequena oferta em dinheiro, seguida por duas palmas, uma curta oração silenciosa e duas reverências, mas a variação é tolerada e este procedimento é mais longo e ligeiramente diferente nos santuários mais importantes. O personagem principal é sempre o kami. Ao redor dos santuários costumam ser vendidos amuletos de proteção (*omamori*) e tabuletas (*ema*) para que os devotos realizem seus pedidos aos kami.

Figura 8 Omamori, objetos de proteção.

A purificação ritual não está vinculada somente aos rituais coletivos e coisas externas; estes fornecem para os xintoístas um meio de encontrar e recuperar, também na vida interior, o que é considerado divino, trazendo harmonia e ordem. Nesse encontro humano com o mundo a natureza é entendida como criadora e vivificante (*musubi*), sendo uma força geradora vital que busca criar e conectar harmoniosamente os humanos com um mundo que muitas vezes parece caótico.

Este poder vital e místico está diretamente associado aos kami, sendo os aspectos incomuns e superiores da natureza e da humanidade. Estes são experimentados como possuindo uma presença e potência impressionantes para os humanos, como objetos naturais no céu e na terra (corpos celestes, montanhas, rios, campos, mares, chuva e vento), além de grandes pessoas, heróis ou líderes. Nessa concepção xintoísta alicerçada no processo vital da interpenetração entre *musubi* e a natureza, nós seres humanos podemos ser interrompidos e separados dessa energia. Na tradição xintoísta, a expressão mais comum dessa sensação de obstrução é o termo "poluição" – aqui, o contrário da "pureza", que também é caracterizada pelo estado de criatividade.

A ação reparadora é realizada pelos humanos para combater os poderes que obstruem ou poluem o poder vivificante de musubi e kami. Existem vários meios para se conseguir isso, mas esse combate se dá principalmente por ações rituais como liturgias formais conduzidas por sacerdotes, práticas ascéticas (*misogi*) envolvendo água, como cachoeiras, e também a partir de grandes festivais públicos. Todas essas atividades variadas são concebidas no sentido de livrar as pessoas e coisas da "poluição" (*tsumi*), a fim de restabelecer a "pureza". Tsumi, nesse sentido, é algo sujo que pode ser lavado pela ablução e lustração, o que é denotado pelo termo *misogi harai*. Isso também se aplica às realidades interiores do pensamento e da intenção humanos: o coração puro é aquele que não é "sujo", um coração limpo e brilhante que nada esconde, como um espelho. Essa condição estética da beleza no xintoísmo é inseparável de uma condição de pureza restaurada e da comunhão com o kami; ou seja, com as "potências incomuns" do próprio processo criativo associado a musubi. Nesse estado de pureza, a pessoa está conectada à ordem e à harmonia sagrada da natureza como um todo.

Figura 9 Misogi Harai. Ritual ascético de purificação.

Um outro aspecto importante dos rituais xintoístas no Japão é sua associação com o ciclo agrário e com a cultura do arroz. No Japão antigo o arroz em fartura era privilégio somente das elites, mas se tornou a principal e mais comum fonte de alimento dos japoneses. Produtos secundários do arroz estão presentes no cotidiano japonês e são responsáveis por diversas características culturais específicas. Isso se apresenta, por exemplo, do ponto de vista linguístico, já que arroz (*gohan*) também designa refeição em geral. De fato, o almoço pode ser traduzido como *hiro gohan* (literalmente, "arroz da manhã"), e o jantar pode ser traduzido como *ban gohan* (literalmente, "arroz da tarde"). Como comparação, no português do Brasil usamos os termos "café da manhã" e "café da tarde".

Na época antiga a *wara* (palha feita da planta do arroz) foi um dos materiais mais importantes da história cultural japonesa, não só usada na obtenção de utensílios práticos como tatame, sandálias e chapéus, mas também na arte e em objetos rituais. Alimentos vindos do mar também tiveram um papel importante na dieta e nas religiões japonesas, principalmente porque a carne foi durante muito tempo considerada um item proibido na alimentação. Além da geografia montanhosa do Japão não ser adequada à pecuária, a interdição do consumo de carne no Japão vigorou até a segunda metade do século XIX devido a preceitos budistas. Esses preceitos tinham se transformado em uma legislação que depois foi abandonada pela sociedade japonesa. Devido a esses fatores, os peixes e os frutos do mar são itens comuns na alimentação japonesa, muitas vezes crus ou conservados, frequentemente em pratos envolvidos em arroz, algas e outros condimentos naturais conservantes. Esse é a origem de pratos japoneses famosos como *sushi* e *sashimi*. Para que fossem conservadas, fatias de peixe cru eram embaladas com algas marinhas secas e arroz temperado em vinagre de arroz, sal, saquê e outros condimentos.

O papel especial do arroz e do sal, que aparece em diversos mitos e ritos xintoístas, molda de forma estruturante os rituais anuais de plantio, colheita e purificação associados ao relacionamento com a natureza. A presença do arroz e seus derivados na mitologia xintoísta é uma constante, como por exemplo na devoção ao kami Inari, que de deus do arroz se transformou também em protetor dos negociantes, devido à associação simbólica entre arroz e riqueza. Entre as oferendas mais comuns no xintoísmo estão o arroz cozido, o saquê (fermentado alcóolico feito a partir do arroz) e mochi (bolinhos de arroz batido), oferecidas aos kami no santuário xintoísta doméstico (*kamidana*).

Figura 10 Detalhe de um kamidana, altar doméstico xintoísta.

Em termos rituais, como era de se esperar devido a seu passado agrário, no Japão o cultivo do arroz definiu ciclos da natureza que se associaram de forma estreita ao ciclo ritual anual. O cultivo do arroz se dá na estação quente, representado no ciclo ritual anual como o intervalo entre festival da primavera (*harumatsuri, hanamatsuri*) e o festival do outono (*akimatsuri*). Esse ciclo de plantação, crescimento, colheita e descanso dos campos era interpretado de uma forma ritual desde a antiguidade japonesa. Praticamente todos os livros sagrados do xintoísmo antigo, especialmente o *Nihon Shoki*, o *Kojiki* e o *Engishiki* já continham ritos detalhados destinados a oferendas para os kami e festivais relacionados à alimentação. "Danças dos deuses" (*kagura*) eram destinadas a propiciar e agradecer por uma boa colheita. Essas danças, realizadas muitas vezes como um forte elemento xamânico, são consideradas as formas mais antigas de dança japonesa e estão associadas a artes tradicionais como o Teatro Nô e o Kabuki. Em termos espaciais, esse ciclo agrário era interpretado como um empréstimo de uma terra que é propriedade dos deuses. Isso se reflete ainda hoje na arquitetura das vilas e das residências, mas principalmente na ocupação das terras: oferendas são prestadas aos kami, que são convidados a tornar o campo produtivo; no inverno, com a devolução dos campos cultivados, os campos voltam ao seu estado primitivo e os kami retornam à sua condição original.

Alguns desses conceitos e práticas permanecem no calendário secular, muitas vezes de forma inusitada e sem qualquer conteúdo relacionado ao ciclo agrário. Na primavera ainda existe a cerimônia oficial de plantação da primeira muda de arroz, realizada pelo imperador. Nos últimos dias do ano, muitas comunidades locais se unem na atividade conjunta de fazer os bolinhos de arroz para o final do ano (*mochisuki*). O final do ano é entendido como uma renovação do tempo cíclico através da limpeza e reorganização da casa para as longas festividades do Ano-novo, e o mesmo conceito também surge em festas mais secularizadas de final e início do ano (*obonenkai* e *seinenkai*, respectivamente).

Rituais xintoístas também são bastante importantes para a casa imperial japonesa, tendo como impacto político nesse caso a celebração de uma unidade étnica japonesa. Isso ocorre em especial por ocasião do entronamento de um novo imperador; algo que ocorreu pela última vez em 2019, com a subida do novo imperador, Naruhito, ao trono, que se tornou o 126º imperador do Japão e inaugurou uma nova era no país, algo que, inclusive, muda a contagem oficial dos anos, sendo 2019 o primeiro ano da nova era. A Era Heisei, que pode ser traduzida como era da paz duradoura, pertenceu ao reinado do imperador anterior, Akihito, enquanto que a Era Reiwa, significando era de bela harmonia, agora marca o tempo do novo imperador, Naruhito.

A passagem do trono envolve uma série de ritos e cerimônias públicas estreitamente associadas ao xintoísmo. Em um dos ritos principais Naruhito usou uma túnica tradicional e um alto chapéu preto tradicional para a cerimônia de entronamento no Palácio Imperial, a única sala com piso de madeira e paredes revestidas de tecido com padrão wakamatsu (folha jovem de pinho). Ele subiu no trono de Takamikura, um elaborado pavilhão de 6,5m de altura coberto com ouro e laca, e sentou-se em uma cadeira almofadada com assento de palha de arroz. Este é o trono do crisântemo, um termo que também é usado de forma mais ampla para descrever a família real japonesa. Ao lado dele, sobre uma mesa, havia uma espada e uma joia, dois dos chamados três tesouros sagrados que simbolizam a legitimidade do imperador (o último tesouro sagrado é um espelho chamado *Yata no Kagami*, que é mantido no Grande Santuário de Ise). Por último, Naruhito realizou ao final do ano de 2019 um ritual também muito importante chamado *daijosai*, que é realizado privadamente e com muitos detalhes que não são públicos, mas no qual se supõe que ele compartilhe arroz e saquê com a deusa Amaterasu. Dessa forma o imperador une-se a seus ancestrais na reza por bons tempos para o povo japonês, que também são descendentes de Amaterasu.

Figura 11 Ritual de entronamento de um novo imperador. Em destaque, o trono Takamikura.

223

Manifestações institucionais

Xintoísmo e o Estado japonês

Apesar dessa característica de ser pouco doutrinário e também de ser bastante diverso geograficamente, com tradições locais próprias, o xintoísmo se revela em linhas mais gerais como um culto a uma natureza japonesa, o que culmina em uma potencial representação institucional máxima associada ao Estado japonês, simbolizado pelo imperador.

A ambiguidade possível do termo natureza em "culto a uma natureza japonesa" é determinada por uma preocupação bastante restrita dessa religião, algo pouco comum para aqueles que estão acostumados com as religiões consideradas "universais". Por um lado, o objeto do xintoísmo são os deuses ou kami, alguns deles fenômenos naturais específicos da geografia japonesa; por outro lado, o xintoísmo se desenvolveu como uma religião etnicamente orientada para o povo japonês. A tradicional dicotomia entre natureza e cultura é difícil de ser tratada quando se estuda o xintoísmo, já que um de seus principais impulsos é a sacralização de uma natureza local interpretada do ponto de vista étnico.

Considerando o objeto de interesse da Ciência da Religião, o tema importante é considerar as características mais importantes da relação interdependente entre etnicidade e religião, que em alguns casos se institucionaliza como nação. Uma das formas de construção social da identidade étnica é mediante um parentesco fictício, muitas vezes diretamente associado a mitos de origem comum. Essa origem comum, um dos possíveis fatores definidores para uma comunidade imaginada, é um fator simbólico estruturante, importante do nacionalismo religioso, justificando dinastias imperiais ou classes sociais no poder ou mesmo na preservação de uma identidade étnica em comunidades como as de imigrantes e descendentes.

Na religiosidade étnica, a unidade do grupo é remetida a um tempo imemorial e revitalizada constantemente por meio de um calendário ritual e cerimônias de passagem, que no caso do xintoísmo se referem aos mitos de origem descritos anteriormente. Essas práticas são muitas vezes entendidas como uma obrigação social pelos adeptos, ocorrendo a preservação da identidade de grupo através da socialização religiosa. Nesse sentido, a religião pode ser estudada como sendo a sacralização da identidade, entendida como um esforço em se preservar uma existência independente, presente tanto em indivíduos quanto em grupos, e uma característica importante, tanto do ponto de vista biológico quanto social.

O xintoísmo é um importante exemplo de uma religião que tem essa direção. A evolução do grupo religioso é, nesse caso, determinada pelas fronteiras do grupo étnico, que dependem da interação social e da absorção da religiosidade étnica pelas novas gerações. Para os que querem participar do grupo religioso, é frequentemente necessário um entendimento e até um comportamento semelhante ao do grupo étnico. Para a maioria dos adeptos que já pertencem ao grupo étnico, os elementos étnicos e religiosos são dificilmente diferenciáveis, o que limita a possibilidade de conversão e divulgação das ideias religiosas do grupo. Nesses casos uma religião étnica pode ser entendida como a sacralização de símbolos que impliquem uma identificação social diferenciada, na qual são repassados mitos e ritos de uma identidade étnica para as próximas gerações e preservados símbolos que lembram uma origem comum, pouco dada a um esforço de conversão de elementos que estão fora do grupo. De fato, no caso do xintoísmo, o proselitismo só se dá a partir do surgimento das novas religiões.

Dessa forma, apesar de uma relação bastante direcionada ao mundo natural, o relacionamento dinâmico com a natureza e os kami sempre teve como um eixo importante a perspectiva étnica. Isso foi mostrado anteriormente no aspecto mitológico e na importância do mito comum de origem, o que inclui, além das ilhas japonesas, os antepassados míticos que deram origem à família imperial.

Essa tendência nacionalista encontrou seu ápice no que se chama xintoísmo de Estado, em especial à religião oficial nacionalista do Japão, desde a Restauração Meiji em 1868 até a Segunda Guerra Mundial, que se centrou em cerimônias da casa imperial e em uma educação obrigatória cívica nas escolas, que incluía o cultivo de um espírito nacionalista japonês com fortes contornos xintoístas. Nessa época a administração dos mais de 100 mil santuários xintoístas do país foi realizada pelo governo e o *status* divino do imperador foi promovido pelas autoridades políticas. O Estado japonês pré-guerra distinguia as cerimônias religiosas da corte imperial e dos santuários associados, considerando esses como educação cívica, e não religião.

O xintoísmo de Estado foi fundado no antigo precedente dessa unidade entre religião e governo, a partir da família imperial. Tradicionalmente, os kami, o imperador japonês, os cidadãos e a nação eram considerados descendentes de ancestrais comuns, e a prosperidade de todos era assegurada pela harmonização entre a política de governo e a vontade dos deuses. No japonês antigo, a mesma palavra (*matsurigoto*) era usada para se referir a ritos religiosos e ao governo. Alguns usam o termo kôdô (Caminho Imperial) para designar essa conduta política ideal, considerando o culto oficial do imperador a Amaterasu Ômikami e aos deuses do céu e da terra como condições fundamentais de governo.

O poder do imperador foi ofuscado por governantes militares no período medieval japonês, e com isso o xintoísmo perdeu espaço, tendo sido colocado em segundo plano nesse período dominado pelo budismo e pelo neoconfucionismo. Em meio às complexas mudanças sociais e culturais que acompanharam a modernização do Japão durante o Período Meiji (1868-1912), o governo começou a institucionalizar o xintoísmo, assumindo o controle dos santuários. Posteriormente, foi estabelecido um ministério de governo específico sobre o tema, adotando políticas restritivas contra as outras religiões, incluindo movimentos de seitas dentro do próprio xintoísmo. Embora a Constituição de 1889 incluísse uma garantia nominal de liberdade religiosa, a reverência aos santuários xintoístas e à família imperial era considerada o dever patriótico de todos os japoneses das mais diversas religiões.

Enquanto a Constituição Meiji de 1889 afirmava que o "imperador é sagrado e inviolável", após a Segunda Guerra Mundial o cenário mudou para o imperador do Japão e para a família imperial em geral, trazendo um fim para a política voltada ao xintoísmo de Estado. Sob pressão das potências aliadas, em 1º de janeiro de 1946, o Imperador Hirohito foi forçado a renunciar formalmente à sua divindade. As mudanças provocadas pelos poderes aliados também se refletiram na Constituição de 1947. Essa mudança constitucional privou o imperador até de poderes nominais e assumiu a posição de chefe de Estado sem muito envolvimento na gestão do governo. Embora a família imperial japonesa ainda seja profundamente respeitada e tenha significado para o Japão e seu povo, isso não se traduz mais como um xintoísmo de Estado. A separação entre religião e Estado foi mantida na constituição do pós-guerra; a maioria dos santuários administrados anteriormente pelo governo foi reorganizada como um xintoísmo baseado em comunidades locais.

O tema da relação entre religião e Estado continua bastante polêmico no Japão e na região, dado que o xintoísmo tem a possibilidade de sempre oferecer uma simbologia nacionalista com um papel político importante, tanto nas disputas internas à sociedade japonesa quanto na geopolítica da região. Recentemente, esse papel de um xintoísmo nacionalista tem sido associado às visitas de políticos japoneses ao Santuário de Yasukuni, em Tóquio, onde são cultuados os heróis de guerra. Essas visitas frequentemente provocam protestos de países como a China e a Coreia, que foram marcadas por várias guerras promovidas pela política expansionista do Japão na época do xintoísmo de Estado.

Figura 12 Memorial no Santuário Yasukuni aos kamikaze ("vento divino", em tradução literal): militares aviadores suicidas que atuaram na Segunda Guerra Mundial.

Tipos institucionais de xintoísmo

O xintoísmo pode ser aproximadamente classificado nos seguintes tipos principais, devido à sua doutrina e estrutura organizacional: o xintoísmo popular ou folclórico (*Minzoku Shintō*), o xintoísmo de santuário (*Jinja Shintō*) – que englobava o xintoísmo de Estado (*Kokka Shintō*) e o chamado xintoísmo sectário (*Kyōha Shintō*). Nos tempos mais modernos surgiram diversas "novas religiões derivadas do xintoísmo" (*Shintōkei shinshūkyō*), que muitas vezes também são descritas dentro dessa estrutura tipológica do xintoísmo. Esses novos movimentos são especialmente importantes para as religiões japonesas no Brasil, dado que movimentos como Seichō-no-Ie e Igreja Messiânica se enquadram nesta última categoria e estão entre aqueles mais bem-sucedidos em missões no exterior.

O xintoísmo popular ou folclórico (*Minzoku Shintō*) é um aspecto da crença popular japonesa que está intimamente relacionado a outros tipos de xintoísmo e não tem uma institucionalização exclusiva, sendo considerados os princípios gerais do xintoísmo conforme descritos anteriormente, em especial na crença dos kami e nos rituais de purificação. Em sua formulação mais estrita, o xintoísmo popular, apesar de não ter uma estrutura organizacional formal nem uma doutrina específica, centra-se na veneração dos kami e nos ritos agrícolas das famílias rurais.

O xintoísmo de santuário (*Jinja Shintō*), que existe desde o início da história japonesa, chegando aos dias atuais, constitui uma das principais correntes da tradição xintoísta e inclui em sua estrutura o xintoísmo de Estado (*Kokka Shintō*), baseado na identidade total da religião e do Estado, e tem relações estreitas com a família imperial japonesa. Após a derrota do Japão na Segunda Guerra Mundial, o xintoísmo estatal foi destituído e substituído pelo xintoísmo Jinja, ou xintoísmo de santuário, que agora representa a principal estrutura institucional do xintoísmo como religião.

Além dessas vertentes que podem ser consideradas um xintoísmo tradicional, diversas novas denominações religiosas surgiram dos ensinamentos e práticas, em geral combinadas com práticas populares e laicas, em especial revitalizando movimentos baseados em cura e conversão. Isso nos leva a mais duas categorias modernas de classificação do xintoísmo, o *xintoísmo sectário* (*Kyōha Shintō*) e *novas religiões derivadas do xintoísmo* (*Shintōkei shinshūkyō*). O xintoísmo sectário (*Kyōha Shintō*) é um movimento relativamente novo que consiste em 13 seitas principais que se originaram no Japão por volta do século XIX e em várias outras que surgiram após a Segunda Guerra Mundial. Cada seita foi organizada em um corpo religioso por um fundador ou sistematizador. As novas religiões derivadas do xintoísmo (*Shintōkei shinshūkyō*) caracterizam-se por ter um fundador carismático, uma forte estrutura missionária e uma organização orientada para a expansão, inclusive com missões fora do Japão.

Sacralização regional no xintoísmo de santuários

Com exceção da época em que o xintoísmo foi a religião de Estado (1871-1945), a influência local e de culto a personalidades e fenômenos locais sempre foi uma das características mais determinantes dos santuários (*jinja*), que se dedicam a diferentes divindades espalhadas por todo o Japão. Os santuários são o centro das atividades religiosas, em especial os pedidos de proteção aos deuses e a realização de festivais. Comerciantes pedem por seu sucesso nos negócios, por exemplo, enquanto estudantes pedem aprovação em suas provas. Os xintoístas acreditam que os kami vivem na natureza e habitam diversos lugares sagrados nas florestas e praias. O Monte Fuji, por exemplo, é uma das montanhas mais sagradas, mas também há diversos outros lugares considerados importantes, como a Cachoeira de Nachi na Prefeitura de Wakayama. Algumas divindades como Konpira, por exemplo, são mais associadas ao mar e à navegação e estão mais presentes em santuários xintoístas perto do mar.

Através de uma longa tradição espelha-se na construção dos santuários xintoístas a própria história das construções no Japão. Os mais antigos santuários eram simplesmente altares ao ar-livre, onde eram trazidas oferendas e inclusive eram realizados diversos sacrifícios. Com o tempo foram trazidas cerâmicas representando divindades para esses altares e eles foram sendo cobertos com estruturas características da Época Yayoi.

Por volta do final do século VI, com a chegada do budismo, houve uma forte influência estrangeira na arquitetura xintoísta, que passou a seguir um estilo mais chinês e com cores mais destacadas. Também muitos santuários estão associados, desde essa época, a templos budistas, muitas vezes como complementos ou anexos. Um exemplo de santuário bastante associado ao desenvolvimento do budismo é o Santuário Kasuga Taisha em Nara, que foi fundado por volta de 768 em um amplo local com muitos cervos e bastante perto de templos budistas importantes como o Todaiji e o Kofukuji. O complexo formado por esses santuários e templos foi o principal centro de cerimônias e de conhecimento na época em que Nara foi a capital do Japão (710-784 EC). Atrás de Kasuga Taisha fica a chamada floresta primeva de Kasuga, uma área em torno de 500m e que ilustra bem a busca de um relacionamento harmônico entre os seres humanos e a natureza, a ser propiciado pelo xintoísmo. A extração de madeira e a caça foram proibidas desde o ano 841, o que propiciou um ecossistema bastante rico bem perto da cidade, com uma grande variedade de tipos de árvores e animais selvagens.

Atualmente são construídos santuários xintoístas dos mais diversos estilos, dependendo da localização e da finalidade. Há alguns santuários em edifícios na zona urbana, mas a maioria deles busca uma associação com a natureza, em particular florestas. Os santuários são visitados especialmente durante os feriados do Ano-novo e durante festivais locais da comunidade, chamados em japonês de *matsuri*. Os kami não "vivem" nos santuários e devem ser convocados educadamente. A abordagem de cada santuário é marcada por um dos vários grandes portais, ou *torii* 冊, determinando a transição do mundo comum para o espaço sagrado xintoísta. Antes de adentrar nos recintos xintoístas, mesmo que seja somente uma reverência de fora, é necessário enxaguar as mãos e a boca. Por isso sempre há bacias e utensílios para isso, antes da entrada do santuário. Um santuário é geralmente dedicado a um kami em particular, mas pode hospedar qualquer número de santuários menores, representando outros kami, para os quais a população local também realiza rituais. Espaços sagrados ou sua entrada para eles, como florestas, árvores e rochas específicas, são marcados por cordas de palha entrelaçadas ou fitas de papel comum branco trançadas de forma elaborada.

Figura 13 Torii do Santuário Itsukushima.

Tradicionalmente, o sacerdócio profissional limitava-se aos grandes santuários, e a população local se revezava para ser o sacerdote. Mais recentemente, o sacerdócio profissional cresceu, e hoje tem cerca de 20 mil membros, sendo 2 mil mulheres sacerdotisas. Com exceção dos santuários menores, esses locais estão sob a responsabilidade de uma equipe de sacerdotes (*guji*) de vários níveis, assistidos por uma equipe de meninas locais solteiras (*miko*), que realizam danças cerimoniais (*kagura*) e outros serviços. A maioria dos novos sacerdotes e sacerdotisas agora é graduada em universidades xintoístas, e frequentemente vem de famílias que já são compostas por várias gerações de sacerdotes. Não há equivalente a líder único para todos os ramos ou santuários do xintoísmo, sendo cada santuário um local independente, em especial em termos administrativos e de autonomia financeira, desenvolvendo laços locais com a comunidade. A maioria dos santuários está ligada por meio da organização nacional de santuários (*jinja honcho*), que fornece informações e serviços administrativos de representação nacional e ajuda a representar o xintoísmo no exterior.

Em casa, os indivíduos devem venerar e entreter o kami mais importantes por meio de altares xintoístas, chamados kamidana, dedicados aos kami particularmente cultivados na família. Os kami apreciam a boa vontade e a preocupação desses devotos, reconhecendo seus esforços e querendo ser informados sobre eventos significativos, favorecendo, com isso, aqueles que os veneram e a comunidade que os sustenta.

Alguns santuários estão estreitamente associados à mitologia japonesa. Na Ilha de Kyushu, ao sul do Japão, os principais santuários estão localizados, nessa categoria, em Takachiho, uma localidade de grande importância religiosa e turística. Conforme descrito antes, o casal divino Izanagi no Mikoto e Izanami no Mikoto desempenham um papel central na narrativa da criação do Japão. O casal se casa e dá à luz as ilhas do Japão, bem como várias importantes divindades naturais que dão forma às ilhas. Embora seja difícil determinar a partir de documentos antigos exatamente onde esses eventos teriam ocorrido, a crença local de Takachiho considera a ilha no centro da Lagoa Onokoro, perto do desfiladeiro de Takachiho, como Onokoro Shima, o lugar onde Izanami e Izanagi se casaram, viveram e deram nascimento às ilhas do Japão. Nessa crença, Takachiho é o lugar onde nasceu o arquipélago japonês, tanto suas formações naturais como seus habitantes.

Também Takachiho seria a localidade do famoso conto mítico japonês, no qual a deusa do sol kami Amaterasu Omikami se escondeu em uma caverna e mergulhou no mundo na escuridão. Para atraí-la de volta, miríades de divindades kami encenaram um festival com música e dança do lado de fora da entrada da caverna. Amaterasu, perplexa e curiosa com a folia do lado de fora, abriu a porta de pedra da caverna para espiar, e as divindades aproveitaram a oportunidade para abrir a porta e arremessá-la para longe.

Assim, esse festival ajudou a restaurar a luz para o mundo e até hoje é encenado em Takachiho. Amaterasu está consagrada no Santuário Amano Iwato de Takachiho, sendo lá a caverna em que Amaterasu se escondeu e a área onde os kami se reuniram para discutir sua estratégia para atraí-la.

Ao norte de Kyushu, na Ilha de Honshu, que é a principal ilha do Japão, também está localizado o Santuário de Izumo Taisha, que também é um dos santuários mais antigos do Japão, considerado por alguns o mais antigo e de grande importância na mitologia. O atual santuário foi construído em 1744 e é considerado um tesouro nacional, mas quando o primeiro santuário foi construído nessa área permanece um mistério. A divindade consagrada é Okuninushi no Kami, que na mitologia japonesa é considerada a divindade que cultivou e construiu o Japão. As virtudes divinas de Okuninushi no Kami são principalmente romance, casamento, medicina e agricultura. Um dos santuários xintoístas mais importantes do Japão, Izumo Taisha, é considerado o lugar onde todos os deuses se encontram todos os anos em outubro (*Kamiarizuki* ou o "mês com deuses").

Em termos de importância nacional, os santuários de Ise na Província de Mie são considerados os mais importantes no Japão, por estarem estreitamente associados ao culto imperial e a Amaterasu. A principal sacerdotisa é tradicionalmente um membro da família imperial e está em Ise-jingu, um dos três tesouros da família imperial, um espelho sagrado, que por sua vez é um dos símbolos xintoístas mais importantes de Amaterasu. O complexo é distribuído em duas áreas principais, cada uma com várias construções associadas para kami específicos, áreas de visita e rituais, bosques, e até o Rio Isuzugawa, que corta a região.

Figura 14 Local para apresentação de música cerimonial clássica e dança (*kagura*) em Naiku (Santuário Ise).

O Santuário Externo (*Gekū*), formalmente conhecido como Toyouke Daijingu, é um dos dois santuários principais que compõem os santuários Ise na cidade de Ise. O Santuário Externo consagra Toyouke Omikami, a divindade xintoísta e guardiã da comida, habitação e roupas. Toyouke fornece o alimento para a deusa do sol, Amaterasu Omikami, que está consagrada no Santuário Interno, 4km ao sul. O Santuário Externo é tradicionalmente visitado antes do Santuário Interno por estar mais perto da estação de trem. Acredita-se que o Santuário Externo tenha sido estabelecido há mais de 1.500 anos, cerca de 500 anos após o Santuário Interno, formalmente conhecido como Kotai Jingu. O Santuário Interno consagra a divindade mais venerada do xintoísmo, a deusa do sol (Amaterasu Omikami), e é considerado o santuário mais sagrado do Japão. Acredita-se que o Santuário Interno tenha sido estabelecido há mais de 2.000 anos, e seus prédios principais lembram antigos celeiros de arroz, construídos em um estilo arquitetônico que quase não mostra praticamente nenhuma influência do continente asiático, porque são anteriores à introdução do budismo. Ambos, o Santuário Interno e o Santuário Externo, são reconstruídos do zero a cada 20 anos, de acordo com uma antiga tradição xintoísta. A 62ª reconstrução foi concluída em 2013; portanto, em 2033 deve ser realizada a 63ª reconstrução.

Ramificações

Xintoísmo sectário

O termo "xintoísmo sectário" é usado para indicar as treze seitas do xintoísmo da era pré-guerra, enquanto o termo "novas religiões derivadas do xintoísmo" é normalmente utilizado para se referir a movimentos que, embora incluam elementos do xintoísmo tradicional e sejam influenciados por ele, têm os elementos de uma religião com um fundador, uma religião cuja origem pode ser rastreada até os ensinamentos de uma figura carismática específica. Os treze movimentos sectários xintoístas, considerados independentes, são os seguintes, em ordem de fundação: Kurozumikyō; Shintō Shūseisha, Izumo Ōyashirokyō, Fusōkyō, Jikkōkyō, Shinshūkyō, Shintō Taiseikyō, Ontakekyō, Shintō Taikyō, Misogikyō, Shinrikyō, Konkōkyō e Tenrikyō. Konkōkyō e Tenrikyō podem ser consideradas religiões fundadoras, apesar de serem parte do xintoísmo sectário.

Recentemente foram feitas tentativas de classificar as treze seitas acima mencionadas como xintoístas sectárias ou como novas religiões derivadas do xintoísmo, com base em suas características doutrinárias e de organização. Os movimentos categorizados como xintoístas sectários são considerados seitas que se desenvolveram na era moderna, enquanto extraem influências e têm profundas conexões com as práticas, rituais e ensinamentos do Santuário Shintō, bem como as doutrinas desenvolvidas sob o nome de aprendizado nacional moderno (*Kokugaku*) e Restauração Shintō (*Fukko Shintō*). De acordo com essa categorização, a maioria das treze seitas seria classificada como xintoísta sectária, ainda que Konkōkyō e Tenrikyō seriam mais apropriadamente vistas como novas religiões derivadas do xintoísmo, por terem fundadores e uma organização em forma de árvore e orientada ao proselitismo.

O desenvolvimento do xintoísmo sectário emergiu do florescimento dos movimentos Kokugaku e Fukko Shintō durante a última parte do Período Tokugawa e se baseou em novos desenvolvimentos no culto às montanhas, centrados em picos como Fuji e Ontake. Sua formação também foi muito estimulada pelas políticas religiosas do Governo Meiji. Inicialmente, o Governo Meiji buscou promover uma forma de ensino centrado no Estado por meio de um sistema nacional de instrutores religiosos e preceptores morais; mas, percebendo as limitações dessa estratégia mudou, a partir do final da década de 1870, para uma política de separação das religiões e Estado. Nessa política, os santuários foram designados como locais para a realização de rituais do Estado, enquanto outras religiões e instituições foram colocadas em uma categoria separada para distinguir a esfera política da religiosa. Com efeito, isso produziu, dentro do xintoísmo, uma divisão entre uma forma de xintoísmo centrada em rituais públicos e outra centrada na edificação. O primeiro deu origem ao sistema moderno de ritual kami, centrado em santuários, descrito acima, enquanto o último deu origem ao xintoísmo sectário, e sua organização sistemática em grupos. Quando uma organização religiosa se desenvolve a partir da tradição xintoísta, ela enfrenta um grande obstáculo para explicar suas doutrinas. Entre os movimentos xintoístas sectários, existem numerosos exemplos de grupos baseando sua posição na fé tradicional politeísta centrada no kami, enquanto consagram e veneram uma ou mais divindades especificamente selecionadas. Além disso, era bastante comum que tais grupos usassem práticas tradicionais como encantamentos mágicos e adivinhação em suas atividades de proselitismo.

Novas religiões de influência xintoísta

O surgimento de novas religiões derivadas do xintoísmo também começou durante o final do Período Tokugawa. Kurozumikyō é amplamente considerada a organização pioneira neste aspecto. Misogikyō, Konkōkyō e Tenrikyō surgiram durante os últimos anos do Período Tokugawa, embora não tenha sido até meados do Período Meiji que Konkōkyō e Tenrikyō começaram a desenvolver doutrinas e estruturas organizacionais, e a expandir seu seguimento. No século XX, várias outras novas religiões derivadas do xintoísmo surgiram, baseando-se nas influências, tanto materiais quanto espirituais, dos ensinamentos, estruturas, atividades de proselitismo e coisas semelhantes, dessas primeiras novas religiões.

As novas religiões derivadas do xintoísmo diferiam das seitas xintoístas pela distância que mantinham de um tradicional santuário xintoísta e em sua natureza como religiões fundadas, em vez de movimentos de reforma. Podemos especificar essa distinção nos concentrando em dois pontos: a presença de um fundador e a natureza da estrutura organizacional em forma de árvore, com uma sede central e filiais sob um controle relativamente rígido. Um fundador é uma figura que propaga uma religião que pode ser chamada de "nova", embora esta denominação possa ser relativa. Um fundador não apenas estabelece uma nova organização com um novo nome, mas também cria novos ensinamentos, novos ritos e novas atividades. As novas religiões derivadas do xintoísmo sempre têm uma figura fundadora clara, sob cuja liderança o movimento iniciou suas atividades. Dentro do espectro das seitas xintoístas, no entanto, as pessoas que atuam como fundadores das seitas nem sempre desempenharam um papel na organização delas, e em alguns casos, o fundador nem mesmo esteve no centro do movimento desde o início.

De acordo com esses critérios, nós podemos descrever Nakayama Miki (1798-1887) como a fundadora da Tenrikyo. Ela experimentou uma conversão religiosa em 1838, quando a divindade Tenri-o no Mikoto começou a falar através dela; mas Nakayama não começou a propagar sua fé até a década de 1850. Ela cresceu em uma família do Budismo da Terra Pura, mas depois de sua possessão, convenceu-se fortemente de que era um "templo de deus". Seu grupo enfrentou restrições e perseguições, assim que o número de seguidores começou a crescer e as confrarias passaram a se espalhar. O rápido crescimento do Tenrikyō é típico do desenvolvimento de novas religiões derivadas do xintoísmo a partir da metade do Período Meiji. Nakayama Miki morreu em 1887, mas em apenas uma década de sua morte o número de seus seguidores aumentou dramaticamente, e o grupo se tornou o foco de muitas discussões na sociedade.

O surgimento de Ōmoto neste mesmo período também foi importante. Esse movimento, que se consolidou quando Deguchi Nao conheceu Deguchi Onisaburō, teve grande influência nas novas religiões derivadas do xintoísmo. Embora a força de Ōmoto como organização religiosa tenha sido severamente minada por ter sido duas vezes reprimida pelo governo (em 1921 e 1935), a influência de seu pensamento se estendeu para muitas organizações religiosas, e se tornou o progenitor de um grupo de movimentos conhecido como as novas religiões da linhagem Ōmoto. Assim, influenciado pelo pensamento de Deguchi Onisaburō, Taniguchi Masaharu fundou a Seichō-no-Ie, e Okada Mōkichi estabeleceu o Dai Nihon Kannonkai (o precursor da Sekai Kyūseikyō) durante o início do Período Shōwa (ou seja, ca. 1925-1945).

No Período Taishō (1912-1926) e no início do Shōwa, um número considerável de novas religiões derivadas do xintoísmo se desenvolveu, mas em muitos desses casos, os grupos eram bastante limitados em tamanho. Durante esse período inicial, o Estado exerceu controles progressivamente mais rígidos sobre a religião, e estes se tornaram particularmente fortes durante o período que antecedeu a Segunda Guerra Mundial. Nesse período um número crescente de fundadores e líderes de tais novas religiões foram presos sob suspeita de violar a ordem pública.

Na era do pós-guerra, a liberdade religiosa foi garantida pela Constituição e tornou-se relativamente fácil para um grupo adquirir o *status* legal de uma organização religiosa legalmente constituída. Em alguns casos, grupos religiosos que haviam sido filiados sob a proteção das treze seitas do pré-guerra ganharam independência. Além disso, uma variedade de outros movimentos religiosos recém-formados também surgiu nessa época. Imediatamente após a guerra, a sociedade estava em um estado de turbulência, e muitos movimentos surgiram e se tornaram o foco de grande atenção da mídia.

Outro ponto a ser observado neste contexto é o número de movimentos que se desenvolveram e se separaram da Igreja Messiânica (Sekai Kyūseikyō) na era do pós-guerra. Entre eles estavam Seimeikyō, Kyūsei Shinkyō, Shinji Shūmeikai e Sukui no Hikari Kyōdan. Além disso, Okada Kōtama, que foi influenciado pela Igreja Messiânica (Sekai Kyūseikyō), fundou o Sekai Mahikari Bunmei Kyōdan, do qual posteriormente Sūkyō Mahikari se separou como um movimento independente. Nesse sentido a linhagem Ōmoto (da qual Sekai Kyūseikyō emergiu), tomada em seu contexto mais amplo, foi um importante elemento constituinte das novas religiões derivadas do xintoísmo.

As novas religiões derivadas do xintoísmo, especialmente aquelas amplamente incluídas na linhagem Ōmoto, frequentemente criam nomes especiais e únicos para suas divindades. Uma outra característica é que esses grupos colocam considerável ênfase na importância dos espíritos em seus ensinamentos. Ōmoto explicou seu ensino com a noção de que "o espírito é o mestre, e o corpo é o aluno", o que significa que o mundo espiritual é superior ao mundo fenomênico. Este fato também indica a crença de que mesmo depois de passar para o mundo espiritual, pode-se, até certo ponto, influenciar e responder aos problemas deste mundo. Esses ensinamentos sobre espíritos foram aplicados de várias maneiras dentro dessas religiões e, em termos práticos, deram origem a práticas rituais como *tekazashi* (o ato de levantar a mão para realizar a purificação e cura espiritual) e *jōrei* (purificação espiritual ou cura). Em geral, também pode ser sugerido que as novas religiões derivadas do xintoísmo, via de regra, tendem a não distinguir entre deuses (kami) e budas (butsu) em suas doutrinas e rituais. Essa tendência pode ser considerada devido à influência duradoura da história japonesa, na qual kami e budas foram considerados juntos na única categoria *shinbutsu*, a exemplo do que vinha ocorrendo desde a Idade Média japonesa sob o rótulo de *honji suijaku*, a ser detalhado adiante nas interações do xintoísmo com o budismo.

Combinações do xintoísmo com outras religiões

Nos tempos antigos, além do animismo e do xamanismo nativos do Japão, uma das importantes bases do xintoísmo foi o ujigami, que é o culto a uma divindade tutelar ou guardiã do uji (clã ou família), que era realizado pelo chefe de cada uji. Acredita-se que o confucionismo, que se originou na China e chegou ao Japão no século V EC, foi um elemento importante nesse processo, bem como o taoismo baseado na harmonia entre *yin* e *yang*, que representam as duas forças básicas da natureza, na concepção chinesa. Tudo isso estimulou o desenvolvimento dos ensinamentos éticos e a centralização gradual do poder político como um culto nacional. Mitos de vários clãs foram combinados e reorganizados em uma mitologia nacional, com a família imperial como seu centro. Por volta do ano de 645 o kami da casa imperial e o kami tutelar de clãs poderosos tornaram-se os kami de toda a nação e do povo, tendo como modelo confucionista de apoio ao poder imperial algo que sempre teve influência importante como base e modelo para a estruturação do xintoísmo.

Com a introdução do budismo no Japão, buscou-se uma harmonização entre os budas e os kami. Esta foi uma tendência tão forte, que muitos historiadores entendem que o xintoísmo só se constituiu como uma religião independente a partir da Era Meiji. Ainda que a Era Nara tenha visto o início dessa ideia, foi no Período Heian que ela se estabeleceu com mais força, inicialmente como uma forma de legitimar o estabelecimento de templos em lugares sagrados ao xintoísmo, posteriormente a partir de um sincretismo que no nível popular implicava o acúmulo de práticas mágicas. A reinterpretação dos kami e sua "conversão" foram especialmente importantes na ocupação de lugares geográficos antes considerados não permitidos para o homem (especialmente montanhas, consideradas moradias dos kami). Em um estágio posterior, essa combinação teve uma sofisticada formulação vinda especialmente do budismo, a partir de uma teoria que pregava uma correspondência entre buda e kami. A partir desses elementos, uma das principais tendências da historiografia japonesa contemporânea sobre o período é reforçar o princípio da não separação entre xintoísmo e budismo. Segundo historiadores contemporâneos, na verdade a religião medieval japonesa não tinha esse princípio de divisão, e o xintoísmo como uma religião independente só veio a se constituir na Era Meiji.

Considerando a expansão do budismo no Extremo Oriente, o Japão não foi um caso excepcional, mas seguiu um paradigma combinatório que vinha sendo praticado e desenvolvido desde o surgimento do Budismo Mahayana. Se a filosofia budista Madhyamika, com sua ênfase na vacuidade, estabeleceu a base para a rejeição de um essencialismo fundamentalista, na China a evolução do Budismo Huayan (*Kegon*) reforçou a interpenetração de todos os fenômenos. A ideia principal da interpenetração de todos os seres e fenômenos é ilustrada na famosa metáfora da joia de Indra: a realidade é vista como uma rede de joias, em que cada uma reflete todas as outras. Em resumo, com isso foi possível uma reinterpretação budista do animismo e também dos kami xintoístas. Subjacente a essa visão filosófica está a possibilidade de reinterpretação e harmonização inter-religiosa. Fundadores de correntes filosóficas ou de novas formas de interpretar o budismo foram vistos como bodisatvas ou kami.

Essas identificações, além de propiciarem a *identificação* de deidades budistas com princípios locais xintoístas, também serviram para propósitos políticos de legitimação de sistemas imperiais. Na China, a famosa Imperatriz Wu foi retratada como Maitreya, justificando a partir da interpenetração de todos os seres a figura de uma imperatriz. O Imperador Shōmu no Japão (reinado de 724 a 749), estabeleceu o Kegon como base e patrocinou a construção do Todaiji, tendo como figura central Mahāvairocana (Dainichi Nyorai), que seria simultaneamente relacionado ao imperador e à própria Amaterasu, uma base bastante conveniente para o sincretismo entre o budismo e o xintoísmo, mas também para a sustentação do sistema político.

O conceito de *upaya*, bem como a distinção de uma verdade última e convencional pelos Madhyamikas, também foram princípios budistas importantes que relativizavam o próprio budismo. Segundo a tradição, o próprio Buda comparou a religião do budismo como uma jangada para a travessia de um rio (uma representação simbólica da iluminação), mas sem utilidade em terra firme depois de se chegar ao outro lado da margem. Esses conceitos criaram um espaço para uma prática do budismo com outras religiões como o xintoísmo.

Outro elemento histórico importante na relação entre budismo e xintoísmo no Japão é o paradigma combinatório estabelecido pela corrente do Budismo Esotérico (*mikkyō*). No caso do Shingon, por exemplo, manifestações sagradas podem ser entendidas como manifestações de Dainichi Nyorai, e através deste conceito quaisquer elementos de outras religiões podem ser potencialmente incorporados como manifestações especiais ou aspectos locais da verdade. Essa também foi uma influência importante na incorporação de elementos hindus e divindades xintoístas no Japão. Esta tendência para justapor os kami xintoístas com bodisatvas foi justificada com a versão primitiva do Movimento Shuguendō no Japão e teve um papel especial na ocupação das montanhas, que antes eram vistas como um território proibido e mitologicamente protegido.

No final do século XVII desenvolveu-se o Movimento Kokugaku (Aprendizagem Nacional). Este sustentava que o xintoísmo não deveria se basear em interpretações budistas ou confucionistas, mas nas crenças e atitudes de vida de seus ancestrais, conforme esclarecido pelo estudo filológico dos clássicos japoneses. Esse movimento antissincrético foi liderado por Motoori Norinaga (1730-1801), que propôs uma ênfase no xintoísmo antigo e na crença em *musubi* (o poder místico de criação), além do respeito pela família e linhagem imperiais.

No contexto dos novos movimentos religiosos, muitos interpretam que o xintoísmo desenvolveu novamente uma relação simbiótica com outras religiões mundiais, além da sua combinação com o budismo e a incorporação de elementos taoistas e até hindus da Antiguidade. Em especial, alguns pesquisadores consideram que o cristianismo, especialmente o protestantismo, teve um papel bastante importante no estabelecimento das novas religiões, por sua orientação reformista contrária a uma hierarquia de sacerdotes, com foco em uma liderança carismática, e por suas características proselitistas voltadas para a missão e a expansão do grupo.

Figura 15 Mandala Sannō, século XVII. Baseada no conceito de hoji suijaku, os kami japoneses são vistos na parte de baixo da figura como expressão das deidades budistas que estão acima. O conceito evoluiu a partir da necessidade de o budismo japonês medieval reconciliar a recepção das deidades budistas com a devoção anterior aos kami, que em

muitos casos eram vistos como guardiões locais, em especial de montanhas.

Xintoísmo no Brasil

O Brasil é um exemplo importante de transplantação do xintoísmo, e também de sua internacionalização fora da Ásia. De início, os imigrantes japoneses não pretendiam trazer as práticas xintoístas para o Brasil, como observou Roger Bastide em uma interação com imigrantes. Observador do fenômeno da migração de deuses e espíritos, em um de seus escritos, ele exemplifica um caso que bem ilustra o ponto de partida de todas as religiões japonesas no Brasil, ainda que Bastide não tenha pesquisado este campo:

> Um funcionário da Educação foi inspecionar uma escola em um bairro de Santos, onde estudava um garotinho japonês. O inspetor fez a seguinte pergunta às crianças: "Existem fantasmas?" Todos os brasileiros responderam "sim", em uníssono, exceto o japonês. Aquele funcionário repreendeu seus conterrâneos, dizendo-lhes que deveriam se envergonhar por apenas o menino japonês – estrangeiro – dar responder corretamente à pergunta. Mas o garotinho japonês não havia terminado seu discurso, e quando o inspetor parou, continuou: "Não, senhor, não há fantasmas aqui, mas no Japão há muitos" (BASTIDE, 1970; traduzido do francês).

De fato, no Brasil, inicialmente, os próprios imigrantes japoneses acreditavam que haviam deixado seus ancestrais e deuses (kami) no Japão. A interação dos imigrantes com os brasileiros era praticamente nula, e a educação dos descendentes foi planejada de forma a ser a mais parecida com a oferecida no Japão. Quando os imigrantes morriam, considerava-se que "sua alma voltava voando para o Japão" (apud MAEYAMA, 1973b, p. 429). Em outras palavras, estar no Brasil era apenas uma questão circunstancial e temporária. As cerimônias funerárias associadas ao budismo eram conduzidas por aqueles que conheciam melhor os sutras e podiam improvisar cerimônias. Ihais temporários de madeira

245

bruta foram feitos para o que foi descrito como "morte como visitante" (em japonês, *kyaku shi*) (MAEYAMA, 1973b, p. 431).

As religiões japonesas tinham significado no contexto da organização social e do ambiente natural do Japão, fazendo pouco sentido para os japoneses fora desse ambiente. Com os imigrantes permanentemente estabelecidos no Brasil e a consequente institucionalização das religiões japonesas, o mundo espiritual dos ancestrais e algumas divindades japonesas também começaram a imigrar. A memória coletiva religiosa passou a se dissociar do tradicional calendário festivo. Algumas festas foram mantidas e são praticadas até hoje, mas com um significado diferenciado. Um exemplo é o *hanamatsuri* (festival das flores), que no Japão é celebrado como o início da primavera e o nascimento de Buda. No Brasil, ocorre no início do outono, apesar de ter o mesmo nome. A mudança geográfica e um novo calendário provocaram uma ruptura religiosa. Muitos festivais sazonais associados ao xintoísmo perderam o sentido no Brasil, país que tem um ciclo de estações oposto ao do Japão e clima tropical, sendo que a incorporação de divindades locais e novos costumes se tornou inevitável na nova pátria.

Imigrantes e xintoísmo de Estado no Brasil

O Estado Shintō (*Kokka Shintō*), conforme descrito anteriormente, foi muito importante na fase inicial da imigração japonesa para o Brasil. A fixação dos imigrantes neste país representou uma continuidade da educação estatal xintoísta que os imigrantes receberam no Japão. Apesar do Estado japonês não ter sido transplantado para o Brasil, os trabalhadores migrantes japoneses, educados em escolas japonesas no início do século XX, sustentaram a religiosidade e os símbolos do xintoísmo imperial, mesmo após a Segunda Guerra Mundial. O imperador representava o símbolo da unidade entre os japoneses no Brasil.

Os imigrantes japoneses do pré-guerra afirmavam que no Brasil praticamente não havia práticas religiosas antes da Segunda Guerra Mundial, à exceção da devoção ao imperador e de certos ritos funerários budistas improvisados. Quase todos os imigrantes japoneses afirmaram que deixaram a religião para trás porque esperavam que sua permanência no Brasil fosse curta (HANDA, 1987). Os japoneses da época eram educados por escolas japonesas e entendiam o xintoísmo estatal simplesmente como educação japonesa. As ambiguidades da época obscureceram o reconhecimento do Estado xintoísta como religião (HARDACRE, 1989, p. 36; SHIMAZONO, 2005, p. 1.085), e mesmo agora essa é uma questão complexa nos estudos políticos e acadêmicos associados ao xintoísmo (SHIMAZONO, 2005, p. 1.081-1.085).

No Brasil havia pouca possibilidade de estabelecimento de santuários como existiam nas colônias japonesas asiáticas (HARDACRE, 1989, p. 95-96) e na Micronésia (SHUSTER, 1982). Por outro lado, as tentativas de reafirmação do nacionalismo e da ideologia do Estado xintoísta no novo ambiente caracterizaram a primeira etapa da experiência do grupo imigrante japonês no Brasil. Naquela época, o Estado japonês tentou promover a ideia de liberdade religiosa, enquanto propagava o Estado xintoísta através da educação (HARDACRE, 1989, p. 39-40; SHIMAZONO, 2005, p. 1.089-1.092). Os japoneses no Brasil receberam uma formação educacional caracterizada pelo nacionalismo das Eras Meiji, Taishō e primeira parte da Era Shōwa, que resultou em uma interpretação da etnia japonesa por meio do culto ao imperador e da origem comum de seus descendentes. No Brasil, as relações comunais baseadas no nacionalismo xintoísta assumiram grande importância pelo fato de que a família tradicional japonesa (em japonês, *ie*) e os grupos corporativos locais baseados na aliança familiar (em japonês, *dōzoku*) permaneceram no Japão (MAEYAMA 1973a, p. 244). Sem os sistemas de apoio social e econômico, o budismo e o xintoísmo tradicional viviam apenas nas memórias do imigrante, não mais na organização social e religiosa. Grosso modo, uma ampla reinterpretação nacionalista do antigo comportamento religioso e seu significado social no Novo Mundo resultou no primeiro estágio da prática religiosa étnica nipo-brasileira. Takashi Maeyama detectou a presença de relações fictícias com uma interpretação ritualizada da etnia na imagem do imperador japonês como kami tutelar todos os japoneses no Brasil (MAEYAMA 1973b; 1983, p. 185). Esse entendimento foi apoiado pelo consulado japonês no Brasil, com a promoção, por exemplo, de festivais esportivos (em japonês, undōkai), realizados anualmente para a comemoração do aniversário do imperador (em japonês, *tenchosetsu*) (HANDA, 1987). A conversão ao catolicismo era, entretanto, largamente apoiada dentro do processo de imigração.

As escolas atuavam como os principais centros comunitários e templos dessa ideologia, sendo responsáveis pela socialização das crianças no espírito do Estado xintoísta existente. Como no cenário japonês da época (HARDACRE, 1989, p. 108-111, 121-124; SHIMAZONO, 2005, p. 1.089-1.092), muitas escolas continuaram a praticar reverências e promessas de obediência diante da imagem do imperador. O *Rescrito Imperial sobre Educação* foi solenemente lido como uma escritura sagrada e os rituais nacionalistas foram organizados provisoriamente de acordo com os feriados japoneses. As expectativas da estadia no Brasil como imigração temporária gerou uma tentativa de preservar a visão de mundo do Estado xintoísta e uma educação destinada a promover o espírito japonês, mesmo em um ambiente estrangeiro (MAEYA-MA, 1973b, p. 436-438).

A visão de mundo do Estado xintoísta entrou em colapso com a derrota do Japão na Segunda Guerra Mundial e a profecia fracassada da *Esfera de co-prosperidade da grande Ásia Oriental*. No Brasil, a restrição das escolas japonesas já em 1938 foi percebida como especialmente hostil (COMISSÃO, 1992, p. 238-242; MORAIS, 2000, p. 49-52), uma vez que a proibição impedia a transmissão da educação japonesa às novas gerações. Morais (2000, p. 48) cita uma pesquisa realizada pelo governo brasileiro, indicando que 85% dos imigrantes japoneses em São Paulo gostariam de retornar ao Japão.

A Segunda Guerra Mundial dificultou muito a situação do Brasil para os japoneses, que passaram a ser considerados inimigos do Estado brasileiro. Após um longo período de indecisão, quando vários navios foram atacados pela Marinha Alemã, o Brasil finalmente entrou na guerra em 1942 e estipulou restrições para todos os cidadãos dos países do eixo que moravam no Brasil. As restrições para os japoneses consistiam principalmente na evacuação para determinadas localidades, na retenção de depósitos bancários e na proibição de educação, periódicos e até discursos públicos em japonês. Essas medidas, principalmente a proibição da língua japonesa em público, tiveram um efeito desastroso para a comunidade, já que o japonês era a única língua dos imigrantes. Devido a restrições econômicas, os depósitos bancários permaneceram indisponíveis e, com a proibição da língua japonesa, a educação infantil e a instrução no "espírito japonês" eram impossíveis. Centenas de escolas japonesas foram fechadas e os imigrantes foram perseguidos e mandados para a prisão quando, em público, se comunicavam em japonês.

Isolados por essas medidas, os imigrantes da primeira geração reforçaram um xintoísmo nacionalista centrado no imperador. A proibição das escolas japonesas foi combatida com inúmeras escolas secretas, centradas na lealdade ao Estado xintoísta. Por causa do medo do uso militar pelos Aliados, a produção de alguns produtos, como hortelã e seda, foi drasticamente diminuída pelos próprios imigrantes, e a destruição das plantações remanescentes foi promovida por grupos nacionalistas chamados Tenchugumi (Executores do Castigo do Céu).

Com esse princípio de resistência, a influente Shindō Renmei (Caminho da Liga dos Súditos) foi criada inicialmente em 1942. Diversas associações ultranacionalistas surgiram nesse contexto, mas a Shindō Renmei obteve sucesso em reunir diversas tendências sob seu teto, substituindo o consulado geral do Japão. O crescente papel do Shindō Renmei dentro da comunidade nipo-brasileira foi promovido pelo vácuo de liderança criado com a saída das autoridades japonesas, depois que o Brasil cortou relações diplomáticas e declarou guerra ao Japão em 1942. Acima de tudo, o fechamento do consulado geral japonês provocou a percepção de "súdito abandonado", conforme relatado pela maioria dos imigrantes. Com a proibição de se comunicar em língua japonesa e a ausência de lideranças representativas reconhecidas como referências dentro da colônia, alguns ex-militares que imigraram para o Brasil sentiram o dever moral de orientar a comunidade. A identificação de muitos nipo-brasileiros com o Império do Sol Nascente e a aceitação da liderança da Shindō Renmei sinalizaram o início de uma divisão interna, com graves consequências.

Os principais pontos da ideologia Shindō Renmei podem ser analisados em um documento que se espalhou rapidamente dentro da colônia e ficou conhecido como *Manifesto Kikawa* ou *Ideia de Kikawa*, que provavelmente foi escrito em 1944. O Coronel Junji Kikawa nasceu em 1877 em Niigata e serviu na guerra russo-japonesa. Emigrou para o Brasil em 1933, convencendo outros militares a segui-lo na aventura. Ele era admirado na colônia por seus ideais nacionalistas, sua devoção ao imperador e sua lealdade ao espírito japonês. Uma das principais afirmações de seu manifesto era que os imigrantes japoneses deveriam permanecer súditos do grande império do Japão e que a natureza sagrada do *kokutai* (essência japonesa) era o principal valor educacional a ser transmitido aos seus descendentes. Sobre a situação concreta dos japoneses no Brasil, o manifesto afirmava que a educação adequada dos descendentes só seria efetivada com sucesso após o retorno ao Japão ou nova imigração para a *Esfera de co-prosperidade do grande Leste Asiático*, a ser construída pelo Japão Imperial no Extremo Oriente. Assumindo uma postura crítica, o manifesto condenava o abandono das autoridades japonesas e a passividade dos dirigentes nipo-brasileiros, muitos já integrados economicamente no Brasil, responsabilizando-os pelo estado de desorganização da colônia. Contra eles, a Shindō Renmei acreditava firmemente na invencibilidade japonesa e na profecia milenarista de que o Império do Sol Nascente duraria para sempre e estava

250

destinado a governar o mundo. Qualquer esforço para afirmar o contrário seria entendido pela Shindō Renmei como traição ao espírito japonês e deserção ao imperador, punível com a morte.

Figura 16 Coronel Kikawa, líder da Shindō Renmei.

Ao final da guerra, ficou claro que o Japão havia sido derrotado, mas a maioria dos imigrantes não acreditou nessa notícia, mesmo após a rendição em agosto de 1945. Então, a comunidade nipo-brasileira foi dividida entre os derrotistas (em japonês, *makegumi*), que acreditavam que o Japão havia perdido a guerra, e os vitoriosos (em japonês, *kachigumi*), que acreditavam que o Japão havia vencido a guerra. Alguns nikkeis (a maioria nissei), que entendiam o português e que eram mais aculturados ao Brasil, estavam convencidos de que o Japão havia sido derrotado e arruinado. Para a maioria dos japoneses, esses *makegumi* eram traidores do espírito japonês. Eles acreditavam não apenas que o Japão havia vencido a guerra, mas também que o resgate dos imigrantes japoneses no Brasil ocorreria em breve, com a chegada de navios japoneses na costa brasileira. Muitos imigrantes venderam suas propriedades e viajaram para as cidades litorâneas brasileiras após receberem falsas notícias da chegada desses navios, crença continuamente difundida na comunidade por meio de panfletos e palestras públicas promovidas em muitas cidades. A sustentação da crença dos imigrantes na vitória japonesa ainda foi fomentada por falsas informações promovidas por fanáticos *kachigumi* atuantes dentro da comunidade, muitos deles pertencentes a Shindō Renmei, única fonte de organização e informação do grupo. Naquele período, relatórios, transmissões de rádio, revistas e até dinheiro foram falsificados para provar que o Japão governava o mundo inteiro. Nesse meio-tempo, Shindō Renmei também começou a atuar como uma organização terrorista, planejando o assassinato dos *makegumi*, que eles consideravam traidores. É difícil determinar até que ponto os seguidores e colaboradores do movimento apoiaram essa postura, mas a partir de uma análise dos arquivos da organização apreendidos pela polícia brasileira, acredita-se que a organização teve 100 mil colaboradores em seu auge e cerca de 60 mil simpatizantes (MORAIS 2000, p. 103).

Entre 1946 e 1947, Shindō Renmei operou usando métodos terroristas, assassinando 23 *makegumi*, ferindo aproximadamente 150 pessoas que promoveram campanhas e fazendo inúmeras ameaças com bombas àqueles que a organização acreditava serem *makegumi*. Esses ataques foram por vezes planejados e executados com um ritualismo nacionalista e causaram caos e confusão em várias cidades do Estado de São Paulo. Esse ritualismo foi inspirado na ideologia militar e nacionalista japonesa da época, muitas vezes seguindo o mesmo padrão. Inicialmente, uma mensagem era enviada, comunicando uma execução iminente por traição. A oportunidade de cometer *harakiri* (suicídio ritualístico) era oferecida ao *makegumi*. Se ele não adotasse esta opção, o suposto traidor era morto. Depois, o assassino muitas vezes se entregava à polícia brasileira.

Com esses trágicos acontecimentos, a comunidade japonesa emergiu em um estado de profunda desorientação e, embora esses eventos fossem restritos à colônia japonesa, também ocorreram alguns conflitos com os brasileiros. Para pacificar a comunidade, o governo brasileiro reagiu violentamente e perseguiu a Shindō Renmei, até a sua extinção. Com a ajuda do governo japonês, campanhas para obter informações foram iniciadas, mas acabaram fracassando, porque era impossível construir um canal de comunicação que pudesse ser ouvido pelos *kachigumi*. A imigração japonesa para o Brasil foi quase proibida em 1947, porque se argumentava que seria impossível assimilar os japoneses no Brasil (COMISSÃO, 1992, p. 306-308; MORAIS, 2000, p. 294-298). As consequências repressivas da época indicam que mais de 30 mil pessoas foram investigadas em muitas cidades, devido às suas ligações com Shindō Renmei (MORAIS, 2000, p. 331). Além das cidades brasileiras, a maioria delas no Estado de São Paulo, as sucursais da Shindō Renmei foram registradas, inclusive em outros países latino-americanos como Peru e México.

Shindō Renmei pode ser entendido como um novo movimento religioso que tinha como objetivo a restauração do Estado xintoísta entre os imigrantes. Essa nova religião existia dentro do microcosmo dos imigrantes japoneses no Brasil, propagando uma nova crença na vitória japonesa, apesar da profecia fracassada da vitória do Império Xintoísta, baseada na divindade do imperador. De acordo com a teoria da dissonância cognitiva, elementos duvidosos foram amplificados pelos líderes Shindō Renmei e usados como novas crenças centrais. Os elementos dissonantes foram representados por brasileiros e pela minoria de derrotistas japoneses, que promoveram a dúvida dentro da comunidade étnica por meio de campanhas. É claro que os líderes do Shindō Renmei esperavam que os brasileiros propagassem essa visão porque eram inimigos japoneses. No entanto, não se tolerava o elemento dissonante representado pelos *Isei makegumi*, pois eram súditos japoneses e exerciam sua influência dentro da comunidade nikkei. Como em outros casos de dissonância cognitiva, elementos dissonantes deveriam ser eliminados ou minimizados pelo Shindō Renmei. Na lógica desse grupo, nada deveria ter sido mais eficaz do que a eliminação do *makegumi* através do improvisado *tokkōtai* (esquadrão de ataque, termo usado pelo exército japonês na Segunda Guerra Mundial e também pela Shindō Renmei).

No Japão, o significado de Estado xintoísta foi perdido e a combinação de bombas e ocupação aliada causou um vazio de poder simbólico que os japoneses experimentaram em termos muito concretos. O Japão do pós-guerra era um mundo novo, já que o imperador japonês não era mais considerado um deus ou mesmo um ser divino. Para os nikkeis no Brasil, a situação voltou ao normal somente após a repressão policial e um lento processo de elucidação. A crescente percepção da real situação do Japão no pós-guerra obrigou a maioria dos japoneses a formalizar sua permanência definitiva no Brasil, o que teve consequências para a atitude ambígua que definia a maioria dos imigrantes. Após a década de 1950, foi promovida uma outra identidade nikkei, tarefa que seria realizada principalmente pela nova geração. Muitos nisseis, embora respeitassem o Japão, já reconheciam o Brasil como sua terra natal. A diversificação progressiva refletiu-se na vinda dos imigrantes japoneses do pós-guerra e na formação das novas gerações no cenário brasileiro. Dentro da comunidade, alguns já eram bem-sucedidos economicamente, falando português fluentemente e participando ativamente da sociedade brasileira.

Entre os imigrantes ainda existe, em muitos casos, um grande senso de respeito e reverência pelos membros imperiais da família japonesa. A ideologia estatal xintoísta esteve presente, por exemplo, em alguns santuários Yasukuni-ko fundados no Brasil, hoje praticamente extintos em termos de atividades religiosas, por falta de continuidade entre gerações. A Associação Yasukuni-ko era uma instituição de caridade que apoiava as atividades do Santuário Yasukuni no Japão. Sua história recente foi fortemente associada ao culto aos heróis de guerra japoneses, que foram considerados criminosos por outros países e condenados na Segunda Guerra Mundial. No Brasil, a Associação Yasukuni esteve presente nas cidades de Marília, Lins e Araçatuba, entre outras pequenas comunidades.

A título de exemplo citamos a influência da ideologia percebida do Estado xintoísta; alguns templos budistas ainda têm fotos do Imperador Shōwa, e muitos imigrantes ainda se lembram da recitação do Rescrito Imperial sobre Educação. Mesmo movimentos como o Seichō-no-Ie, que fizeram muito sucesso entre os brasileiros e representam um estado avançado de transplante das crenças xintoístas, têm suas raízes no nacionalismo japonês. No início, o foco do Seichō-no-Ie no Brasil era a comunidade japonesa e os ideais nacionalistas japoneses associados (MAEYAMA, 1983, p. 188). Hoje, muito poucos identificam o Seichō-no-Ie no Brasil como uma religião nacionalista ou ligada ao xintoísmo. Essa história, mais relacionada à herança japonesa, agora está diluída com o afluxo de seguidores brasileiros e uma religiosidade mesclada de culto aos ancestrais, com referências católicas e espíritas (para mais detalhes, cf. SHOJI; USARSKI, 2014). Os praticantes mais associados a uma visão "pura" japonesa migraram principalmente para a Manabu-kai, um grupo derivado de Seichō-no-Ie originário do Japão, com claras referências à mitologia xintoísta e representando uma tendência mais nacionalista. Eles também estão presentes no Brasil por meio de atividades que incluem o estudo do Kojiki e rituais antigos, conforme relatados nos escritos de Masaharu Taniguchi.

O sentimento geral do Estado xintoísta é, no entanto, muito diferente das expectativas japonesas pré-guerra, mesmo entre os imigrantes no Brasil, em grande parte devido à imagem passada às novas gerações. O tema da Shindō Renmei permaneceu uma espécie de tabu na comunidade até alguns anos atrás, quando a maioria dos imigrantes passou a ver o Brasil como uma terra de oportunidades e liberdade. Essa ambiguidade é resultado da internalização de visões opostas sobre a assimilação das culturas japonesa e brasileira. Para entender essas visões contraditórias, um estudo psicológico dos grupos nikkeis é fundamental. Por trás da visão exterior (em japonês, *tatemae*), representada pela aceitação de imigrante e da valorização positiva do discurso usual sobre a miscigenação brasileira, para muitos nikkeis o real motivo (em japonês, *honne*) era a preservação da essência japonesa, simultaneamente visando à ascendência social e à reação a possíveis formas de discriminação racial.

Considerando o xintoísmo como um exemplo interessante da relação da comunidade nikkei com a família imperial japonesa. Até hoje o aniversário do imperador japonês (feriado no Japão) é comemorado em algumas associações japonesas no Brasil. As sucessivas visitas cordiais de membros da família imperial japonesa ao Brasil, desde 1958, foram ansiosamente esperadas e celebradas dentro da comunidade nikkei. A visita mais memorável do Japão, nas inúmeras cerimônias do centenário da imigração japonesa em 2008, foi certamente a visita do Príncipe Naruhito, atual imperador, *Reiwa*, cujos movimentos foram acompanhados de perto pela mídia brasileira. Essas comemorações propagam, mesmo no Brasil, o antigo mito da origem divina do imperador japonês.

Santuários xintoístas no Brasil

Outra corrente de difusão do xintoísmo no Brasil é composta por santuários que se originaram independentemente no Brasil, mas ao mesmo tempo foram inspirados pelo xintoísmo popular e em alguns casos buscaram afiliação com os principais santuários do Japão. Esse grupo de comunidades será analisado mais detalhadamente com a apresentação do santuário nikkei xintoísta Kaminoya (Casa dos deuses) e a análise de algumas divindades (*kami*) ali cultivadas. O conjunto de santuários em Kaminoya expressa uma história de transplantação xintoísta, bem como indica inovações na adaptação no Brasil. Kaminoya é atualmente um dos poucos conjuntos ativos de santuários xintoístas criados no Brasil; ou seja, sem relação com as novas religiões japonesas. As atividades de outros santuários ou organizações xintoístas foram bastante reduzidas ou encerradas, e mesmo Kaminoya deve lutar por sua sobrevivência em meio ao relativo desinteresse das novas gerações.

Desde o início da imigração houve tentativas de instalação de santuários xintoístas no Brasil, apesar do objetivo inicial de permanência temporária de imigrantes japoneses e das restrições impostas pela sociedade brasileira à época. Em 1920, Shūhei Uetsuka (1876-1935) estabeleceu o Santuário Bugre na colônia japonesa na atual cidade de Promissão, conforme descrito por Tomoo Handa:

> Os primeiros imigrantes não construíram para si nem templos nem cemitérios definitivos, mas houve um caso em que – descobrindo um túmulo indígena – nele construíram um templo xintoísta. Será que fizeram isso por simples gosto ou porque identificaram no túmulo dos indígenas – moradores que antecederam os próprios imigrantes na região – o seu "santo protetor"? Estamos falando do Bugre Jinja (Templo Xintoísta Bugre), construído no núcleo Itacolomi (*Uetsuka*), em Promissão, dando a frente para o escritório do Distrito de Bom Sucesso, no outro lado do vale. Foi por ocasião do desmatamento da região que foram encontrados, em meio à capoeira, dois túmulos de cerca de 5m de diâmetro, que, segundo o pessoal local, eram túmulos dos indígenas da Tribo Bugre. A respeito, vamos ver um artigo publicado na revista *Nôgyô-no-Brasil* (Revista de Agricultura Brasileira), edição comemorativa dos 10 anos da colonização de Promissão, de setembro de 1928: "Imagina-se que os japoneses, que sempre tiveram um forte sentimento de venerar os seus antepassados, tenham ficado penalizados de deixar os dois túmulos abandonados, resolvendo construir no local um pequeno templo xintoísta, onde passaram a cultuar, como dotadas de espíritos divinos, uma jarra para água e duas cometas usadas pelos bugres e encontradas por perto. Além disso, decidiram que todos os anos, no dia 5 de maio, seria feita uma festa em sua homenagem. [...] Deve ter sido o primeiro torii construído no Brasil. [...] Isso foi há oito anos [1920]. [...] O sumo, travado diante dos espíritos

divinos, alcançou o auge da animação quando o sacerdote xintoísta – Umewakamaru Doi – começou a ler as rezas xintoístas em altos brados. [...] No entanto, com os imigrantes cada vez mais ocupados em suas tarefas mais e mais numerosas, o templo foi se tornando abrigo de abelhas, que ali passaram a formar suas colmeias, até ser totalmente abandonado e transformar-se em ruínas (HANDA 1987, p. 727-728).

Em 1938, membros da "colônia" de imigrantes de Bastos construíram o Sanso Jinja (MORI, 1992, p. 568-569), inspirados em um grande santuário correspondente na província japonesa de Fukushima. Nesse ínterim, Shōzō Ogasawara (1892-1970) havia visitado o assentamento da Aliança (Estado Federal de São Paulo), com a intenção de inaugurar um "santuário ultramar" associado ao santuário Suwa localizado na Prefeitura de Nagano. O plano de que o santuário de Suwa financiaria a aquisição de um terreno nos arredores da Aliança, para instalação do santuário não convenceu a maioria do assentamento. Em vez de um santuário correspondente, ele foi autorizado a construir apenas um santuário minúsculo e experimental usando pedaços de madeira para consagrar o talismã do Santuário Suwa na terra de um simpatizante. Suas atividades foram às vezes ridicularizadas pelos jornais nipo-brasileiros e, posteriormente, o Comitê de Colonos da Aliança solicitou ao Ministro das Relações Exteriores do Japão que proibisse qualquer pessoa que pretendesse construir santuários xintoístas de entrar no Brasil (KŌJI, 2010, p. 59).

Durante a década de 1950, com a chegada de imigrantes japoneses do pós-guerra e a construção de altares xintoístas (*kamidana*) em suas casas (CLARKE, 1999, p. 205), vários pequenos santuários também apareceram em ambientes florestais nos estados do Pará, Amazonas e Mato Grosso. Entre esses santuários estava o Ishizuchi Jinja do Brasil, estabelecido em meados da década de 1950 em um morro próximo à cidade de Mogi das Cruzes. O santuário ainda existente é dedicado ao Ishizuchi-Ōkami, uma divindade originalmente associada à Montanha Ishizuchi na província japonesa de Ehime. Em 1957, um reputado membro da comunidade instalou uma pequena capela com a imagem da divindade. A partir desse ano, os membros – e mais recentemente os seus descendentes – organizam uma peregrinação coletiva ao santuário em todo o primeiro domingo de julho (PEREIRA, 2011). Outro pequeno santuário, quase esquecido, é o Konpira Jingu, erguido pela comunidade de descendentes da Província de Kagawa (Kagawa Kenjinkai). Localiza-se na região de Mirandópolis e é dedicado a Konpira, o deus dos navegadores. Até hoje o Konpira Matsuri, uma festa local com barracas de comida e apresentações culturais, continua sendo realizada, mas praticamente sem atividade religiosa.

Outro exemplo de uma iniciativa de xintoísmo nipo-brasileiro é o Inarikai (Grupo Inari). Inari é uma divindade popularmente conhecida no Japão, protetora de fazendeiros e comerciantes, estando fortemente ligada à prosperidade e à fertilidade. No Brasil, o Inarikai foi formado como uma associação derivada da religiosidade popular japonesa, com fortes traços de sincretismo com o espiritismo (WATANABE, 2001). O grupo se reunia e praticava sessões mediúnicas, nas quais a religiosidade popular brasileira e a japonesa inevitavelmente se misturavam. Um dos exemplos dessa combinação de religiosidade xintoísta e popular brasileira é exemplificado nas visões da Mestra Kinko, líder do grupo. Suas visões são resultado de sua conexão com o deus Inari, a fonte de mensagens e visões. Em 1985, teve uma visão especialmente interessante mostrando o sincretismo resultante do contato com a cultura brasileira:

> Apareceu-lhe o Padre Cícero, afamado "Santo milagreiro" do Nordeste, segurando na mão o guarda-chuva, e fez o seguinte pedido: "Venho pedir ao deus do Japão que nos queira enviar chuvas para o Nordeste". Havia mais de 4 anos não chovia no Nordeste e o povo estava terrivelmente castigado pela seca. A Mestra Kinko reuniu os fiéis e fez súplicas ardentes ao deus Inari, do qual recebeu a seguinte mensagem: "Este ano não choverá, mas no próximo ano a chuva cairá abundantemente". Consta realmente que choveu forte, no ano seguinte, conforme a promessa (OZAKI, 1990, p. 101).

O último santuário a ser descrito nesta seção é Kaminoya Yaoyorozu (Moradia das Miríades Divindades) ou Kaminoya Daijingu do Brasil. Kaminoya pode ser considerado o principal exemplo de um xintoísmo popular recuperado pelos japoneses no Brasil, dada a sua história e o seu complexo de construções.

A Kaminoya foi fundada por Suzuko Morishita, mais tarde conhecida como Mestra Tachibana, que chegou ao Brasil em 1932. Ela era filha de um asceta xintoísta da tradição do gyō, que no Japão costuma ser combinado com Shugendō. As práticas incluem rituais nas montanhas para purificação, práticas xamânicas para revelações divinas e possessão espiritual. As práticas xintoístas dessa tradição incluem *misogi* (purificação ascética em água) e *harae* (purificação por exorcismo). Após um período de dificuldades iniciais devido ao desejo de retornar ao Japão, Suzuko Morishita recebeu uma mensagem divina em 1941, dizendo para ela se estabelecer definitivamente no Brasil e servir aos necessitados nesta terra.

Então ela iniciou um serviço de consulta aos devotos da Freguesia do Ó (zona norte da cidade de São Paulo), que rezavam por benefícios neste mundo, na tradição do xintoísmo popular conhecido como kaji kito (encantamentos e orações oferecidas a uma divindade). Nessas práticas, a Mestra Tachibana inevitavelmente combinou as tradições que aprendera no Japão com uma reinterpretação brasileira, com variações de entendimento para cada adepto. Nessa fase de contato e ambiguidade, Suzuko Morishita era vista no Brasil como médium e como curandeira xintoísta, com uma combinação de culto aos ancestrais. As cerimônias que envolvem *harae* até os dias de hoje têm um forte componente associado à purificação e à pacificação dos antepassados. Muito de Kaminoya está relacionado a esses aspectos carismáticos da fundadora, Suzuko Morishita, entendida por Maeyama como a fundadora de uma nova religião nikkei (MAEYAMA, 1983, p. 221).

Em 1955, o grupo se estabeleceu mais formalmente como Kaminoya Yayorozukyo, e em 1965 iniciou a construção de seu santuário em um local próximo a Arujá. O santuário era conhecido como Iwato Yamato, e a construção começou após um desmatamento cerimonial. O nome indica uma conexão com a origem mitológica do Japão: Iwato Yama está relacionado no Kojiki com a lenda em que Amaterasu Ōmikami se escondeu em uma caverna e foi atraída por outras divindades. A primeira preocupação do grupo foi a colocação da entronização do chamado deus dos Ancestrais ou *ujigami* para proteção. Tradicionalmente, o *ujigami* é entendido como a divindade protetora do clã local ou de uma determinada região.

O final da década de 1960 representou uma fase de recuperação para o Kaminoya, no sentido de busca de legitimidade japonesa no processo de transplantação do xintoísmo. Foi nessa época que o Sacerdote Tamotsu Sato foi enviado para estudar no Japão e se formar como sacerdote xintoísta em Kokugakuin, em Tóquio, período em que foram erguidas as primeiras e principais construções em Arujá. Em 1967, iniciou-se a construção do templo principal (Iwatojinja Goshiden) com a entronização das relíquias sagradas utilizadas anteriormente na Freguesia do Ó. Em 1968, objetos sagrados do Ise Jingu foram doados, e uma delegação oficial dos santuários xintoístas do Japão visitou Kaminoya, que alterou seu nome, acrescentando o título Daijingu do Brasil (Grande Santuário do Brasil). Um santuário para Amaterasu Ōmikami foi construído no estilo tradicional da arquitetura xintoísta. Naquela época, Kaminoya se apresentava como um santuário ligado a Ise Jingu e se tornou referência no Brasil para o santuário de Ise, que é o símbolo nacional do Japão e da família imperial japonesa. Até mesmo a madeira descartada de uma reconstrução do Ise Jingu (reconstrução que tradicionalmente ocorre a cada 20 anos) foi enviada ao Brasil para ser utilizada em Kaminoya, mas segundo depoimentos não chegou a ser utilizada. Em 1970, o monumento da Trindade Divina (também chamado de Templo da Trindade

Divina) foi erguido na parte de trás da área da floresta, no pico mais alto da montanha, onde fica Kaminoya. A Trindade Divina é composta por Tenso no Ōmikami Sama, Takami no Musubi no Ōmikami Sama e Kamuni no Musubi no Ōmikami Sama.

Figura 17 Monumento para a Trindade Divina e Santuário Daijingu do Brasil, erguido para Amaterasu Sume Ōmikami Sama no Kaminoya.

No final da década de 1970, iniciou-se uma nova fase de relativa inovação e desenvolvimento independente no processo de transplantação do xintoísmo no Kaminoya, com uma reinterpretação de divindades budistas e figuras católicas dentro do panteão xintoísta. Em 1976, a Capela Ōjizosan foi construída para segurança no trânsito e doméstica, bem como foram erguidos novos portais, escadas, passarelas e um pequeno santuário para bênção de veículos. Também é desse período a construção do Santuário Bom Jesus de Pirapora e do Santuário de Nossa Senhora Aparecida. A história do Bom Jesus de Pirapora vem da tradição oral local, que conta a história de José de Almeida Naves; morador de Parnaíba, por volta de 1725, encontrou uma imagem do Bom Jesus encostado em uma pedra no Rio Anhembi. Ele levou a imagem para a sua casa, onde a colocou em um altar para que as pessoas pudessem rezar.

Em panfletos do grupo, a construção dessas capelas é justificada da seguinte forma:

> Então vocês perguntariam: Por que a existência das capelas de BOM JESUS DE PIRAPORA e NOSSA SENHORA APARECIDA no santuário KAMINOYA? Segundo a Mestra-superiora Suzuko Morishita, em todos os países existem divindades protetoras da PÁTRIA, e a religião xintoísta ensina que devemos respeitar e venerar as divindades protetoras de cada país; no caso do Brasil, BOM JESUS DE PIRAPORA e NOSSA SENHORA APARECIDA (ênfases no folheto).

Em termos mais formais, essas devoções são consagradas dentro do xintoísmo através do conceito de *ubusunagami* (divindade tutelar da terra de nascimento). Bom Jesus de Pirapora, devoção popular da região do Parnaíba, onde fica Kaminoya, e Nossa Senhora Aparecida, Padroeira do Brasil, foram incorporados às divindades xintoístas como *ubusunagami*.

Figura 18 Bom Jesus de Pirapora no Kaminoya (ubusunagami).

Em 1986 e 1989, grandes portais xintoístas (*torii*) foram doados por organizações japonesas, ajudando a criar a paisagem típica de um santuário xintoísta. Embora Kaminoya tivesse filiais em outras cidades como Bauru e Presidente Prudente e uma participação bastante ativa (cf. MAEYAMA, 1983, p. 223-225, para mais detalhes sobre Kaminoya na década de 1970), as comunidades hoje estão em declínio devido ao relativo desinteresse das novas gerações e à morte da Mestre Tachibana. Alguns antigos costumes xintoístas continuam sendo praticados pelos adeptos, como a limpeza das mãos com sal e água e o bater de palmas em frente aos santuários. Cerimônias e festivais sazonais são realizados, mas é difícil imaginar o que acontecerá com a comunidade após a morte do Sacerdote Tamotsu Sato. Em entrevistas, um comentário típico é que "hoje ninguém tem o dom mediúnico da Mestre Tachibana". Com o falecimento dos imigrantes, alguns festivais estão sendo descontinuados. Os imigrantes que construíram o santuário estão se tornando ancestrais adorados com tabuletas memoriais no altar, junto com as inúmeras divindades xintoístas, mas a memória coletiva viva das práticas folclóricas xintoístas está morrendo junto com esses imigrantes.

Situação atual e perspectivas para o futuro

Reorientação ecológica do xintoísmo

Dentro do xintoísmo a natureza, em especial seus elementos fora do comum, é vista como algo sagrado, havendo tradicionalmente o reconhecimento de uma dívida para com as bênçãos da natureza e o poder espiritual que trazem fertilidade e prosperidade. Esse poder doador de vida é chamado de *musubi* (poder divino de crescimento) e percebido em todas as operações da natureza. O ideal de vida está relacionado a estar em harmonia com ela. Em especial picos de montanhas, vales profundos e o vasto oceano são percebidos como moradas do divino; outros objetos naturais como árvores perenes e grandes rochas são considerados símbolos de espíritos sagrados.

Em termos rituais, a relação com a natureza dentro do xintoísmo está estreitamente associada à agricultura, em especial à cultura de arroz, que definiu grande parte do modo de subsistência japonês. O arroz é tratado como um alimento sagrado e indispensável. Os festivais, alguns inclusive com participação da família imperial, são tradicionalmente realizados sazonalmente em cada região para invocar, por exemplo, o plantio ou o sucesso da colheita de arroz. Ao longo de milhares de anos, os rituais e festivais associados à agricultura de arroz estruturaram o tempo e o espaço ritual do xintoísmo.

Mais recentemente, tem sido enfatizada a relação do xintoísmo com santuários florestais. Em muitos santuários xintoístas, um bosque adjacente é um espaço ritual de adoração às divindades e, como tal, faz parte de uma preocupação ecológica preservada pelo povo japonês desde a Antiguidade. Como é dentro desses bosques que se encontram muitas divindades consagradas, a floresta se torna um espaço sagrado. Esse costume resumido no termo *chinju no mori* (bosque de um santuário de aldeia) tem sido bastante valorizado nos últimos anos por seu papel na preservação de arvoredos naturais, que servem como importantes oportunidades de contato com a natureza para residentes urbanos, que têm poucas chances para desfrutar de áreas verdes. Ao longo dos séculos esses bosques evocaram a relação mútua entre kami e a comunidade humana: os kami protegendo a comunidade e a comunidade protegendo os kami, preservando o *habitat* da floresta, a busca de uma sabedoria enraizada na prática tradicional de relacionamento com a natureza, ao invés de doutrina focada em um texto sagrado.

Tradicionalmente, as aldeias japonesas eram cercadas por arrozais, campos de vegetais e áreas florestais utilizadas para lenha e pasto, em uma forma de vida muitas vezes resumida na expressão *satoyama*. Historicamente, pela escassez de territórios, frente ao aumento da população, o Japão infelizmente perdeu há muito tempo quase toda cobertura de floresta primitiva, mas as florestas foram sendo reconstituídas por comunidades locais. O *chinju no mori* se desenvolveu como parte de uma abordagem abrangente de gestão da terra, na qual a combinação da cultura do arroz e a manutenção de floresta ainda representam o único modelo conhecido de um ambiente natural sustentável no Japão. Recentemente há muita dificuldade em planejar gestão ambiental, já que muitas aldeias agrícolas enfrentam o despovoamento e o abandono total da agricultura, mas áreas de *satoyama* e *chinju no mori*, mesmo abandonadas, acabam se transformando em oásis para a flora e a fauna locais, enquanto nos santuários mais urbanos, a preservação desses bosques menores associados ao xintoísmo tem um papel importante para a população.

O dilema entre etnicidade e internacionalização

O mito de que todos os japoneses são "descendentes de Amaterasu", através da figura do imperador, tornou fácil gerar uma nação unificada com base em uma origem ética comum e um xintoísmo baseado em uma política nacionalista. Essa ideologia exclui, entretanto, os direitos daqueles habitantes do arquipélago, cujas raízes não estão na tradição Yamato, como o povo ainu, os okinawanos ou mesmo os mestiços e imigrantes de outros países, que reivindicam o direito de serem diferentes. Levada a seu extremo, uma interpretação étnica do xintoísmo também restringe sua internacionalização, que fica restrita à comunidade de imigrantes japoneses no exterior.

Desde meados do século XIX, quando o Japão enfrentou vários tipos de crise devido ao imperialismo estrangeiro e às mudanças internas, surgiu uma variedade de cultos xintoístas locais. Normalmente eles introduziram novos kami até então desconhecidos, que poderiam ajudar as pessoas realizando curas e no enfrentamento de novos desafios. Frequentemente, esses kami assumiram um caráter internacional, dado seu papel em religiões que estavam na busca de expansão, ao contrário do xintoísmo tradicional. Muitos desses grupos se inspiraram no cristianismo como uma religião de salvação, e à medida que minimizaram a importância do imperador, foram suprimidos pela política do xintoísmo estatal até 1945. Depois do final da Segunda Guerra, algumas novas religiões como Tenrikyo, Igreja Messiânica e Mahikari tiveram sucesso no Sudeste Asiático e na América do Sul, em muitos casos por se assemelharem e criarem hibridismos com cultos locais, algo que será abordado a seguir, no caso do Brasil.

Uma das grandes questões do xintoísmo é sua adaptação ao mundo contemporâneo, entre uma religião nativa ou primal e uma identidade internacional. Como religião primal entende-se uma religião etnicamente baseada, preocupada com os interesses e necessidades de uma população, sem uma necessidade de organização e instituições rígidas. Existem, no entanto, conflitos latentes entre religiões primais e o mundo contemporâneo. Se, por um lado, as religiões primais fornecem critérios claros de identidade nacional e enfatizam claramente um *ethos* característico, por outro lado tornam mais difícil a internacionalização e a identificação com contextos globais, que se tornam necessários com a crescente integração econômica e a intrínseca globalidade de importantes problemas, como os ecológicos, e de distribuição de renda, além do intercâmbio com outros povos e religiões.

Esse dilema entre a necessidade de balancear origem nativa e internacionalização indicam três caminhos de reação: fundamentalismo, universalismo e estratégias de adaptação diferenciadas pelo público. Como esses elementos podem ser encontrados, no caso do xintoísmo? O fundamentalismo xintoísta, que está intimamente associado ao patriotismo, só parece ser uma alternativa contemporânea para movimentos potencialmente xenófobos, ainda que tenham uma importante participação na história japonesa. O universalismo tende a gerar novos movimentos religiosos, como movimentos neoxintoístas, voltando-se também para missões internacionais, nas quais os kami muitas vezes se fundem com conteúdo local. Esses movimentos xintoístas de caráter universalista têm em geral uma relação bastante ambígua com as organizações tradicionalmente xintoístas, sendo influenciados por elas, mas participando pouco das estruturas tradicionais de poder.

No que diz respeito as estratégias de adaptação diferenciadas para diferentes públicos, este é um processo em curso, e novas ideias sobre a adaptação do xintoísmo ao mundo moderno têm surgido, desde lideranças científicas até artistas, de forma a modernizar o xintoísmo. Apesar de ser um limitante aspecto particularista e relativista do xintoísmo, estreitamente associado ao caráter japonês e passível de observação na participação dos japoneses nos rituais e festivais, sem uma concepção teórica estabelecida, a conexão com a natureza em um sentido global dá um novo significado aos kami.

Nesse sentido ajuda a flexibilidade doutrinal do xintoísmo e sua relação com a natureza. No xintoísmo, as práticas e rituais são considerados mais importantes do que aquilo que foi pensado ou sistematizado racionalmente. O praticante xintoísta se relaciona com uma energia vital, que é base do xintoísmo e que não pode ser domada pela racionalização intelectual, mas sentida pelos seres humanos em atividades como dança e artes. Uma anedota contada pelo mitólogo Joseph Campbell reforça essa direção mais de contemplação estética e harmonia com a natureza, ao invés de doutrinas. Conforme ele relata, em um congresso de religiões, um

268

sociólogo comentou com um sacerdote xintoísta que não conseguia entender a doutrina ética ou teologia do xintoísmo, apesar de todas as leituras e visitas que fazia aos santuários. O sacerdote xintoísta respondeu: "Nós não temos ideologia. Nós não temos teologia. Nós dançamos".

Isso vale para os próprios japoneses, que nesse sentido divulgam uma espiritualidade animista e pouco doutrinária para o mundo, muitas vezes quando não se esperaria uma origem xintoísta. Apesar de muitos japoneses afirmarem que não têm uma religião, muitos aspectos de seu dia a dia são fortemente influenciados pelo xintoísmo e pelo budismo. Mesmo que xintoísmo não tenha uma doutrina moral clara, sua atitude básica em relação à vida enfatiza a sinceridade e a pureza através de conceitos como *makoto* no *kokoro* (coração da verdade) ou *magokoro* (coração verdadeiro). Essa atitude decorre da ideia de que a influência positiva dos kami nos humanos e a consciência do divino provoca uma a atitude sincera das pessoas em fazer o seu melhor no trabalho ou em seus relacionamentos com outras pessoas. Assim, embora a ética xintoísta não ignore as virtudes morais individuais, como lealdade, piedade filial, amor, fidelidade, e assim por diante, geralmente é considerado mais importante buscar o *magokoro*, que constitui a atitude de vida dinâmica que produz essas virtudes. Nas escrituras antigas, *magokoro* era interpretado como "mente brilhante e pura" ou "mente brilhante, pura, reta e sincera". A purificação, tanto física quanto espiritual, é enfatizada até mesmo no xintoísmo contemporâneo, para produzir tal estado de espírito. A obtenção desse estado de espírito é necessária para tornar possível a comunhão entre os kami e os humanos e para permitir que os indivíduos aceitem as bênçãos dos kami.

Esse estado de espírito a ser buscado no cotidiano pode aparecer nas situações mais comuns, como na busca da limpeza de si e do ambiente, que traz pureza, e mesmo em atividades mundanas como organização e arrumação da casa. Banho, limpeza e arrumação podem ser entendidos como uma prática espiritual. Marie Kondo, que foi uma assistente xintoísta (*miko*) e que se tornou famosa por seus livros sobre organização, baseia muito de sua filosofia em conceitos japoneses, em especial xintoístas. Com um fundo baseado em buscar o espírito das coisas, ela é um bom exemplo dessa influência xintoísta no dia a dia, que muitas vezes não é notada, como ela declara a partir do conceito de *mono no aware*: recentemente, uma expressão que me vem à mente enquanto trabalho com meus clientes é *mono no aware*. Esse termo japonês, que significa literalmente *"pathos das coisas"*, descreve a emoção profunda que é evocada quando somos tocados pela natureza, pela arte ou pela vida de outras pessoas com a consciência de sua transitoriedade. Também se refere à essência das coisas e à nossa capacidade de sentir essa essência. À medida que meus clientes passam pelo processo de arrumar as coisas, sinto uma mudança nas palavras que eles dizem e nas expressões faciais, como se estivessem afiando sua capacidade de sentirem *mono no aware*.

Figura 19 Kintsugi é um processo de reparação de uma peça quebrada, colando-a com uma mistura de pó de ouro, que também busca ilustrar a ideia de "essência das coisas". Ao invés de ser descartada ou de ser considerada imperfeita, as linhas de sua quebra e sua reparação passam a fazer parte da peça e dão mais valor à sua história. Tal prática valoriza a transitoriedade das coisas, ao mesmo tempo em que se aceita sua transformação, a história e a vida espiritual dos objetos, indo também, simultaneamente, contra seu descarte fácil.

Anime e robôs

Os mitos e conceitos xintoístas também aparecem com muita frequência em mangás, *anime* e videogames japoneses. A cultura popular japonesa faz sucesso em todo o mundo, sem que muitas vezes se reconheça a inspiração xintoísta dessas produções. Considerando o ideal de um coração e mente puros, esse é um tema central, por exemplo, do *anime A viagem de Chihiro*, de Hayao Miyazaki. Existem muitas perspectivas folclóricas e do xintoísmo embutidas no vocabulário cultural desse filme. A história retrata a jornada de Chihiro, de uma criança entediada para uma jovem, que age com genuína sinceridade para os outros e para o mundo, e que, apesar das tribulações, cultiva um coração puro e alegre. Miyazaki retrata essa transformação espiritual colocando Chihiro em um reino fantástico que propicia o desenvolvimento do seu caráter interno: o mundo estranho de Yubāba, Haku e a casa de banhos, onde ela é colocada à prova. O diretor Miyazaki reconhece explicitamente sua dívida para com a tradição xintoísta. Ele se refere, por exemplo, ao seu "caloroso apreço pelos vários rituais xintoístas rurais muito humildes que continuam até este dia em todo o Japão rural", e cita os rituais do solstício, quando os moradores convocam todos os kami locais e os convida a tomar banho em suas casas. Entre várias outras referências xintoístas, esta parece ser a inspiração para a casa de banhos no filme, que recebe a visita de vários kami.

Considerando o cotidiano em termos de nossa relação com as coisas e máquinas, uma área que pode ter bastante impacto para o futuro é a robótica e a inteligência artificial. Nesse campo há no Japão uma confluência entre uma tecnologia animista propiciada pela base xintoísta e pela mídia, o que produz uma relação diferente com a tecnologia robótica. Desde muito tempo foram criados dispositivos mecânicos no Japão, para, por exemplo, servir chá para convidados. Esses dispositivos e também bonecos em geral são entendidos como tendo espírito, resultado de um animismo de base xintoísta. Inclusive há rituais específicos para esses itens;

por exemplo, quando eles não são mais úteis. Outros exemplos de uma relação benéfica entre robôs e humanos vem à mente a partir dos mangás, a exemplo do Astro boy (Tetsuwan Atomu) criado por Osamu Tezuka nos anos de 1950. Nos anos de 1990 foram lançados os *tamagochi*, que são animais de estimação virtuais que precisam de carinho, cuidado, atenção e limpeza. Eles nascem, crescem e morrem, estabelecendo nesse percurso uma relação especial com os seus proprietários, dependendo de como foram criados e cuidados no mundo virtual. Atualmente há um grande número de seres virtuais no meio da profusão das redes sociais e videogames, sendo forte a tendência do uso de robôs nas casas e como auxiliares no cuidado de idosos, uma relação de confiança propiciada por um relacionamento tecno-animista com relação às coisas.

Referências

Figuras

São de domínio público por meio da licença Creative Commons ou fotos próprias.

Figura 1 – Disponível em https://commons.wikimedia.org/wiki/File:Arte_giapponese,_doguu,_tardo_periodo_joomon,_100-400_ac..JPG

Figura 2 – Disponível em https://commons.wikimedia.org/wiki/File:Dancing_Haniwa_TNM_J-21428.jpg

Figura 3 – Disponível em https://commons.wikimedia.org/wiki/File:Kobayashi_Izanami_and_Izanagi.jpg

Figura 4 – Disponível em https://commons.wikimedia.org/wiki/File:Amaterasu_cave.JPG

Figura 5 – Disponível em https://commons.wikimedia.org/wiki/File:Masque_de_Kagura.jpg

Figura 6 – Disponível em https://commons.wikimedia.org/wiki/File:Sugawara_no_michizane_LCCN2009615017.jpg

Figura 7 – Disponível em https://commons.wikimedia.org/wiki/File:Seven-Lucky-Gods-of-Japan-Hokusai-%E4%B8%83%E7%A6%-8F%E7%A5%9E.png

Figura 8 – Disponível em https://commons.wikimedia.org/wiki/File:Omamories.JPG

Figura 9 – Disponível em https://commons.wikimedia.org/wiki/File:Misogi_Harai_Waterfall.JPG

Figura 10 – Disponível em https://commons.wikimedia.org/wiki/File:Megurotei_Kamidana-1.jpg

Figura 11 – Disponível em https://commons.wikimedia.org/wiki/File:Ceremony_of_Enthronement4.jpg

Figura 12 – Disponível em https://commons.wikimedia.org/wiki/File:Japan_280316_Kamikaze_Yasukuni_02.jpg

Figura 13 – Disponível em https://commons.wikimedia.org/wiki/File:Miyajima_Alex.jpg

Figura 14 – Disponível em https://commons.wikimedia.org/wiki/File:IseShrine.jpg

Figura 15 – Disponível em https://www.metmuseum.org/art/collection/search/45631

Figura 16 – Disponível em https://nirc.nanzan-u.ac.jp/journal/6/article/1242/pdf/download (Foto de arquivo – SHOJI, R. The Failed Prophecy of Shinto Nationalism and the Rise of Japanese Brazilian Catholicism. *Japanese Journal of Religious Studies*, 35/1, 2008, p. 22.)

Figura 17 – Disponível em https://www.researchgate.net/publication/324710726_Collective_Memory_and_the_Transplanting_of_Shinto_to_Brazil (Foto de arquivo – SHOJI, R. Collective Memory and the Transplanting of Shintō to Brazil. *International Journal of Latin American Religions*, 2(1), 2018).

Figura 18 – Disponível em https://www.researchgate.net/publication/324710726_Collective_Memory_and_the_Transplanting_of_Shinto_to_Brazil (Foto de arquivo – SHOJI, R. Collective Memory and the Transplanting of Shintō to Brazil. *International Journal of Latin American Religions*, 2(1), 2018).

Figura 19 – Disponível em https://commons.wikimedia.org/wiki/File:TazzaKintsugiChiaraarte.jpg

Bibliografia

BASTIDE, R. Mémoire Collective et Sociologie du Bricolage. *L'Anné* Sociologique, v. 21, 1970, p. 73-82.

HANDA, T. *O imigrante japonês – História de sua vida no Brasil*. São Paulo: T.A. Queiroz, 1987.

HARDACRE, H. *Shintō and the State, 1868-1988*. Princeton: Princeton University Press, 1989.

HARDACRE, H. *Shinto: A History*. Oxford University Press, 2016.

KŌJI, S. A Concept of "Overseas Shintō Shrines" – A Pantheistic Attempt by Ogasawara Shōzō and its Limitations. *Japanese Journal of Religious Studies*, 37 (1), 2010, p. 47-74.

MAEYAMA, T. Religião, parentesco e as classes médias dos japoneses no Brasil urbano. In: MAEYAMA, T.; SAITO, H. *Assimilação e integração dos japoneses no Brasil*. Petrópolis/São Paulo: Vozes/Edusp, 1973a, p. 240-272.

MAEYAMA, T. O antepassado, o imperador e o imigrante: religião e identificação de grupo dos japoneses no Brasil rural (1908-1950). In: MAEYAMA, T.; SAITO, H. *Assimilação e integração dos japoneses no Brasil*. Petrópolis/São Paulo: Vozes/Edusp, 1973b, p. 414-447.

MAEYAMA, T. Japanese Religions in Southern Brazil: Change and Syncretism. *Latin American Studies*, n. 6, 1983, p. 181-237.

MORAIS, F. *Corações sujos*. São Paulo: Companhia das Letras, 2000.

MORI, K. Vida religiosa dos japoneses e seus descendentes residentes no Brasil e religiões de origem japonesa. *Uma epopeia moderna: 80 anos da imigração japonesa no Brasil*. São Paulo: Hucitec/Sociedade Brasileira de Cultura Japonesa, 1992, p. 559-603.

OKUYAMA, Y. *Japanese Mythology in Film: A Semiotic Approach to Reading Japanese Film and Anime*. Lexington Books, 2015.

ONO, S. *Shinto: The Kami Way*. Tuttle Publishing, 2004.

OSAKI, A.M. *As religiões japonesas no Brasil*. São Paulo: Loyola, 1990.

PEREIRA, R.A. Ishizuchi Jinja: sobrevivência xinto-budista no contexto brasileiro. *Rever – Revista de Estudos da Religião*, São Paulo, 11 (2), 2011, p. 55-62.

PICKEN, S. *Sourcebook in Shinto: Selected Documents*. Westport: Praeger, 2004.

ROTS, A.P. Worldwide Kami, Global Shintō: the Invention and Spread of a "Nature Religion". *Czech and Slovak Journal of Humanities*, 3, 2015, p. 31-48.

SHIMAZONO, S. State Shintō and the religious structure of modern Japan. *Journal of the American Academy of Religion*, 73, 2005, p. 1.077-1.098.

SHOJI, R. *The Nativization of East Asian Buddhism in Brazil*. Tese de doutorado. Leibniz: Universität Hannover 2004.

SHOJI, R. The Failed Prophecy of Shintō Nationalism and the Rise of Japanese Brazilian Catholicism. *Japanese Journal of Religious Studies*, 35 (1), 2008, p. 13-38.

SHOJI, R.; USARSKI, F. Japanese New Religions in Brazil and the Dynamics of Globalization versus Glocalization. *Journal of Religion in Japan*, 3 (2-3), 2014, p. 247-269.

SHUSTER, D.R. State Shintō in Micronesia during Japanese Rule, 1914-1945. *Pacific Studies*, 5 (2), 1982, p. 20-43.

Uma epopeia moderna: 80 anos da imigração japonesa no Brasil. São Paulo: Hucitec/Sociedade Brasileira de Cultura Japonesa.1992.

Coleção Religiões Mundiais

- *Daoismo – Confucionismo – Xintoísmo*
André Bueno e Rafael Shoji
- *Judaísmo – Cristianismo – Islã*
Pietro Nardella-Dellova, João Décio Passo, Atila Kus e Francirosy
Campos Barbosa